Manuel Larbig, Jahrgang 1987, ist Biologe, Wildkräuternarr und Outdoor-experte. Im Raum Berlin führt er Wildkräuterworkshops und Survivalkurse durch. Sein Hang zu Naturerlebnissen mit Minimalausrüstung brachten ihn dazu, ohne Zelt und Schlafsack einmal quer durch Deutschland zu wandern, worüber er in seinem Buch berichtet, um noch mehr Menschen für die Natur zu begeistern.

Besuchen Sie uns auf www.penguin-verlag.de und Facebook.

Manuel Larbig

Waldwandern

Von der Sehnsucht nach Wildnis
und Nächten unter freiem Himmel

 PENGUIN VERLAG

Penguin Random House Verlagsgruppe FSC® N001967

2. Auflage
Copyright © 2020 by Penguin Verlag, München,
in der Penguin Random House Verlagsgruppe GmbH,
Neumarkter Straße 28, 81673 München
Umschlag: Hafen Werbeagentur, Hamburg
unter Verwendung eines Motivs von Benjamin Zibner
Redaktion: Nadine Lipp
Satz: Uhl + Massopust, Aalen
Druck und Bindung: CPI books GmbH, Leck
Printed in Germany
ISBN 978-3-328-10554-1
www.penguin-verlag.de

Dieses Buch ist auch als E-Book erhältlich.

Ein Mann ist reich im Verhältnis zur Zahl der Dinge, auf die er verzichten kann.

Henry David Thoreau

Es ist so, dass viele Menschen die Natur lieben und trotzdem in Häusern übernachten.

Helge Schneider

Inhalt

Prolog

Ich öffne die Augen. Absolute Dunkelheit. Direkt an meinen Ohren raschelt das trockene Laub. Für einen Moment frage ich mich, wo ich bin, und als hätte er meine Frage gehört, antwortet der Waldkauz mit einem lang gezogenen schaurigen Ruf. In der engen Laubhütte, in der ich liege, kann ich mich kaum umdrehen; stoße ich zu fest an das Holzgerüst, kann die gesamte Konstruktion zusammenbrechen. Letzte Woche ist mir das mitten in einer kalten Mainacht passiert, und ich war so müde und durchgefroren, dass ich lieber weitergelaufen bin, statt die Laubhütte im Dunkeln wiederaufzubauen.

Als ich meinen Kopf himmelwärts drehe, rieselt mir Dreck in die Augen. Ich stoße einen langen und tiefen Seufzer aus und frage mich, was zur Hölle ich hier eigentlich mache.

Neben mir, gefühlt doppelt so viel Platz einnehmend wie ich, liegt mein Hund Rocko und schnarcht. Er macht sich in der Nacht immer ziemlich breit, und wenn ich mir etwas Platz zurückerobern will und ihn ein wenig zur Seite schiebe, antwortet er mit einem leisen, nicht ganz ernst gemeinten Knurren. Er schläft nicht draußen, sondern bei mir in dieser archaischen Konstruktion aus Holz und Laub, da er sonst die Waldtiere anbellen und mich jedes Mal wecken würde. Ist er in der Hütte, bekommt er nichts mit und schläft durch wie ein müdes Baby.

Langsam fallen meine Augen wieder zu, den spitzen Stein unter meiner Hüfte spüre ich kaum noch. Als ich erneut aufwache, dämmert es bereits. Rotkehlchengesang. Ich schiebe die provisorische Laubtür zur Seite und blicke dem Grund, hier und nirgendwo sonst zu sein, direkt ins Gesicht.

Der Wald ist am Morgen am schönsten, die ersten Sonnenstrahlen fallen durch das dichte Blätterdach auf einen großen moosbewachsenen Stein, und ein paar Erdhummeln summen herum. Das leise Plätschern des klaren Baches habe ich durch die dicke Laubdecke in der Nacht nicht hören können, nun begrüßt es mich wie eigens für diesen Augenblick komponierte Musik.

In solchen Momenten vergesse ich all die Entbehrungen, das ständige Aufwachen in der Nacht und das Gefühl, dass meine Kleidung nie richtig trocken wird. Ich weiß nicht genau, wie lange ich so daliege und die Szenerie beobachte, man beginnt bei einem solchen Trip in anderen Zeitmaßstäben zu denken. Ich weiß nicht, wie spät es ist. Selbst beim Wochentag bin ich mir unsicher. Und das Schönste daran ist: Es ist völlig unwichtig.

Nachdem ich mich wie ein Wurm aus der Laubhütte gewunden habe, recke ich mich. Ich sauge die frische Morgenluft ein, schließe die Augen und lausche. Nichts. Was für ein Geschenk! Es kommt in einem dicht besiedelten Land wie Deutschland wirklich nicht oft vor, dass man in den Genuss eines solchen Luxus kommt. Nun rumort es in der Laubhütte, Laub rutscht ab, und die ganze Konstruktion beginnt, gefährlich zu wackeln. Ein dunkelbrauner Kopf schiebt sich aus der

Hütte, dunkle Augen schauen mich an. Rocko streckt sich, reckt den Kopf in die Höhe und gibt einen Laut von sich, der einem Grunzen ähnelt. Er ist ein richtiger Langschläfer und steht grundsätzlich später auf als ich. Als er herauskommt, will ich ihn begrüßen, doch er wendet sich direkt ab, wackelt etwas steif auf den nächsten Baum zu und hebt ein Bein.

Nachdem wir ein gutes Stück gelaufen sind, machen wir gegen Mittag eine Pause. Es ist mittlerweile warm geworden, an die zwanzig Grad, und ich muss ein paar Kleiderschichten ablegen. Zu essen gibt es für mich eine Handvoll Haselnüsse und eine Ecke Bergkäse, für Rocko Trockenfutter. Von der wunderschönen Anhöhe aus, auf der wir sitzen, kann ich weit in der Ferne eine auffällige Bergkuppe sehen. Ein Blick auf die Karte verrät mir, dass es sich um den Kalmit, den höchsten Berg des Pfälzerwaldes, handelt.

An der nachlassenden Intensität des Lichts erkenne ich ein paar Wegstunden später, dass es langsam an der Zeit ist, mein Nachtlager zu bauen. Ich verlasse den Wanderweg und gehe durch einen trockenen Wald mit vielen imposanten Eichen, so lange, bis ich eine gute Stelle für mein Nachtlager finde. Auch wenn ich Buchenwälder für eine Laubhütten- übernachtung vorziehe, da sie eine riesige Menge an Laub zur Verfügung stellen, werde ich mich heute mit Eichenlaub zufriedengeben. Und wieder beginne ich routinemäßig, Stöcke für die Hütte zu suchen. Dabei weiß ich genau, dass ich in zwei Stunden todmüde, aber mit einem unbeschreiblich wohligen Gefühl in meine (für diesen Trip) siebte von insgesamt knapp vierzig Laubhütten kriechen werde.

Einleitung

Es gibt mittlerweile sehr viele gut strukturierte und noch besser designte Outdoor-Handbücher, die Techniken und Handlungsstrategien für Extremsituationen außerhalb der Zivilisation erklären. Leider wird in diesen Büchern aber zum einen die Natur oft als Faktor angesehen, der »überwunden« werden muss, bis man wieder in der Zivilisation angekommen ist; zum anderen werden die Leserinnen und Leser oft überfordert. Nicht jeder, der Natur intensiv erleben will, möchte Frösche häuten oder Singvögelfallen bauen. Ein Naturerlebnis lässt sich nicht daran messen, wie spektakulär oder extrem es ist, sondern einzig und allein an den persönlichen Vorstellungen, Grenzen und bisherigen Erfahrungen.

Das Ziel eines Naturerlebnisses sollte das Sammeln neuer Erfahrungen sein. Die Komfortzone verlassen, sich selbst beim Lösen der Probleme zuschauen (und sich ab und zu dabei auf die Schulter klopfen). Die Natur, die Witterung, den Regen am eigenen Leib spüren. Im Trockenen sein, weil man es geschafft hat, eine dichte Hütte zu bauen. Mittags feststellen, dass man seit Stunden nicht mehr an den Alltag und die Arbeit gedacht hat.

Du hast noch nie gezeltet? Dann solltest du erst mal keine detaillierten Abhandlungen über Laubhütten und mehrwöchige Naturtrips in die Hand nehmen. Sie vermitteln dir das Gefühl, dass das alles eigentlich ein »Klacks« sei, und du fühlst dich ohnmächtig. Solche Bücher können, wenn du keine Erfahrungen mit dem Leben im Freien hast, demotivierend wirken, und sie werden dich eher davon abhalten, es zu versuchen.

Wenn ich in diesem Buch von meinen persönlichen Erfahrungen spreche, dann tue ich es nicht, um dir zu zeigen, wie ein Abenteuer aussieht. Ich möchte dich lediglich dazu ermuntern, rauszugehen und deine eigenen Erfahrungen zu machen. Dieses Buch ist also kein reines Handbuch, auch wenn man es aufgrund der Struktur durchaus als Nachschlagewerk nutzen kann.

Anstatt dich und deine Vorstellungen von einem Trip im Freien mit anderen zu vergleichen, versuche lieber, nur deinen eigenen Maßstab zuzulassen. Du hast noch nie im Wald geschlafen? Dann wäre deine erste Stufe des Naturerlebnisses, eine Nacht auf einer nahe gelegenen Wiese im Zelt zu verbringen. Alleine oder mit einem Menschen, in dessen Nähe du dich wohlfühlst. Und ich verspreche dir: Du wirst es nicht bereuen! Du wirst Geräusche hören, die du nicht einordnen kannst, und sie werden dir vielleicht Angst machen. Du wirst bestimmt auch etwas gerädert aufwachen. Doch der Anblick eines frühmorgendlichen Waldes »aus der Innenperspektive«, der Anblick der ersten Sonnenstrahlen, die durch das Blätterdach auf einen mit Flechten bewachsenen alten Baumstamm fallen, ist überwältigend. Und es macht einen großen Unterschied, ob du morgens von zu Hause aus aufbrichst, um im Wald spazieren zu gehen, oder ob du im Wald aufwachst.

Ich kenne kaum jemanden, der im Nachhinein nicht von

einem tollen Erlebnis spricht, wenn er/sie sich überwunden hat, außerhalb der Zivilisation zu nächtigen.

Übrigens schwindet die Angst erfahrungsgemäß mit der Wissenszunahme: Je mehr nächtliche Waldgeräusche du zuordnen kannst, desto weniger Unwohlsein werden sie dir bereiten. Was sich wie ein gequälter Säugling anhört, entpuppt sich als Schrei der Schleiereule; was wie ein verwilderter, tollwütiger Hund anmutet, ist ein bellender Rehbock.

1 Aufbruch zur Deutschland- wanderung

Tag 0

Am Abend des 30. April 2015 saß ich in meinem winzigen Wohnheimzimmer und schaute mir ein letztes Mal meine Ausrüstung an. Es war so wenig. Alles, was ich in den nächsten sechs Wochen benötigen würde, passte in einen kleinen Eintagesrucksack. Ich habe vor jeder Tour das Gefühl, etwas vergessen zu haben, und tatsächlich ist dem auch meist so. Andererseits wollte ich in einem der am dicht besiedelten Länder der Welt wandern gehen, und nicht in der Mongolei. Unterwegs könnte ich also immer noch etwas besorgen.

Meine damalige Freundin Isabel schlief in jener Nacht bei mir, der Wecker war auf fünf Uhr gestellt. Warum so früh? Zum einen hatte ich eine lange Zugfahrt nach Saarbrücken vor mir, und ich wollte nicht allzu spät am Startpunkt ankommen. Zum anderen wollte die *Spiegel*-Reporterin Katja Döhne um sechs Uhr vorbeikommen, um zu filmen, wie ich noch im Dunkeln lostiefele.

Isabel war schon lange eingeschlafen, als ich ihr Gesicht im Halbdunkel betrachtete. Ich fragte mich, ob ich bei meiner Rückkehr noch derselbe sein würde und wie mein heimkommendes und ihr dagebliebenes Ich in zwei Monaten zueinander stehen würden. Ich wollte sie nicht wecken, unterdrückte den Drang, ihr über die Wange zu streichen, und konnte erst mal nicht einschlafen.

Es ist nicht so, dass ich die ganze Zeit gar keine Bedenken gehabt hätte, ich hatte ihnen einfach keinen Raum gegeben. Ich hatte die Tour ziemlich gut durchgeplant und mich auf unterschiedlichste Krisen mental und ausrüstungstechnisch vorbereitet. Dadurch konnte ich es gut rechtfertigen, aufkommende Zweifel zu unterdrücken. Doch nun, kurz bevor es losgehen sollte, kamen sie hoch und ließen meine Gedanken kreisen.

Mutete ich dem guten alten Rocko nicht zu viel zu? Rocko ist ein Schäfer-Collie-Mischling, und er sollte mich begleiten. Und was ist, wenn meine Knie nicht mitmachten? Zu diesen Fragen gesellten sich weitere, sie drängten sich mir geradezu auf. Vielleicht war es doch keine gute Idee gewesen, ihnen in den Wochen zuvor keinen Raum zu geben; hätte ich sie mal lieber schon früher ernst genommen und beantwortet. Doch wer weiß, vielleicht hätte ich mich dann gegen dieses Abenteuer entschieden.

Tag 1

Katja und ihr Kameramann Roman standen pünktlich auf der Matte und filmten, wie ich mich von Isa verabschiedete und losging. Es war schon etwas befremdlich, vor allem bei so einem intimen und persönlichen Moment wie dem Abschiednehmen von der Freundin, und außerdem hatte ich vorher noch nie vor einer Kamera gestanden. Es dämmerte bereits, als ich mich, von Rocko und den zwei Reportern begleitet, auf den Weg zum Eberswalder Bahnhof machte. In Berlin stiegen die beiden aus – sie wollten mich später während der Tour noch einmal filmen –, und ich war nach kurzer Aufregung wieder alleine.

Ich schaute aus dem Fenster, und mir war bewusst, dass ich die vielen Kilometer, die in großer Geschwindigkeit an mir vorbeirauschten, wieder zurücklaufen musste. Nein, ich verbesserte mich selbst: Ich durfte sie wieder zurücklaufen. Ich tat das freiwillig, und natürlich freute ich mich auch auf diese besondere Erfahrung. Dennoch hatte ich ein leicht mulmiges Gefühl dabei – das war wirklich eine gewaltige Strecke. Ich hoffte inständig, dass mich meine Knie und Füße nicht im Stich lassen würden.

Nach fast zehn Stunden kam ich endlich in Saarbrücken an. Als ich aus der Bahnhofshalle trat, blendete mich die Sonne, obwohl sie nur schwach durch die dicke Wolkendecke schimmerte. Ich fühlte mich wie ein Außerirdischer – was machte ich hier? Ich würde jetzt einfach loslaufen und immer weitergehen, immer weiter, bis fast zur polnischen Grenze? Ich kann mich noch gut an das Gefühl erinnern, das ich in diesem Moment hatte. Es ähnelte dem Gefühl auf dem Zehnmeterbrett. Man steht da und weiß, dass das Unvermeidliche gleich kommen wird, aber man zögert. Ich fasste mir ein Herz, schaute meinem ungeduldig gewordenen Rüden in die Augen und lief los.

Es war schon Nachmittag, und ich kam an Tag eins nicht besonders weit. Der Himmel hatte sich noch stärker zugezogen, und zu den dichten grauen Altostratuswolken hatten sich Regenwolken gesellt, die ihrem Namen alle Ehre machten. Trotz Regenjacke und Regenhose fühlte ich mich klamm, und auch Rocko sah mit seinem kurzen, triefnassen Fell ziemlich bemitleidenswert aus. Als mir vier stockbesoffene junge Männer mit einem Leiterwagen mitten im Wald entgegenkamen und mir etwas Unverständliches entgegengrölten, war ich doch ein wenig überrascht. Mir fiel ein, dass der 1. Mai für den einen oder anderen frisch gebackenen Vater (oder Bekannten eines Bekannten, der Vater geworden ist) ein beliebter Tag zum öffentlichen Saufen ist. Die Jungs hatten keine Regenkleidung an, der Alkohol schien ihnen Superkräfte zu verleihen. Oder ihre Wahrnehmung wurde durch den Alkohol zugunsten einer möglicherweise aufkommenden Erkältung verzerrt. Eins von beidem.

Zumindest was die gute Laune anging, war ich ein wenig neidisch auf die Leiterwagenzieher. Denn meine war im Keller. Es waren jetzt am Abend keine zehn Grad mehr, und unter meiner Regenkleidung fühlte sich alles feucht an. In einem größeren Waldstück fand ich schließlich eine gute Stelle für eine Laubhütte. In einiger Entfernung konnte ich zwar Lichter von Häusern erkennen, mir blieb aber nichts anderes übrig, als hier zu übernachten, die Zeit spielte gegen mich. Halbherzig baute ich meine Laubhütte und lag nach eineinhalb Stunden gemeinsam mit Rocko darin. Das Laub war nass. Der Hund war nass. Ich war nass. Kurz vor dem Einschlafen dachte ein Teil von mir: Du wirst schlecht schlafen, du hast einfach nicht genug Laub aufgeschüttet. Dann dämmerte ich weg.

Mitten in der Nacht wachte ich auf. Mir war kalt, aber der eigentliche Grund, warum ich aufwachte, war mein haariger Begleiter. Sein Fell war zwar schon fast gänzlich getrocknet, dennoch zitterte er, und das versetzte die ganze Laubhütte in Schwingung. Ich schaufelte also das Laub am Eingang zur Seite und schlängelte mich vorsichtig aus der Hütte. Rocko kam mir direkt nach, streckte sich und pinkelte an einen Baum.

Ich zog mich komplett aus, legte die Funktionsunterwäsche beiseite und zog den Rest schnell wieder an. Es hatte zwar aufgehört zu regnen, es war aber dennoch so kalt, dass mein Atem kleine Nebelwölkchen bildete. Dann zog ich Rocko meine Unterwäsche an. Er ließ die Prozedur ohne Einwand über sich ergehen, wahrscheinlich ahnte er schon, dass ihm die Wäsche helfen würde. Ich musste kurz lachen, als ich den angezogenen Hund vor mir sah, und wir krochen wieder in unsere feuchte Höhle zurück.

Tag 2

Als ich am nächsten Morgen aufwachte, hatte es wieder zu regnen begonnen. Ich stöhnte. Mein Rücken tat weh, ich war in der Nacht oft aufgewacht, weil es sehr kalt war. Rocko dagegen schien mit meiner Unterwäsche gut geschlafen zu haben, jedenfalls hatte er nicht mehr gezittert.

Für einen Moment bereute ich, ihn vor der Tour geschoren zu haben. Aber dann dachte ich an die mit Sicherheit kommende Wärmeperiode Anfang Juni, es ging wirklich nicht anders. Ich beschloss, noch heute einen Kinderschlafsack für meinen Hund zu besorgen – ich wollte meine Funktionsunterwäsche zurückhaben! Da ich laut Plan am heutigen Tag keine größere Stadt mehr passieren würde, blieb mir nur eine Möglichkeit: Ich musste wieder zurück zu meinem Anfangspunkt Saarbrücken.

Bevor ich losging, schaute ich mir noch einmal meinen ersten »Schlafsack« für diese Tour an, die Laubhütte Nummer eins, und hätte mich ohrfeigen können für meine Faulheit am vorherigen Abend. Ich schwor mir, in Zukunft trotz Müdigkeit mehr Zeit in die Laubhütten zu stecken, und lief los.

Zum Glück war ich am Vortag nur an die vierzehn Kilometer gelaufen, somit stand ich knapp drei Stunden später vor einem Kaufhaus und wurde dort schnell fündig. Dabei waren Einkaufscenter für mich schon immer der Horror schlechthin. Wie Menschen hier Stunden verbringen und dabei noch positive Gefühle entwickeln können, wird mir ewig schleierhaft bleiben. Andererseits kann bestimmt auch nicht jeder nachvollziehen, warum ich sechs Wochen lang jeden Abend in Laub und Dreck schlafen möchte.

Als ich die Kaufhölle verließ und den Weg Richtung Wald ein zweites Mal einschlug, sah ich von Weitem den Bahnhof. Ich muss gestehen, dass ganz kurz die Idee in mir aufkeimte, alles abzubrechen und wieder nach Hause zu fahren. Der Regen war stärker geworden, und der Blick zur Wolkendecke schenkte keine Hoffnung auf Besserung. Zum Glück ließ ich diesem Gedanken keinen Raum und stapfte in Richtung Wald.

Ich machte ungefähr dort Mittagspause, wo ich am Abend zuvor mein Nachtlager aufgeschlagen hatte, und aß ein Käsebrot. Meine Laune besserte sich merklich, obwohl der Regen weiterhin sehr unangenehm war. Meine Regenjacke und Regenhose fühlten sich von innen feucht an, die Kapuze klebte mir am Kopf. Ich begann langsam, mich auf die Natur, in der ich mich nun für lange Zeit aufhalten sollte, einzulassen. Ich atmete tief durch und konnte den Trubel der Stadt das erste Mal seit Beginn der Tour wirklich hinter mir lassen. Ich schloss die Augen und lauschte dem Dauerregen – wie schön er sich anhörte.

Gegen Nachmittag verließ ich den Wanderweg und ging über eine alte Rückegasse einen mit Fichten bewachsenen Hügel hinauf. Auf dem Hügelrücken angekommen, sah ich mich nach einem Lagerplatz um. Ich entdeckte eine flache Stelle mit viel Eichenlaub – und fing direkt an, Laub mit den Füßen sternförmig zu dieser Stelle zu schieben. Nach zwei Stunden war die Hütte fertig, diesmal mit viel mehr Laub als die Nacht zuvor. Stolz blickte ich auf mein Bauwerk, während ich auf einer umgefallenen Hainbuche saß und an einem Müsliriegel nagte. Heute Nacht wird eine gute Nacht, sagte ich mir, zog meine Funktionsunterwäsche an und schob mich in die klamme Hütte.

Tag 3

Als ich die Augen aufschlug, fühlte ich in mich hinein und machte einen kleinen Rundumschlag: Der Rücken tat nur mäßig weh, ich war nur zwei- oder dreimal aufgewacht in der Nacht und hatte nur in der Morgendämmerung einmal kurz gezittert: alles in allem eine Steigerung zur vorherigen

Nacht! Als ich mittags in einem etwas größeren Ort ankam, war ich wieder mittelmäßiger Laune. Die Sonne hatte keine Lust, sich zu zeigen, und das Grau spuckte mir einen penetranten Sprühregen ins Gesicht. Da es an der Zeit war, etwas einzukaufen, ging ich schnurstracks zum nächsten Supermarkt.

Nach dem Einkaufen setzte ich mich neben dem Eingang auf den Boden und verstaute meine Lebensmittel. Ich war so mit dem Einpacken beschäftigt, dass ich gar nicht bemerkte, dass jemand vor mir stand. Drei Schritte entfernt rieb sich ein Mann um die vierzig nervös die Hände, der weiße Kittel wies ihn als Mitarbeiter aus.

»Guten Morgen. Äh … wie lange haben Sie noch vor, hier zu sitzen?«

»Hallo«, erwiderte ich freundlich. »Nicht so lange, ich verstaue nur noch meine Sachen und esse vielleicht noch ein Brot. Wieso?«

Der Mann trat kaum merklich von einem Fuß auf den anderen. »Nun ja, ich bin der Geschäftsführer hier, und … äh … es könnte sein, dass sich unsere Kunden hier gestört fühlen, wenn so Leute wie Sie … also … verstehen Sie mich nicht falsch, ich weiß, wie hart das sein muss …«

Jetzt verstand ich: Er ging davon aus, ich sei ein Obdachloser, der hier herumlungerte. Wow, dachte ich mir. Sehe ich nach drei Tagen schon so runtergerockt aus? Meine Kleidung war zwar dreckig vom nassen Laub, aber Gesicht und Oberkörper hatte ich am Morgen noch am Bach gewaschen. Ich wollte etwas erwidern, da setzte er an: »Ich möchte Ihnen gerne etwas Geld geben.« Er hielt mir aus drei Metern Entfernung ein Geldstück hin.

»Nein danke«, sagte ich. »Ich bin auf Wanderschaft, und ich habe genug Geld für die nächsten sechs Wochen bei mir. Ist aber lieb gemeint.«

»So nehmen Sie es doch, wenigstens für den Hund. Aber gehen Sie bitte«, sagte er und blickte nach links und rechts. Er reagierte überhaupt nicht auf das, was ich ihm geantwortet hatte.

An den folgenden überaus verstörenden Moment kann ich mich noch heute erinnern, als wäre es gestern gewesen. Der Mann stand in drei Metern Entfernung da, hielt mir das Geld hin und lächelte schief. Er stand lange so da, und anstatt näher zu kommen und mir das Geld in die Hand zu drücken, warf er es mir aus der Entfernung zu. Ungläubig schaute ich auf das Zweieurostück, das auf dem Münzrand rollend vor mir seine Kreise zog. Als es umfiel, schaute ich hoch. Der Mann war weg. Unglaublich. Ich konnte es wirklich kaum fassen. In diesem Moment dämmerte mir, wie schlimm sich solch herablassende Gesten und Verhaltensweisen für einen Obdachlosen und Bedürftigen anfühlen müssen. Dieser Moment hat mich wirklich traurig gemacht. Ich weiß noch, wie ich damals dachte: Gerade diese Menschen, die so dringend Hilfe benötigen, bekommen durch den Teil der Gesellschaft, der bis dahin das Glück hatte, nicht in solch eine Lage geraten zu sein, noch einen reingedrückt. Doch als ob das Schicksal mich überzeugen wollte, dass es auch sehr hilfsbereite und wohlwollende Menschen gibt, sollte ich gegen Abend eine ganz besondere Begegnung haben.

Als ich ein Waldstück erreichte, zeigte mir ein Schild an, dass der Weg an einer öffentlichen Grillstelle vorbeiführen sollte. Dort angekommen, fand ich alles vor, was man für

ein schnelles Lager braucht: eine überdachte Waldhütte samt
Feuerstelle nebst einem dahinplätschernden glasklaren Bach.
In null Komma nichts war mein Schlaflager vorbereitet und
ein Feuer in Gang gebracht. Als ich einen Topf Reis aufgesetzt hatte, wurde ich aus meiner kurzen Lagerfeuertrance
aufgeschreckt. Es dämmerte bereits, und ich sah von Weitem
Autoscheinwerfer näher kommen.

Na toll, dachte ich mir, da wird wohl jemand was dagegen haben, dass ich hier lagere. Innerlich bereitete ich mich
schon darauf vor. Doch es kam anders. Der schwarze Mercedes kam einige Meter vor mir zum Stehen, und ein schick ge-
kleideter Mann stieg aus. Ich hatte eher mit einem Jeep samt
Förster gerechnet. Jedenfalls kam der Mann einige Schritte
auf mich zu, etwas ungelenk staksend – die guten Schuhe! –,
grüßte mich höflich und fragte, was ich hier täte. Ich grüßte
zurück und erklärte, dass ich auf Wanderschaft sei und mir
diesen Platz für mein Schlaflager auserkoren habe. Ob das
denn in Ordnung sei. »Sicher«, sagte der Mann und fügte
hinzu, »aber bitte das Feuer später löschen.« Dann stieg er
wieder in sein Auto und fuhr davon.

Als der dampfende Teller nach einer Weile vor mir
stand, hatte ich den Mann im Anzug schon wieder vergessen,
plötzlich erschien der Mercedes wieder. Er wird es sich doch
nicht anders überlegt haben, dachte ich ein wenig misstrauisch. Diesmal stieg mit dem Mann auch eine Frau aus, und
sie kamen mit einem prall gefüllten Stoffbeutel auf mich zu.
»Wir wollten Sie nicht beim Essen stören, aber wir haben
etwas für sie.« Er überreichte mir den Beutel und sagte:
»Meine Frau und ich wollten Sie in dem Wald unserer Gemeinde willkommen heißen. Ich bin der Bürgermeister dieses

bescheidenen Örtchens. Wir haben Ihnen ein Proviantpaket zusammengeschnürt.«

Die Frau nickte mir freundlich zu. Ich war so verdutzt, dass ich fast vergessen hätte, mich zu bedanken. Nach einer knappen Verabschiedung schaute ich in den Jutebeutel. Brot, Käse, Wurst, etwas Obst und sogar Hundeleckerlis hatten diese freundlichen Menschen mir mitgebracht. Ich war so gerührt, dass ich beinahe meinen Reis vergaß. Damit hatte ich nach der Begegnung vom Morgen wirklich nicht gerechnet.

Seit diesem Tag gehe ich viel optimistischer in solche Begegnungen. Ich bin den beiden bis heute dankbar für diese herzliche Geste. Dankbar auch für die Erfahrung, dass man nicht nach dem Äußeren gehen darf, wenn man die Hilfsbereitschaft von Menschen vor einer Begegnung einschätzt. Das hat mich dieser Mann im Anzug gelehrt.

Praxistipps

Die Planung

Im Februar 2015 entstand in mir das große Bedürfnis nach einem Abenteuer. Ich war achtundzwanzig, wohnte im beschaulichen Eberswalde, siebzig Kilometer nordöstlich von Berlin, und wusste nicht so recht, wohin mit mir. Mein Studium und die Liebe hatten mich dorthin verschlagen. Ich wohnte in einer ehemaligen psychiatrischen Anstalt, die zu einem Studentenwohnheim umfunktioniert worden war, und arbeitete selbstständig unter dem Projektnamen »Waldsamkeit« im Bereich Erlebnispädagogik. Gemeinsam mit meiner Partnerin veranstaltete ich höchst aufwendige und schlecht bezahlte Kinderabenteuer und Kindergeburtstage in den Wäldern rund um Berlin.

Rückblickend steckte ich aber in einer kleinen Krise: Das Masterstudium im Bereich Nachhaltiger Tourismus war mehr als enttäuschend, das Wohnheim schien von seiner alten Funktion als Anstalt nicht weit entfernt zu sein, und die Selbstständigkeit konnte uns kaum über Wasser halten. Auch wenn der Drang nach Abenteuer sicherlich ebenfalls dem Wunsch nach Abstand vom Alltag geschuldet war, spielten noch andere Gründe eine Rolle. Viele Bekannte und Freunde sind damals in der Welt herumgejettet und haben von ihren Rucksacktouren in Australien, Indien oder Neuseeland erzählt. Ich habe mich dann immer gefragt: Was kenne ich eigentlich von meinem eigenen Land? Wie viel habe ich hier denn überhaupt schon gesehen?

Wie will ich unterwegs sein?

Meiner Meinung nach ist das Wandern die beste Methode, ein Land zu entdecken, also beschloss ich, meine Heimat einmal quer zu durchlaufen. Ich las alles über die Deutschlandwanderung von Rüdiger Nehberg und wusste auch ziemlich schnell, was ich anders machen würde. Nehberg ist 1981 von Hamburg bis ins Allgäu gelaufen, das Ganze ohne Zelt, ohne Schlafsack und vor allem: ohne eingekaufte Nahrung! So beeindruckend diese Tour auch heute noch ist, wollte ich mein persönliches Abenteuer anders angehen. Nehberg lief bei seiner Tour größtenteils an stark befahrenen Straßen entlang, denn seine Hauptnahrungsquelle waren überfahrene Tiere. Das hat nicht immer geklappt, und so hat er während des Marsches ganze fünfundzwanzig Kilo abgenommen.

Das kam für mich nicht infrage: Ich wollte soweit möglich die komplette Strecke fernab von Straßen in möglichst naturnaher Umgebung laufen. Ich wollte ja weder einen Rekord brechen noch irgendetwas beweisen – ich wollte einfach in der Natur laufen und schlafen, mich in ihr auflösen. Durch meine Vorerfahrungen wusste ich, dass man sich fernab von Straßen und ohne Mundraub zu begehen nur schwer in der Natur selbst versorgen kann, wenn man täglich dreißig Kilometer Strecke zurücklegen möchte. Essbare Wildpflanzen, Pilze, Früchte, Nüsse, Insekten und Würmer gibt es zwar fast überall, das Sammeln und Zubereiten dauert jedoch sehr lange. Zum anderen musste ich schon jeden Abend zwei Stunden für den Bau einer Laubhütte einplanen. Denn eine Tour mit Zelt, Isomatte und Schlafsack kam für mich nicht infrage. Ich wollte mich frei und unbeschwert fühlen, wollte meine Survival-Fertigkeiten schulen, in und auf Natur schlafen. Ich hatte zu diesem Zeitpunkt schon oft in einer Laubhütte geschlafen, doch nie in Verbindung mit einer längeren Wanderung. Also musste ich abwägen und kam zu dem Schluss, dass mir Minimalausrüstung und eine große Wegstrecke wichtiger waren als die Vollversorgung mit Nahrung aus der Natur.

Was nehme ich mit? Das Equipment

Als ich bei der konkreten Planung eine Packliste mit nötigem Equipment schrieb, musste ich mich immer wieder dazu anhalten, diese so klein wie möglich zu halten. Das war gar nicht so einfach, immer wieder fielen mir scheinbar sinnvolle und nötige Dinge ein. Nach ein paar Stunden sah meine Liste aus wie der Notizzettel eines verrückten Professors, immer wieder strich ich Dinge durch und schrieb andere darüber und dahinter. Doch dann hatte ich es geschafft, und die Liste war auf ein überschaubares Maß an Equipment zusammengeschrumpft.

Folgende Dinge standen auf dem Zettel: Erste-Hilfe-

Set, Kopflampe, GPS, Messer, Tarp, Skiunterwäsche, Regenhose, Regenjacke, Rettungsdecke, Pinzette, Sonnenbrille, Angelhaken, Angelschnur, wasserdichte Streichhölzer, Striker, Notizbuch, Stift, Wanderflöte, Zahnbürste, Zahnpasta, Mückenspray, Topf, Besteck, Kamera, Taschensäge.

Diese Dinge sollten meinen persönlichen Besitz während der nächsten sechs Wochen darstellen und alles sein, was ich wirklich benötigte. Mein achtjähriger Hund Rocko kam natürlich auch mit – für den angehenden Rentner sollte es das letzte große Abenteuer werden. Während ich dieses Buch schreibe, ist er schon zwölf Jahre alt und wäre mittlerweile nicht mehr in der Lage, eine solche Strecke zurückzulegen. Auch wenn ich Rocko, seit er zwei Monate alt war, stets in meiner Nähe hatte, wusste ich, dass uns diese große gemeinsame Tour auf ganz besondere Weise aneinander binden würde. Sechs Wochen lang am Stück mit seinem Rudelführer durch die Natur zu laufen, vierundzwanzig Stunden am Tag beieinander zu sein, nebeneinander zu schlafen und durch dick und dünn zu gehen – ich kann mir kein schöneres Szenario für einen Hund vorstellen.

Sein Part der Vorbereitung war, sich von mir scheren zu lassen. Der Collie in ihm produziert solche Fellmassen, dass er bereits im Frühsommer extrem leidet, wenn er nicht geschoren wird. Auch wenn ich die Tour bereits im Frühling starten wollte, hatte ich ja währenddessen keine Möglichkeit dazu, also wollte ich ihm das lange Zottelfell schon vor der Tour abnehmen.

Wie plane ich meine Route?

Als Nächstes machte ich mich an die detaillierte Routenplanung. Die grundlegende Frage war: Wollte ich eine Nord-Süd- oder eine West-Ost-Route? Beides hatte seinen Reiz: Die Idee, am Meer zu starten und irgendwann, in weiter Ferne, die Alpen näher rücken zu sehen, gefiel mir recht gut. Letztlich entschied ich mich aber für einen Kompromiss: eine Südwest-Nordost-Route. Ich war auch neugierig, wie sich Landschaft und Menschen von den alten zu den neuen Bundesländern verändern würden.

Der allergrößte Teil der Strecke verlief fernab von Straßen und Städten – das war mir wichtig. Und ich wollte auch, soweit es ging, weder mit analogen noch mit digitalen Karten laufen. Deutschland hat ein recht gut gepflegtes Wegzeichennetz – in fast allen Regionen werden Wanderwege das ganze Jahr hindurch von Ehrenamtlichen markiert und ausgebessert. Ich persönlich schaue lieber nach Markierungen an Bäumen als ständig auf die Karte oder ein GPS-Gerät, auch wenn ich Letzteres zur Sicherheit dennoch mitnahm.

Also suchte ich nach langen zusammenhängenden Wanderwegen in West-Ost-Richtung und wurde nach einigen Recherchen fündig. Als Startpunkt wählte ich das Saarland: Hier war ich noch nie gewesen und konnte so den attraktiven Pfälzerwald passieren. Als Zielpunkt kam für mich nur Eberswalde infrage: Ich fand die Idee schön, von weit her nach Hause zu laufen, und wollte das möglicherweise aufkommende Heimweh und die Sehnsucht nach meiner Freundin und den Freunden als Motivator nutzen.

Ich hatte also folgende Etappen vor mir:

Saarland & Pfalz

In der ersten Etappe würde ich das Bundesland kennenlernen, von dem man selten etwas mitbekommt, das Saarland. In der Landeshauptstadt Saarbrücken, nahe der französischen Grenze, sollte meine Deutschlandwanderung beginnen. Dieses Mini-Bundesland wollte ich auf dem Saar-Rhein-Weg in weniger als drei Tagen zu Fuß durchqueren, um in den sagenumwobenen Pfälzerwald einzutauchen. Ich wusste, dass sich in diesem größten zusammenhängenden Waldgebiet Deutschlands viele interessante Felsformationen und Höhlen verbergen, darauf freute ich mich besonders. Kurz vor Neustadt macht der Saar-Rhein-Main-Wanderweg eine starke Kehrtwende nach Norden, sodass man auch den nördlichen Teil kennenlernen kann, bevor der Weg hinab in die Rheinebene führt. Der Rhein wird per Fähre bei Biebesheim überquert und führt dann quer durch die Bergstraße. Dort wollte ich kurzzeitig den Wanderweg verlassen, um meiner Mutter bei Darmstadt-Eberstadt einen Besuch abzustatten. Die letzte Teiletappe war der mir wohlbekannte nördliche Odenwald und endete schließlich bei Wörth am Main.

Spessart

Ich fand keinen von Süd nach Nord verlaufenden und durchgängigen Wanderweg, um dieses Mittelgebirge zu durchqueren, also bastelte ich mir eine Route aus mehreren kleineren Wanderwegen zusammen. Der Spessart ist von einem riesigen Laubmischwald bedeckt, und ich freute mich auf die großflächigen Sandsteingebiete.

Rhön

Die Rhön war ein Highlight für mich auf dieser Tour. Dieses raue und von extensiver Weidewirtschaft bestimmte Mittelgebirge hat immer schon einen großen Reiz auf mich ausgeübt. Der Rhön-Höhen-Weg verläuft einmal quer durch die Rhön und endet in Bad Salzungen. Die schroffe Landschaft und ständig wechselnde Höhenunterschiede von fast tausend Metern klangen auch aus sportlicher Sicht interessant.

Thüringen & Sachsen-Anhalt

Von Bad Salzungen aus musste ich mir wieder kleinere Wanderwege zusammensuchen, ich würde einen Teil des Thüringer Waldes passieren, um dann einen Abstecher in den Nationalpark Hainich zu machen. Weiterhin sollte die Route nördlich von Weimar in östliche Richtung bis nach Sachsen-Anhalt verlaufen. Ich wollte an Halle vorbeigehen und bei Wittenberg die Elbe überqueren.

Brandenburg

Die letzte Etappe: Auf dem E11 über den Hohen Fläming, Potsdam, Berlin und schließlich in die Region Barnim in Nordostbrandenburg. Dort, genauer in meinem Wohnort Eberswalde, wollte ich nach schätzungsweise sechs Wochen und 1100 Kilometern per pedes zu Hause ankommen.

Ein paar Wochen vor der Wanderung schrieb ich einige Magazine und Zeitungen an – nicht dass ich persönlich Aufmerksamkeit erhaschen wollte, ich versprach mir dadurch mehr Medienaufmerksamkeit für unser Naturerlebnisprojekt *Waldsamkeit*. Ich rechnete nicht wirklich damit, dass sich jemand dafür interessierte, doch überraschenderweise erhielt ich ziemlich zügig einen Anruf der *Spiegel*-Reporterin Katja Döhne. Wir verstanden uns auf Anhieb gut, und sie wollte mich gerne ein paar Tage auf der Tour begleiten.

Trip in die Natur – was möchte ich eigentlich?

Die Frage, warum man überhaupt einen Trip in die Natur machen will, sollte man sich unbedingt stellen, und die Route sollte zumindest in groben Zügen geplant werden. Denn schließlich nimmt man sich Zeit für einen solchen Trip und steckt Energie hinein. Das hat nichts mit Durchgeplantheit zu tun, auch ich bin ein Freund von spontanen Aktionen. Es kann für zukünftige Projekte einfach sehr demotivierend sein, wenn man sich Urlaub für einen Trip nimmt und am Ende merkt, dass das ausgewählte Waldstück direkt an der Autobahn liegt und zudem dort an dem Wochenende eine Treibjagd durchgeführt wird. Außerdem kann es bei Menschen mit Eigenmotivationsproblemen helfen, denn wenn ein Trip erst mal geplant ist, hat der innere Schweinehund schlechtere Karten als bei einer »groben Idee«.

Wenn man einen Trip in die Natur machen möchte, sollte man sich zunächst über ein paar grundlegende Dinge klar werden, denn davon hängt wiederum die weitere Planung ab. Stelle dir also vorher folgende Fragen: Was ist deine

Eigenmotivation? Was erhoffst du dir zu finden und auf welchem Weg?

An die im Prolog beschriebene Etappe meiner sechswöchigen Deutschlandwanderung mit Minimalausrüstung kann ich mich noch sehr gut erinnern, nicht zuletzt, weil ich an jedem Tag Tagebuch geführt habe. Heute bin ich sehr froh, das getan zu haben, denn ich kann mir so die Bilder zurückholen, die im Gedächtnis ansonsten verblassen würden.

Wie viel Zeit möchte ich mir nehmen?

Ich stelle die Frage ganz bewusst so und frage nicht: »Wie viel Zeit habe ich?« Wer für etwas »Zeit hat«, nimmt sich selbst aus der Verantwortung und handelt nur nach gegebenen Vorgaben. Wer sich »Zeit nimmt«, führt ein eigenmächtigeres Leben.

Nachdem die *Spiegel*-Doku über meine Deutschlandwanderung auf YouTube veröffentlicht wurde, gab es sehr schnell viele Klicks und Kommentare. Einen besonders schönen möchte ich hier zitieren:

»Sechs Wochen Wanderung. Wie viel Jahresurlaub hat dieser Mann denn??? In dieser Firma möchte ich auch gern arbeiten! Oder bezahlt ihn das Arbeitsamt oder Sozialamt, also unsere Steuern?«

Was in der Welt dieses Kommentators nicht zu existieren scheint, ist die eigentlich gar nicht so seltene Selbstständigkeit als Form der Erwerbstätigkeit. Doch man muss nicht unbedingt selbstständig sein, um einen Trip in die Natur durchzuführen, schließlich gibt es Urlaubsanspruch, oder man kann sich (je nach Job) einen Montag freinehmen. Und wie gesagt: Zwei Tage im Wald sind besser als keiner! Vor allem am Anfang solltet ihr erst einmal über Kurztrips nachdenken.

Unterschätzt jedoch nicht die Zeit, die ihr für die Anreise benötigt. Denn in ländlichen Regionen ist der Regionalverkehr oft schlecht ausgebaut, und nicht jeder hat die Möglichkeit, mit dem Auto anzureisen.

Allein wandern oder in Gesellschaft?

Ich persönlich gehe sehr gern allein in die Natur, wobei, ganz allein bin ich nicht, mein Hund Rocko ist so gut wie immer dabei. Doch abgesehen von diesem schweigsamen und haarigen Begleiter mache ich meine Touren am liebsten allein. So auch die Deutschlandwanderung, denn ich wollte nur für mich und meinen Hund verantwortlich sein. Ich wollte spontane Entscheidungen schnell und einfach treffen können und vor allem: das Alleinsein aushalten lernen.

Unsere Gesellschaft vermittelt oft ein eher negativ behaftetes Bild von Einsamkeit – Menschen, die allein sind, seien es aufgrund sozialer Inkompetenzen. Das ist natürlich Unsinn, in Wahrheit können wir in vorübergehender Einsamkeit eine Menge über uns lernen. Eine Zeit lang nur für sich zu sein, bietet einem die Chance, mit sich selbst besser auszukommen. Man steht Dinge mit sich selbst durch, und das verstärkt das Verantwortungsgefühl für das eigene Ich, und – so komisch es klingen mag – man verstärkt die Freundschaft zu sich selbst. Man lernt sich besser kennen, und es kommen Dinge hoch, die man verarbeiten muss, die in

Gesellschaft mit anderen nicht hochgekommen wären. Insofern hat so ein Trip auch immer einen Therapiecharakter.

Keine Frage, auch mit netten Menschen kann man es draußen aushalten. Gerade wenn ihr euch unsicher seid oder Angst habt: Nehmt jemanden mit, dem ihr vertraut. In den allermeisten Fällen (Erwartungen abgleichen!) wird ein freundschaftliches Band durch einen gemeinsamen Trip verstärkt und kann auch auf Liebesbeziehungen einen positiven Einfluss haben. Denn mal ehrlich, wie romantisch ist das denn: morgens Arm in Arm in einem Doppelschlafsack auf einer tauglänzenden Lichtung von der Singdrossel geweckt zu werden. Klingt kitschig, ist aber so.

Eine andere Variante ist, nur einen Teil der Zeit mit einer anderen Person zu verbringen. Das kann auch sehr schön sein, gerade bei längeren Touren freut man sich sehr, wenn man das Erlebte zeitnah teilen kann.

Während meiner Deutschlandwanderung wurde ich bei drei Teilstrecken jeweils zwei Tage von unterschiedlichen Freunden begleitet, das war mir sehr willkommen. Falls man zu mehreren unterwegs ist, empfehle ich, die Erwartungen an den Trip vorher abzugleichen. Nicht selten gibt es sonst Knatsch, selbst mit Leuten, mit denen man sich im Alltag wunderbar versteht. Gerade weil die Vorstellung von Naturerlebnis eine ganz individuelle ist, kann die Idee »ein paar Tage in den Wald« völlig unterschiedliche Erwartungen hervorrufen. Der eine denkt an ein Lager im Wald, in dem man länger bleibt und ein paar Bushcraft-Techniken ausprobiert, der andere hat eher an eine viertägige Wanderung gedacht, bei der man unterwegs auch mal in eine Wirtschaft einkehrt. Wie so oft ist hier gute Kommunikation gefragt.

Stell dir also vor dem Trip die Frage: Möchtest du allein oder in Begleitung »raus«? Und, wie gesagt: Gerade auf den ersten Touren und/oder wenn du dir etwas unsicher bist, ist es keine Schande, einen Menschen, dem du vertraust, mitzunehmen. Auch die Variante einer zeitweisen Begleitung kann sehr schön sein.

Welches persönliche »Level« an Naturerlebnis soll es sein?

Diese Überlegung ist sehr eng an die Frage geknüpft, was ich eigentlich mit dem Trip erreichen möchte. Bei meiner Deutschlandwanderung war es ganz klar der Wunsch nach einem intensiven Erleben der Natur, das Ausloten meiner persönlichen Grenzen und das Erlernen neuer Fähigkeiten. Um dies zu erreichen, wollte ich für den gesamten Trip ein Level an Naturerlebnis haben, das ich sonst nur aus kurzen Aufenthalten kannte. Also habe ich mich für die besagten Rahmenbedingungen entschieden.

Doch was soll »Level« in diesem Zusammenhang überhaupt bedeuten? Sind »niedrige« Level gleichzusetzen mit »minderwertig«?

Es gibt so viele Abstufungen von »Naturerlebnis«, wie es Menschen gibt. Für den einen ist es eine große Herausforderung, unter einer Plane im Wald zu schlafen, andere lassen sich, sechzigjährig, mit einem Hubschrauber im Amazonas absetzen.

Messe dich auch hier nicht an anderen, fühle in dich hinein und überfordere dich am Anfang nicht: Du bist nicht weniger »Mann« oder eine weniger toughe Frau, wenn du ein Zelt dabeihast. Von daher ist der Begriff des Levels nicht als hierarchische Ordnung gemeint, stelle dir die Ebenen lieber als frei hängendes Mobile vor, bei dem es viele Ebenen nebeneinander gibt.

Des Weiteren ist folgende Fragestellung entscheidend für die Art des Naturerlebnisses: Möchtest du eher lagern oder eher laufen? Beides hat seinen Reiz und kann je nach Ausrüstung auch kombiniert werden.

Wohin soll es gehen?

Wenn man eine Zeit lang mehr oder weniger autark in der Natur verbringen möchte, will man sich logischerweise in einer möglichst naturnahen Umgebung aufhalten. Nun könnte man meinen, naturnahe Gebiete sind nur in Schutzgebieten zu finden, und da diese für unsere Vorhaben meist tabu sind, haben wir schlechte Karten. Das stimmt aber nicht ganz. Denn einerseits gibt es geschützte Gebiete, die auf den ersten Blick völlig uninteressant aussehen, da diese etwa aufgrund seltener Pflanzen- oder Vogelarten unter Schutz gestellt wurden, für den Laien aber monoton und langweilig erscheinen. Andererseits gibt es wunderschöne und naturnahe Wälder, die überhaupt keinen Schutzstatus haben – zum Beispiel weil das Gebiet bis dato noch von niemandem für den Schutzstatus vorgeschlagen wurde. Ich gehe bei der Auswahl meist wie folgt vor:

1. Wenn ich einen Trip plane, überlege ich mir vorher, welchen Landschaftstyp ich gerne kurzzeitig »bewohnen« möchte. Will ich eher in ein großes ausgedehntes Wald-

stück oder lieber viel in Offenland unterwegs sein? Lieber im Flachland, oder darf es auch etwas bergig sein? Inwieweit du da schon ein »Bild« vor Augen hast oder dich nicht festlegen willst, bleibt natürlich ganz dir überlassen.

2. Als nächsten Schritt überlege ich mir noch einmal, wie viel Zeit ich mir für den Trip nehmen möchte. Geht es nur am Wochenende, hat es natürlich keinen Sinn, sich eine 200-Kilometer-Tour rauszusuchen. Generell sollte man die Anfahrt nicht unterschätzen. Schließlich ist es ja unser Ziel, möglichst weit aus der Zivilisation rauszukommen, was eben auch mit schlechterer Infrastruktur und unregelmäßigem öffentlichen Nahverkehr einhergeht. Mit dem Auto bist du natürlich flexibler. Der Nachteil: Autofahren ist viel unökologischer, und schließlich bist du ja unterwegs, um etwas von der Natur zu haben, die du durch das Autofahren ja mittelbar schädigst. Außerdem wirst du dein Auto eine Zeit lang unbeaufsichtigt in einem Dorf oder auf einem Waldparkplatz parken müssen, auch das geht nicht für jeden ohne Bauchschmerzen. Manchmal geht es aber einfach nicht anders.

3. Ich habe die Erfahrung gemacht, dass Gebiete in der Nähe der Schutzgebiete oft ähnlich strukturreich sind wie die eigentlichen Schutzzonen, nur dass dort weniger strenge Regeln gelten. Wenn es sich nicht gerade um scharf abgegrenzte Strukturen wie zum Beispiel eine eiszeitliche Sanddüne handelt, gibt es zur Umgebung fließende Übergänge.

Habt ihr diese Punkte durchdacht, sollte eure Auswahl überschaubar geworden sein. Dann könnt ihr euch online auf

Google Maps (oder Alternativen!) Satellitenbilder zu euren Wunschgebieten ansehen. Ich habe schon oft Tourenpläne wieder über den Haufen geworfen, weil ich entdeckt habe, dass an einem scheinbar einsamen Waldsee zwanzig Ferienhäuser standen oder eine Autobahn durch meinen Wunschort verlief. Das alles frisst natürlich Zeit, ich empfehle es aber dennoch. Denn es ist auch für kommende Trips demotivierend, wenn man sich so sehr auf ein wenig Einsamkeit zwischen Bäumen und Bächen gefreut hat und dann vor Ort merkt, dass man eigentlich auch im Treptower Park hätte zelten können.

2 Übernachten im Freien

Tag 4

Der Tag weckte mich mit einem kalten Dauerregen. Ich war nachts deswegen schon ein paarmal aufgewacht. Es war zwar dank meiner Anstrengungen beim Laubhüttenbau nicht kalt gewesen, die Nässe und die Feuchtigkeit sind mir aber bis unter die Haut gekrochen. Der Himmel war grau, und es sah nicht danach aus, als würde sich das bald ändern. Etwas steif packte ich meine Siebensachen, drehte mich noch einmal um, versuchte, meinen Lagerplatz innerlich fotografisch festzuhalten, und stapfte los. Etwas missmutig ging ich den Waldweg entlang, als mir ein älteres Paar in Partnerlook mit quietschgelben Regenmänteln entgegenkam. Ich sammelte all meine übrig gebliebene gute Laune und formte sie zu einem Lächeln. Dann sprach ich sie an, denn ich wollte wissen, wie weit es bis zum nächsten Dorf ist. Keine Reaktion. Ich dachte, ich hätte vielleicht zu leise gesprochen, drehte mich um und rief ihnen laut hinterher: »Entschuldigung?« Ihre Schritte beschleunigten sich noch mehr. Was war das denn? Wie unhöflich, dachte ich mir und stiefelte weiter. Nach einer guten Stunde sah ich das besagte Dorf, und mein Magen knurrte schon aus lauter Vorfreude. Ich band Rocko vor dem Supermarkt an und stürmte hinein. Als der fünfte oder sechste Kunde sich offensichtlich nach mir umdrehte, machte es bei mir klick. Natürlich, ich bin ja dreckig und sehe aus wie ein Landstreicher. Ich musste grinsen, denn im Grunde genommen war ich das ja zurzeit auch. Ich durchstreifte die Landschaften und hatte keinen festen Wohnsitz (mein Zimmer war untervermietet). Noch amüsierten mich die tuschelnden Gestalten und die Kinder mit ihren Zeigegesten. Das sollte im weiteren Verlauf der Wanderung nicht immer so sein.

Ich kaufte Brot, Käse, Möhren, Gurken und etwas Obst, denn ich hatte Lust auf etwas Frisches. Obwohl ich eigentlich keine Naschkatze bin, hatte ich an den beiden ersten Tagen jeweils eine ganze Tafel Schokolade verspeist, auch heute wollte ich diese beginnende Tradition nicht brechen. Die Kassiererin schob gelangweilt meine Fressalien über den Pieper und schien sich an meinem Aussehen nicht zu stören. Draußen angekommen, unterdrückte ich den Drang, gleich vor dem Supermarkt zu essen, und ging zurück auf meine Marschroute.

Gegen Nachmittag erreichte ich ein wunderschönes Waldgebiet mit vielen Kiefern und recht sandigem Boden. Ich kam an immer größeren Felsblöcken aus Sandstein vorbei, manche hatten die skurrilsten Formen. Plötzlich hörte ich einen Bach plätschern und folgte dem Geräusch. Abseits der Wege schlängelte sich ein kleines, wunderschönes Gewässer am Waldrand entlang, auf der anderen Seite war eine landwirtschaftliche Brachfläche zu sehen. Keine zehn Meter vom Ufer des Baches entfernt ragte eine Sandsteinwand empor, und ich hatte das Gefühl, in der Sächsischen Schweiz zu sein. Nur mit dem Unterschied, dass die Besucherdichte hier höchstens ein Zehntel davon betrug. Als ich die Felswand genauer betrachtete, erkannte ich hinter einer Hundsrosenhecke eine kleine Höhle. Neugierig ging ich auf sie zu, als Rocko und ich gleichzeitig einen penetranten Geruch wahrnahmen. Rocko war ganz aufgeregt, und ich musste ihn anleinen. Ein starker Raubtiergeruch, wie er von Fuchs oder Marderhund ausgeht, ging von dieser Höhle aus. Knochenreste und Federn vor der Höhle waren weitere Anzeichen für ein Raubtier als Bewohner. Ich konnte meine Neugier überwinden – schließlich ziehen die Bewohner möglicherweise gerade ihre Jungen groß – und ging die Wand ein Stück weiter.

Etwa hundert Meter weiter wurde ich wieder fündig: Ein großer Felsüberhang schaffte eine zu drei Seiten offene Höhle, trotz Dauerregen war es hier drunter staubtrocken. Die Höhle maß weniger als achtzig Zentimeter, und ich musste regelrecht hineinkriechen. Doch das war mir egal, dies hier war meine Übernachtungshöhle. Sogar trockenes Laub lag schon bereit. Was für ein Glücksfund, ich hatte mir zwei Stunden Laubhüttenbau gespart und musste nur noch ein wenig Feuerholz sammeln. Ich entzündete rasch ein kleines Kochfeuer in meiner Höhle und bereitete einen Riesentopf Spaghetti zu.

Genüsslich kaute ich im Liegen auf den Teigwaren herum und starrte ins Feuer. Rocko schlief schon tief und fest – auch heute hatten wir knapp dreißig Kilometer und einiges an Steigung zurückgelegt. Ich begutachtete meine Füße und war froh, die Schuhe schon lange vor dem Trip eingelaufen zu haben, somit hatte ich nur zwei kleinere Druckstellen, nichts Ernstes.

Als ich so in meiner Höhle lag und an die Steindecke sah, machte ich den Fehler und führte mir die Tatsache vor

Augen, dass wenige Zentimeter über mir mehrere Tonnen Gestein hingen. Ich schaffte es jedoch, den Gedanken abzuschütteln, und dachte: »Dieser Felsblock steht seit vielen Tausend Jahren genauso da, wenn er genau jetzt herunterbrechen sollte, dann ist es halt so. Dann wäre das ja quasi eine Ehre für mich. Außerdem ein zu hundert Prozent schmerzloser Tod.« Mit diesem Gedanken schlief ich ein, obwohl es noch nicht acht Uhr war.

Tag 5

Ich wachte noch vor Sonnenaufgang auf, schaute auf die Uhr und sah, dass es fünf war. Ich konnte mich nicht daran erinnern, in der Nacht aufgewacht zu sein, so gut musste ich also in meinem steinernen Sarg geschlafen haben. Ich rollte mich unter dem Felsvorsprung hervor und trat ins Freie. Es hatte aufgehört zu regnen, und die Luft war klar und frisch. Ich zog mir die Kopflampe auf und ging zum Bach hinunter. Ich leuchtete nur kurz hinein und erschrak für einen Moment, da sich in meinem Lichtkegel etwas Dunkles bewegte. Es war etwa so groß wie meine Hand und schien von meiner Lampe angelockt zu werden. Ich sah etwas genauer hin und erkannte den Gesellen: ein Flusskrebs! Wenn es sich dabei um einen Kamberkrebs handeln sollte, dann war ein leckeres Frühstück in Sicht. Viele Flusskrebse sind gefährdet, der Kamberkrebs kann und sollte allerdings gefangen werden.

Ich erinnerte mich an mein Studium, und mir fielen die rostbraunen Querstreifen am Schwanz als besonderes Merkmal ein. Zum Glück bewegte sich der Krebs gerade in einer strömungsberuhigten Wasserstelle, und ich konnte ihn gut erkennen. Und tatsächlich: Es handelte sich um den eingewanderten Amerikaner, dieser sollte nun auf meinem Frühstückstisch landen. Vorsichtig tauchte ich meine rechte Hand ins Wasser, während ich mit der linken nach einem Stöckchen angelte. Nachdem meine rechte Hand den Krebs fast berühren konnte, tauchte ich das Stöckchen vor ihn ins Wasser, und er fokussierte sich darauf. Nun war der Moment gekommen: Ich packte blitzschnell zu, drückte den Kamberkrebs auf den Bachgrund und hielt ihn im Zangengriff unterhalb des Beinpaars fest. Dann hob ich ihn aus dem Wasser, trennte ihm den Kopf mit meinem Messer ab und lief zurück zum Felsüberhang.

Ein kleines Kochfeuer war schnell in Gang gebracht, als es herabgebrannt war, legte ich den Krebs einfach so auf die Glutschicht. Schnell färbte er sich rötlich und begann, köstlich zu riechen. Nun ist an so einem Flusskrebs nicht sonderlich viel dran, man kann die Ausbeute nicht mit einem Hummer vergleichen. Aber geschmeckt hat er allemal, das hätte ich mir am Vortag noch nicht träumen lassen.

Das war ja vielleicht ein Start in den Tag! Da an dem Krebs wirklich nicht allzu viel dran war, weigerte ich mich, diesen mit Rocko zu teilen. Da half auch kein eingeübter Hundeblick. Nach diesem feudalen Frühstück lief ich mit bester Laune los, und Rocko trottete voran. Das ist das Schöne an Tieren: Sie sind weder nachtragend, noch sind sie beleidigt – er schien den Krebs längst wieder vergessen zu haben und sich den anderen Gerüchen des Pfälzerwaldes zu widmen.

Wir kamen gut voran, und gegen Abend fand ich einen kleinen Wasserlauf, an dem ich meine Wasservorräte auffüllen und mich waschen konnte; das Wasser war eiskalt und tat mir gut. Ich suchte in der Nähe einen Platz für meine Hütte und begann wie immer, Laub mit den Füßen zusammenzuscharren. Durch die Routine der letzten Tage kam ich nun schneller voran, auch begann ich nun immer, zuerst die »Laub-Hauptstraßen«, auf denen ich das Laub von weiter weg zusammenschob, von größeren Steinen und Stöcken zu säubern. Meine körpereigenen Werkzeuge wechselte ich dafür ab: Zuerst benutzte ich die Füße wie Rechen, dann warf ich das Laub wie ein Hund beim Graben rücklings durch meine Beine hindurch, und meine Füße konnten sich ausruhen. Später, beim Essen, schaute ich mir meine Hände an. Obwohl sie gewaschen waren, zeichneten sich dünne erdbraune Linien auf den Innenflächen ab – so tief war die Erde schon in meinen Körper eingedrungen. Sie war in meiner Haut, in meinen Ohren, in meinen Gedanken. Ich drehte meine Handflächen um, betrachtete die Haut, die langsam rissig und derb wurde, und empfand die Veränderung als organisch wachsenden Körperschmuck. Als eine Verzierung im natürlichsten Sinne.

Tag 6

Als ich am Morgen erwachte, setzte ich mich auf und schaute mich um. Oft brauche ich während einer solchen Tour einen kurzen Moment, um mir darüber klar zu werden, wo ich mich gerade befinde. Es war etwas kühl, und leichter Nebel hatte sich auf die Feuerstelle und das kleine Bächlein gelegt. Von Weitem sah ich einen kleinen braunen Punkt näher kommen. Der Punkt entpuppte sich bald als Feldhase. Meister Lampe kam schnurstracks durch den Wald und näherte sich dem Bach. Ich erstarrte, und auch Rocko bewegte sich auf mein Handzeichen hin nicht. Der Hase hatte uns nicht bemerkt und hoppelte zum Wasser, keine zehn Meter von uns entfernt. Ich beobachtete ihn, wie er trank und sich nach ein paar Schlucken immer wieder umsah. Dann putzte er sich und hoppelte wieder in die Richtung, aus der er gekommen war. Als er weg war, tat ich es ihm gleich, ich trank mich am klaren Wasser satt, zog mich aus und wusch mich mit dem eiskalten klaren Wasser. Dann sammelte ich ein paar junge Fichtentriebe und machte mir daraus auf dem Feuer einen würzigen und gut duftenden Tee.

Die Strecke an diesem Tag war wunderschön, ich kam mir vor wie in einem Märchenwald. Lichte Fichtenschonungen, bei denen der Boden nur aus sattem Moos zu bestehen schien, wechselten mit trockenen Eichen und Buchenwäldern. Den ganzen Tag über traf ich keinen einzigen Menschen – generell hatte ich im Pfälzerwald kaum Wanderer getroffen. Und immer wieder passierte ich die hier so typischen und interessanten Felsformationen aus Sandstein. Gegen Nachmittag kam ich zu einer dreißig Meter hohen Felswand, die sich auf dem Kamm eines Waldhügels befand. In dieser Wand waren gut und gerne zehn Höhlen und Felsvorsprünge – hier hatte ich die Qual der Wahl! Ich suchte mir eine Vorzeigehöhle über einem erhöht liegenden Vorsprung aus, bestückte sie mit trockenem Laub aus den anderen Höhlen und setzte mich hinein. Von meiner Höhle aus hatte ich eine atemberaubende Sicht. Vor mir waren keine Bäume, und dadurch, dass die Felsformation auf einem Kamm stand, hatte ich freie Sicht über ein großes vor mir liegendes Waldstück. Die Wipfel wiegten sich leicht im Wind, und ich war ein wenig beschwipst von diesem Anblick. Ich hätte auch in Kanada oder Skandinavien sein können. Aber ich war hier, in der Pfalz. Als mein Feuer brannte, sah ich den Mond aufsteigen, hörte den Waldkauz in der Ferne und dachte mir: »Manu, was bist du nur für ein Glückspilz.«

In der Nacht wachte ich auf, weil das Feuer ausgegangen war und es sich deutlich abgekühlt hatte. Jetzt sah ich auch warum: Vor mir erstreckte sich ein Sternenhimmel, der in den meisten Gegenden in Deutschland so kaum zu sehen ist. Die Wolken hatten sich verzogen, dadurch war es in der Nacht viel kälter geworden. Ich setzte mich auf, entfachte das Feuer neu und fragte mich, wie viele Menschen vor mir hier wohl schon Unterschlupf gefunden hatten. Und zu welcher Zeit. Trotz Müdigkeit durchströmte mich ein intensives Gefühl von Freiheit. Mit diesem deckte ich mich zu und fiel in einen wohligen und erholsamen Schlaf.

Tag 7

»Am siebten Tage sollst du ruh'n« – genau das hatte ich mir für die Wanderung vorgenommen: sechs Tage laufen, einen Tag Pause. Doch als der siebte Tag meiner Reise anbrach, hatte ich am Vormittag wieder Lust zu laufen. Mir wurde erstens langweilig, und zweitens fühlte ich mich fit und ausgeruht. Warum also nicht einfach weitergehen? Ich schnürte meine (mittlerweile stinkenden) Stiefel und ging meines Weges. Die Sonne machte gerade Anstalten aufzugehen, und ich überlegte, ob es sich lohnen würde, noch ein Feuer zu entfachen. Ich entschied mich aber dagegen und zog es vor, einfach weiterzulaufen und mich durch die Bewegung zu wärmen. Das funktionierte auch hervorragend, nach einer Stunde musste ich meinen Pullover ausziehen.

Gegen Mittag führte mich mein Wanderweg an einem sehr schönen alten Hof vorbei. Draußen stand ein Schild: »Kartoffeln und Wein«. Wieso eigentlich nicht, dachte ich mir und trat in den Innenhof. Ich musste die große Glocke an der Stubentür zweimal läuten, bis ein alter Mann aufmachte. Er war ganz interessiert an meiner Wanderung und wollte alles wissen. Nachdem seine Neugier gestillt war, kaufte ich ihm vier große Kartoffeln (»Wie viele Säcke wollen sie denn?«) und eine Flasche Pfälzer Landwein ab. Als ich eine Stunde später Mittagspause machte, öffnete ich die Weinflasche und trank Wein zum Essen. Da er ganz ausgezeichnet schmeckte, trank ich ihn ganz aus und lief ziemlich beduselt weiter. Ich fing sogar an zu singen, ganz wie der Wandersmann in den alten Geschichten. Als mir die Lieder ausgingen, packte ich meine kleine Okarina (Tonflöte) aus, kramte das Mini-Liederbuch hervor und spielte ein wenig. Das machte gute Laune, ich flötete vor mich hin und nickte lächelnd den mir entgegenkommenden Spaziergängern zu. Ich ging im Sauseschritt, der Wein ließ mich meine müden Füße überhaupt nicht mehr spüren. Als die Wirkung nachließ, zog ich meine Siebenmeilenstiefel aus, und da fühlte ich sie wieder. Bis jetzt war ich täglich knapp dreißig Kilometer gelaufen,

meine Füße fühlten sich an wie geschwollene Auberginen. Ich
ließ sie in einen kühlen Löschteich des Dorfes hängen – was
für eine Wohltat! Ich stöhnte so laut, dass einige Dörfler ihre
Hälse über die Gartenzäune reckten. Als ich ihnen freundlich
zurief, zuckten die langen Hälse wieder zurück.

Ein paar Stunden Fußmarsch später erreichte ich die
Gemeinde Elmstein. Dort angekommen, traute ich meinen
Augen kaum. Dieses Bergdörfchen war wunderschön, und
ich fühlte mich dreihundert Jahre in die Vergangenheit zu-
rückversetzt. Hätte man die Autos woanders geparkt, man
hätte hier durchaus einen historischen Film drehen können!
Schöne alte, aus grobem Feldstein gebaute Häuser und
mit Kopfsteinpflaster bestückte enge Gässchen. Entzückt
lief ich umher und fand halb verwitterte Steinmauern, die
alte Bauerngärten umfriedeten. Die älteren Frauen, die gerade Wäsche aufhängten, trugen Schürzen, Kopftücher und
machten das Bild einfach nur perfekt. Das Besondere war
außerdem, dass der Ort keinerlei auffällige Hotels oder tou-
ristische Restaurants besaß: Ich hatte hier wohl eine echte
Perle entdeckt. Ich kaufte bei einem kleinen Gemischtwaren-
händler ein (wie lange hatte ich so einen kleinen, aber gut
ausgestatteten Laden nicht mehr gesehen?) und verließ diesen wundersamen Ort ein wenig wehmütig.

Wenn ich heute daran zurückdenke, frage ich mich, inwieweit die dynamische Erinnerung da mit der Zeit nicht
vielleicht etwas hinzugedichtet hat – doch wenn ich mir die
Fotos der Wanderung noch einmal ansehe, fühle ich mich
bestätigt.

Am frühen Abend sah ich mich nach einem Lagerplatz
um und fand etwas ganz Besonderes: eine alte, mit Moos

und Flechten bewachsene Steinmauer aus Feldsteinen. Solch einen Anblick war ich bis dato nur aus Schottland gewohnt. In der Mitte der Umfriedung konnte ich Überreste eines alten Steinhauses erkennen. Man musste kein Archäologe sein, um zu erkennen, dass diese Steine vor sehr langer Zeit aufgestapelt worden waren. Mir kam direkt eine Idee! Ich fand eine Mauerstelle, die an einem Erdwall stand und mit Erde bedeckt war. Dort nahm ich zwei Steine von vorne heraus und grub von oben ein Loch, sodass ich einen kleinen Kamin vor mir hatte. Drumherum baute ich mir aus Totholz und Zweigen eine kleine Behausung, sodass ich nach gut zwei Stunden eine rudimentäre Hütte samt Kamin zur Verfügung hatte. Ich musste nach einem ersten Test den Abzug noch etwas erweitern, doch dann funktionierte alles wie gewünscht. In der Nacht schlief ich direkt an meinem Kamin, mir war sogar so warm, dass ich meine Jacke ausziehen musste. Am nächsten Morgen baute ich die Hütte wieder ab und steckte die Steine zurück in die Mauer – auch wenn sie nicht durch Schilder als Denkmal ausgewiesen war, wollte ich diesen offensichtlich historischen Ort so verlassen, wie ich ihn vorgefunden hatte.

Tag 8

Als ich im Morgendunst erwachte, schaute ich als Erstes in meinen selbst gebauten Kamin, in dem immer noch ein wenig Restglut leuchtete. Nach dem Frühstück traf ich auf mehrere Wanderer und fragte eine Gruppe älterer Herren nach der nächsten Wegmarkierung. Sichtlich angetrunken, waren sie sehr an meiner Tour interessiert. Sie meinten, dass es für einen jungen Menschen ja höchst ungewöhnlich sei, sonst säßen »die doch in großstädtischen Cafés und glotzten auf ihre Smartphones«. Die Männergruppe lachte (es klang wirklich wie ein Lachen), und ich erklärte, dass ich wohl der Gegenbeweis für ihre gewagte Theorie sei. Wir unterhielten uns noch ein wenig, da machte mir ein kleiner Mann mit einem ganz besonders stattlichen Kugelbauch das Angebot, auf seiner Wiese nächtigen zu können, auch ein Feuer sei kein Problem, der Wald drumherum gehörte auch ihm. Meine Augen wurden groß: Nach der letzten Nacht am Feuer, konnte ich mich fast daran gewöhnen. Er beschrieb mir das Grundstück, und er drückte, wir beide vornübergebeugt, mit seinen Wurstfingern auf den Bildschirm meines GPS-Gerätes.

Keine Stunde später stand ich auf besagter Wiese und war begeistert. Hier konnte ich mein Abendbrot mit Heuschrecken aufpimpen und aus dem angrenzenden Waldstück Totholz für den Bau einer Schrägdachhütte sammeln. Ich bereitete die Feuerstelle vor, indem ich die Grasnarbe abtrug und zur Seite legte. Die Grasnarbe wächst oft wieder an, wenn man sie am nächsten Tag wieder darauflegt. Ich sammelte eine große Menge Feuerholz für die Nacht. Generell neigt man eher dazu, die erforderliche Holzmenge zu unterschätzen. Ich habe dazu eine einfache Formel: geschätzte nötige Menge x 3 = tatsächlich benötigte Menge.

Ich rieb mir die Hände, kurz bevor ich das Feuer mit Unterstützung von Birkenrinde entfachte. Die Heuschrecken schmeckten köstlich, dazu gab es geröstetes Brot, gegrillte Paprika und einen würzigen Tee, den ich mit auf der Wiese gesammelten Dost *(Origanum vulgare)* und etwas Feld-Beifuß *(Artemisia campestris)* zubereitete. Das Feuer wärmte meine müden Glieder und machte mich schön schläfrig. Ich fühlte mich wohl: Meine Laub-Gras-Matratze war sehr gemütlich, das Schrägdach schützte mich vor dem Wind, und dieser kleine halb offene Raum hatte etwas Heimeliges. Ich wachte in der Nacht oft auf, doch das leise knisternde Feuer und die wohltuende Wärme entschädigten mich jedes Mal. Zum Glück war immer genug Restglut da, sodass ich das Feuer nie neu entfachen musste.

Tag 9

Am Morgen schlängelte sich eine dünne Rauchfahne vom erloschenen Feuer in die Luft, und in der Ferne hörte ich eine Motorsäge. Nach einem kurzen Frühstück löschte ich das Feuer, legte die Grasnarbe wieder an ihren Platz und baute meine Schrägdachhütte zurück. Die Stöcke und Äste brachte ich zurück in den Wald, denn diese könnten bei Mäharbeiten die Maschinen beschädigen, und das wollte ich nicht. Ich hatte den kleinen Tick entwickelt, meine Laubhütten in den Wäldern stehen zu lassen. Ich malte mir dann immer aus, wie jemand sie entdeckt und sich neugierig, aber ein wenig scheu nähert. In diesem Fall war es aber gegenüber dem netten Grundstücksbesitzer nur fair, schließlich sollte er sich ja nicht über mich ärgern.

Ich durchquerte einige Ortschaften und machte eine interessante Erfahrung. Im Schnitt waren mir ältere Menschen freundlicher gesonnen als jüngere. Ich glaube, dass die ältere Generation mit dem Bild eines Wandersmanns noch etwas anfangen kann, während die Jüngeren einen mit Hund laufenden, dreckigen Mann als Obdachlosen ansehen. Ich wurde also von den Älteren oft freundlich gegrüßt, und mir wurde zugenickt, während die unter Fünfzigjährigen eher wegschauten oder mich ignorierten. Als ich eine vielleicht Dreißigjährige mit Kind an der Hand nach dem Weg fragte, schaute sie einfach nur weg und zog das Kind schnell weiter. Irgendwie konnte ich mich an diese Respektlosigkeit nicht so ganz gewöhnen. Das kleine Mädchen schaute mir übrigens nach und lächelte mich an.

Um meine Tagesziele zu erreichen, wandte ich jeden Tag einen Trick an: Immer wenn ich Hunger bekam, musste ich mir das Mittagessen verdienen, indem ich noch eine zusätzliche Stunde von dem aufkommenden Hungermoment an weiterlief. Das klappte ziemlich gut, so auch heute. Als die Stunde endlich vorbei war, setzte ich mich mit einem Bärenhunger auf eine frische Wiese mit großem Wiesenknopf, Wiesen-Bärenklau und wilder Möhre. Mein Käsebrot verfeinerte ich mit dem Wiesenknopf – ich liebe dieses leichte Gurkenaroma –, und für das Abendbrot sammelte ich etwas Löwenzahn.

Gegen Nachmittag erreichte ich wieder ein größeres Waldstück mit stark wechselnder Steigung. Hier war es nicht einfach, einen Lagerplatz zu errichten – ich hatte Schwierigkeiten, eine ebene Fläche zu finden. So langsam wurde die Zeit knapp; wenn ich für die Nacht noch eine Laubhütte bauen wollte, musste ich jetzt damit anfangen. Doch auf einer steilen Fläche kann man nicht schlafen, also blieb mir nichts anderes übrig, als weiterzugehen.

Die Bergkuppen waren mit großen Steinen bedeckt, auch hier wurde ich nicht fündig. Als es dämmerte, musste ich eine Entscheidung treffen. Ich entschied mich, das restliche Tageslicht für den Bau einer isolierenden Laubmatratze auf dem Schotterweg zu nutzen, auch wenn ich das sonst nicht gerne tat. Nach einer halben Stunde lag ich auf meiner Matratze. Der Himmel sah nicht nach Regen aus – um eine Bedachung musste ich mich also nicht zwangsläufig kümmern.

Für das Abendessen bereitete ich mir Pasta mit Löwenzahn, Sonnenblumenkernen und Pecorino zu (es verdiente fast schon den Namen Pesto) und verspeiste es gierig. Mir wurde beim Essen bewusst, wie viele Kalorien ich hier täglich zu mir nahm. Ich aß jeden Tag eine Tafel Schokolade, knapp 400 Gramm Nudeln oder Reis, gut sechs Scheiben Brot, dazu Käse, Gemüse und Obst. Andererseits verbrannte ich bei knapp acht Stunden Marsch plus ein bis drei Stunden körperlicher Arbeit für das Nachtlager natürlich auch eine Menge.

Als ich später auf meiner Matratze aus Buchen- und Eichenlaub lag und in einen bleiernen Schlaf gefallen war, wachte ich urplötzlich mit rasendem Herzen auf. Ein lautes Geräusch kam immer näher, und ich richtete mich auf. Scheinwerfer blendeten mich. Ein Geländewagen fuhr nun mit verminderter Geschwindigkeit weiter in meine Richtung, als er an mir vorüberkam, versuchte ich, im dunklen Auto etwas zu erkennen. Der gesichtslose Fahrer fuhr langsam weiter, und als er meine Schlafstelle passiert hatte, drückte er auf die Tube und brauste davon. Was sollte er/sie auch gegen einen müden Wanderer haben, der auf einem Weg in einem

Haufen Laub schläft? … Jedenfalls kam mir das ganz recht, ich war müde und hatte keine Lust auf Konversation.

Tag 10

Ich wachte etwas gerädert auf und schaute mich um. Als ich die Spuren des Geländewagens sah, fiel mir wieder ein, dass ich in der Nacht geweckt worden war. Ich brauchte eine Weile, um aufzustehen, irgendwie fühlte ich mich komisch. Dieses Gefühl sollte auch während der nächsten Stunden nicht verschwinden. Mein Eindrucksspeicher war gesättigt, ich nahm alles stumpf und wie durch eine Milchglasscheibe wahr. Ich hatte keine Lust, mir die schöne Natur anzusehen, und ich hatte keine Lust, Spaziergänger zu grüßen. Mechanisch und unbeteiligt lief ich den Weg immer weiter.

Gegen Nachmittag hatte ich meine Route verloren, ich musste das Wegzeichen entweder übersehen haben, oder die Zeichen waren nicht sonderlich gut gepflegt. Das Problem ist auch manchmal, dass einige Forstwirte die Markierungen nicht »umsetzen«, wenn sie einen mit Wandermarkierung bepinselten Baum fällen. Jedenfalls fand ich den Weg wieder, dafür musste ich jedoch eine kleine Böschung hinabrutschen, um dorthin zu gelangen. Als ich eine Stunde später meine Lagerstätte unter einer alten Eiche aufbaute, traf mich fast der Schlag: Ich wollte nach meinem Messer am Gürtel greifen – und griff ins Leere. Da dämmerte mir: Ich musste das Messer während der Rutschpartie an der Böschung verloren haben! Ein Messer ist bei einer solchen Tour extrem wichtig:

Damit kann man fast alle anderen nötigen Werkzeuge herstellen, kann sich Nahrung zubereiten und zerkleinern, nasse Holzschichten wegschnitzen, Äste ablängen. Kurzum: Ich brauchte es unbedingt. Ich kam mir richtig nackt vor. Ich bin wirklich kein Ausrüstungsfetischist, aber das Messer ist der beste Freund des Waldläufers. Also joggte ich zu der Stelle zurück und suchte eine gute Stunde lang. Doch ohne Erfolg, das gute Stück war weg. Der Griff war aus Eichenholz, die Scheide aus Leder – das Messer musste also perfekt getarnt irgendwo im Laub liegen. Ich schwor mir, das nächste Mal ein Messer in Leuchtfarben zu kaufen. Etwas bedröppelt ging ich zu meinem Lagerplatz zurück und vollendete meine Laubhütte.

Als ich am Feuer den Tag Revue passieren ließ, dachte ich noch einmal über meinen Gemütszustand in der ersten Tageshälfte nach. Ich kam zu dem Schluss, dass das Geistige während der Wanderung zu kurz kam. Mein Intellekt war seit acht Tagen auf Sparflamme, und mein Gehirn dürstete nach etwas Arbeit. Das Einzige, womit ich es täglich fütterte, war das Tagebuchschreiben. Wie gerne hätte ich ein Buch dabeigehabt – ich hätte in dem Zustand sogar einen Arztroman gelesen. Da kam mir eine Idee: Ich hatte Papier für meine Notizen, und ich hatte Stifte. Warum nicht einfach selbst etwas erfinden? Also begann ich an jenem Abend, ein Märchen für meine damalige Freundin Isabel zu schreiben. Sie würde sich bestimmt darüber freuen, bei meiner Heimkehr eine nur für sie geschriebene Geschichte zu bekommen. Das Schreiben am Feuer machte mir Spaß, und ich musste mich zwingen, die Schreibutensilien wegzulegen und mich zur Ruhe zu betten. Meine Fantasie ging beim Einschlafen mit mir durch, und ich hatte viele Ideen, wie die Geschichte weitergehen sollte, dabei vergaß ich sogar ganz den Verlust meines Messers.

Eine vollmondbeschienene Nacht unter einer magisch anmutenden Weide, nach der man am nächsten Morgen erfrischt gemeinsam mit den Vögeln aufwacht? Das ist beileibe nicht immer so. Klar, diese Nächte gibt es. Vor allem dann, wenn man die letzten beiden Nächte nur stundenweise geschlafen hat und so kaputt ist, dass man nicht anders kann, als durchzuschlafen. Der Wald ist nachts nicht immer ruhig (Rehe, die bellen wie Hunde, Mäuse, die in den Gängen unter der Erde rumoren, und Eulen, die sich wie malträtierte Babys anhören; hinzu kommen Mückenschwärme und Spinnen, die einem übers Gesicht laufen). Ich möchte dir mit diesen Hinweisen nicht die Lust nehmen, in der Natur zu übernachten, aber ich möchte mit weitverbreiteten Illusionen aufräumen. Natur ist eben wild. Und rückblickend vergisst man diese Momente auch ziemlich schnell wieder…

Praxistipps

Laubmatratze, Laubhütte & Co.

Der Lagerplatz

Die Wahl des Lagerplatzes solltest du von der Unterkunftsform abhängig machen. Wenn du eine Laubhütte bauen
möchtest, brauchst du Laub, und zwar in großen Mengen.
Da hilft es nichts, das Grundgerüst auf einer Lichtung aufzubauen. Eine Schrägdachhütte, ein Zelt oder Tarp können
dagegen schon auf einer Wiese benutzt werden.

Ein paar Grundregeln gibt es aber, unabhängig von der
Unterkunftsform:

- Schaue dich genau um: Hängen über dir abgestorbene
Äste, die in der Nacht abstürzen könnten? Gibt es um-
sturzgefährdete Bäume in der Nähe? Liegt der Lagerplatz
an einem Hang, von dem Steine herunterpurzeln könnten?
- Der Boden sollte eben sein. Ansonsten wirst du in der
Nacht herunterrutschen, und du wirst keinen erholsamen
Schlaf finden.
- Befreie den Boden von Ästen und Steinen.
- Wo befindet sich die Wetterseite? Der Eingang der Hütte
oder des Zeltes sollte nicht in diese Richtung zeigen.

- Lagere nicht in Senken. Dort sammelt sich kalte Luft und Regenwasser.
- Halte genug Abstand zu Flüssen – diese können unter Umständen schnell über die Ufer treten.
- Lagere nicht in der Sichtlinie von Hochsitzen/Jagdunterständen.

Das Tarp

Ein Tarp ist im Prinzip nicht mehr als eine wasserdichte und meist mit Ösen und Schnüren versehene Plane. Der Vorteil liegt klar auf der Hand: Das geringe Packmaß und Gewicht machen es zu einem idealen Begleiter, wenn man mit wenig Equipment reisen möchte. Es schützt vor Sonne, Wind und Regen und kann in unterschiedlichsten Variationen aufgespannt werden. Während der Deutschlandwanderung habe ich es zudem benutzt, um Laub zu sammeln. Dafür habe ich die Plane an Stellen mit viel Laub ausgelegt und mit den Händen Laub daraufgeschaufelt. Dann konnte ich die Plane wie einen Sack auf den Schultern zu meiner Laubhütte tragen. Vermeide es, das Tarp als Bodenplane zu verwenden – die Membranen sind meist nicht sonderlich stabil für eine so starke Belastung, vor allem wenn du dich damit auf spitze Steinchen setzt. Ich empfehle Schnüre aus stabilem Paracord, vier Meter pro Schnur sind da nicht zu viel. Achte darauf, die Schnüre nach jeder Benutzung zusammenzubinden oder sie mit einem Klettband zu fixieren – es nervt ungemein, während eines Schauers mit kalten Fingern die Schnüre zu entheddern.

Das Zelt

Ein gutes Zelt ist etwas Wunderbares. Es schützt einen vor Regen, Wind und Wetter. Wenn es draußen wie aus Eimern kübelt oder einem der Hut vom Kopf gefegt wird – sobald man im Zelt ist, kann man erst mal durchatmen. Zumindest wenn das Zelt von guter Qualität ist, keine Löcher hat und nicht gerade in einer Senke aufgestellt wurde, sodass man schnell ungewollt in einem »Wasserbett« liegt.

Ein Zelt ist ein guter Einstieg. Wenn du noch nie zuvor in der Natur übernachtet hast, solltest du zu Beginn ein Zelt mitnehmen. Du bist zwar ein wenig »abgeschirmt« von deiner Umgebung, das muss aber nicht das Naturerlebnis schmälern. Wenn du dafür ausgeschlafen bist und die Natur so am Tage intensiver erleben kannst – wieso nicht?

Während meiner Deutschlandwanderung habe ich meinen Dickkopf das ein oder andere Mal verflucht und mir in meiner feuchten und engen Laubhütte ein kleines Zelt herbeigesehnt. Der Nachteil eines Zelts im Vergleich zum Biwakieren ist, dass man – wenn man nicht gerade in Brandenburg unterwegs ist – eine Erlaubnis des Grundstückbesitzers braucht. Auch wenn diese oft einfacher einzuholen ist, als man zunächst glaubt, ist es doch ein ziemlich nerviger Faktor. Zudem schleppt man mehr Gewicht mit sich herum und braucht einen größeren Rucksack. Ein Zelt lässt sich schlecht mit einer Laubmatratze kombinieren (der Zeltboden geht kaputt), das heißt, man muss zusätzlich eine Isomatte mitnehmen. Achte auf gute Qualität (es muss ja kein neues sein), es ist wirklich fatal, sich auf ein Zelt zu verlassen, das sich im Einsatz als Schrott herausstellt.

Hier ein paar Hinweise, die beim Zeltkauf ein wenig Licht ins Dunkel bringen können:

Wassersäule

Viele Hersteller werben mit besonders hohen Wassersäulen. Diese Angabe soll die »Dichtheit« eines Materials angeben – das ist in der Realität aber nicht unbedingt der Fall. Die Angabe in Millimetern beruht auf der Höhe der Wassersäule, die auf dem Material stehen könnte, ohne es zu durchdringen. In einem Verfahren wird tatsächlich ein mit Wasser gefüllter Zylinder auf das zu testende Material gestellt. Während in Amerika mehrjährige Belastungstests durchgeführt werden, werden diese hierzulande nur mit fabrikneuen Zelten in einem nicht standardisierten Verfahren vorgenommen. Der Regen baut selbst bei starkem Wind keinen besonders großen Druck gegen die Zeltaußenhaut auf, somit ist ein besonders hoher Wert gar nicht ausschlaggebend – 2000 Millimeter reichen in der Regel aus. Anders beim Zeltboden, denn dein Körper übt sehr wohl Druck aus – hier macht ein Wert über 5000 Millimeter durchaus Sinn. Eine Alternative wäre eine Plane zum Unterlegen – diese schützt den Zeltboden zudem vor spitzen Steinen. Ein weiterer Vorteil: Beim Rasten kann man die Plane einfach auslegen und sich auch auf nassen Boden setzen. Auch wenn es zwischendurch anfängt zu regnen, hat man schnell einen Schutz zur Hand. Viel wichtiger als die Angaben zur Wassersäule ist die Verarbeitungsqualität: Aus welchem Material besteht die Außenhaut? Wie UV-beständig ist es? Und vor allem: Sind die Nähte gut verarbeitet und verklebt?

Heringe vs. Zeltnägel

Stabile Heringe sind ihr Geld wert. Selbst bei hochpreisigen Zelten sind meist keine besonders stabilen Heringe dabei. Meistens werden die im Querschnitt runden »Zeltnägel« als Heringe bezeichnet – diese sind zwar etwas leichter, verbiegen sich aber bei steinigem Boden viel schneller.

Weitere Tipps zum Thema Zelt:

- Selbst wenn es am Abend noch windstill ist: In der Nacht kann sich das durchaus ändern. Es schadet nicht, das Zelt zu allen Seiten abzuspannen, das erhöht die Stabilität ungemein und schont das Material.
- Packe das Zelt nicht nass ein. Falls es nicht anders geht, hänge es bei der nächsten Gelegenheit zum Trocknen auf (niemals am Feuer, der Kleber der Nähte verflüssigt sich sonst!).
- Benutze die Zelthülle nicht als »Bodenplane«, um einem nassen Hintern zu entgehen. Ruckzuck hast du kleine Löcher in der Membran, und das Wasser wird seinen Weg durch das Zeltdach finden.
- Es gibt spezielle Flicksets für Zelte, gerade bei längeren Touren kann dies eine sehr sinnvolle Investition sein.

Die Laubmatratze

Einen Großteil der Wärme verliert man draußen in der Nacht über den Boden, umso wichtiger ist es, dass du für eine gute Isolation sorgst. Das gilt für das Zelt ebenso wie für Laubhütte und Schrägdachhütte. Es gibt mittlerweile sehr gute Isomatten mit Luftkammersystem und geringem Packmaß – eine gute Laubmatratze kann da dennoch mithalten und lässt sich aus den unterschiedlichsten Materialien bauen. Ich bevorzuge ungefähr vierzig Zentimeter hoch geschichtete Nadelbaumzweige (Fichte, Douglasie). Dafür schneide ich sie frisch vom Baum und entferne die dickeren Mittelrippen, an denen die kleineren und belaubten Ästchen ansitzen. Die Isolationswirkung kommt dadurch zustande, dass zwischen dem Material Luft eingeschlossen ist – und diese ist eben ein guter Isolator. Dadurch, dass man mit seinem gesamten Gewicht in der Nacht darauf liegt, kann es gerade bei Zweigen von Laubbäumen dazu führen, dass man das Laub einfach zusammenpresst und es dadurch diese Eigenschaft verliert. In diesem Fall kannst du dir einen »Lattenrost« aus Ästen bauen und dessen Kammern mit Laub füllen. Auf diesen Rost kannst du dann die Laubbaumzweige legen: am besten eine ganze Menge, denn der Rost wird sonst unangenehm an Hüfte und Schultern drücken. Eine andere Variante besteht aus geschnittenen Gräsern wie Schilf, Binsen oder Landreitgras (Achtung, teils scharfkantig – Schnittgefahr beim Ausreißen!), die man bündelweise quer zur Körperachse auflegt.

Die Schrägdachhütte

Wer kein Zelt dabeihat, kann sich mit relativ wenig Aufwand einen annehmbaren Unterschlupf bauen, der auch halbwegs regensicher ist. Die Schrägdachhütte ist zu einer Seite hin offen, was den Vorteil hat, dass man vor sich ein Wärmefeuer entfachen kann. Das schräg gestellte Dach wirkt dabei zum einen als Reflektor, der die Strahlungswärme zum Teil an den Körper wieder zurückgibt, zum anderen ist man von oben und hinten vor Regen geschützt. Dieser baubedingte Vorteil wird zum Nachteil, wenn Wind oder Regen von vorne in deine Unterkunft hineinpreschen. Deshalb ist es unbedingt sinnvoll, die offene Seite in die windabgewandte Richtung zu positionieren.

Aufbau

Als Erstes suchst du dir zwei stabile, mindestens handgelenksdicke Äste mit einer Astgabel am oberen Ende. Zu kurz sollten sie auch nicht sein, am besten ist eine Länge vom Boden bis kurz über deine Hüfte. Dann gräbst du mit einem Grabstock (Holzstock aus Hartholz mit einem zugespitzten Ende) zwei unterarmtiefe Löcher im Abstand von deiner eineinhalbfachen Körperlänge in den Boden. Die Äste werden nun in den Boden gesteckt, der Erdaushub hineingefüllt und festgestampft. Dann suchst du einen stabilen Ast, den du quer über die beiden Astgabeln legst, und du erhältst einen »Dachfirst«.

Als Nächstes sammelst du gerade Äste, die etwas kleiner sind als deine Körpergröße, und legst sie schräg an deinen Dachfirst. Ist der Winkel zu steil, wird dir das Dach herabrutschen, ist der Winkel zu stumpf, läuft das Wasser nicht schnell genug ab und tropft hindurch. Fünfundvierzig Grad sind da nicht verkehrt. Danach deckst du das Dach von unten nach oben mit geeigneten Materialien ab, am besten eignen sich Zweige mit großen Blättern, dicht beblätterte Zweige, Grasnarben, zu Bündeln geschnürte Gräser oder Schilf.

Tipps:

- Die Äste für die Grundkonstruktion müssen nicht unbedingt von lebenden Gehölzen stammen; Totholz, das noch nicht allzu lange liegt, ist im Kern oft noch stabil, und ein so großes Gewicht müssen die Äste ja auch gar nicht aushalten. Teste die Hölzer einfach vorher auf ihre Tragkraft.
- Die schmalen Seiten (Kopf- und Fußseite) kannst du mit seitlich angelegten und beblätterten Ästen gegen den Wind schützen.
- Im besten Fall hast du in der Schrägdachhütte auch noch etwas Platz, um dein Feuerholz zu lagern. Dann kannst du in der Nacht ganz bequem im Liegen nachlegen.

Die Laubhütte

Wie alles andere hat auch diese Konstruktion ihre Nachteile und Vorzüge. Ja, man ist sehr beengt, und Menschen mit Platzangst werden sich wohl niemals dafür begeistern können. Und, ja, auch die herabrieselnde Erde und die Insekten und Spinnen, die aus dem Laub gekrochen kommen und einem in der Nacht übers Gesicht laufen, sind gewöhnungsbedürftig. Die Laubhütte macht eine Menge Arbeit, und man kann sie nur bauen, wo man ausreichend Laub findet. Trotz alledem macht es unbedingt Sinn, sich mit ihr auseinanderzusetzen. Denn unter Umständen kann diese Hütte dein Schlafsack, deine Isomatte und dein Zelt in einem sein. Ohne die Möglichkeit, ein Feuer zu entfachen, ist sie außerdem in Mittel- und Nordeuropa ohne Equipment zumeist die einzige Möglichkeit, eine erholsame Nacht ohne Dauerzittern zu verbringen. Denn selbst eine laue Sommernacht kann sich mit dünner Kleidung ohne Wärmequelle und bei heruntergefahrenem Kreislauf sehr schnell kühl anfühlen. Mich selbst verbindet eine Hassliebe mit ihr: Sie hat mich schon oft durch eine kühle Nacht gebracht, aber ich habe sie auch bestimmt schon genauso oft verflucht.

Aufbau

Es ist gar nicht so einfach, die richtigen Proportionen und Winkel der einzelnen »Bauteile« herauszufinden, da hilft nur ausprobieren.

Ich empfehle, mit dem Bau der Laubmatratze zu beginnen, um die herum du dann die Laubhütte baust.

Zunächst brauchst du einen stabilen, ungefähr unterarmdicken Ast oder ein Stämmchen in eineinhalbfacher Körperlänge. Stabilität ist hierbei noch wichtiger als bei der Schrägdachhütte, da hier noch etwas mehr Gewicht auf dem First lastet. Als Nächstes brauchst du zwei etwa bis zur Hüfte reichende Äste mit Gabeln, die du etwa in einem Abstand von einem Meter in die Erde steckst. Nun überkreuzt du diese beiden, sodass du den First in die beiden Astgabeln klemmen kannst, das andere Ende des Firstes liegt auf dem Boden auf. Dann suchst du etwa einen Meter lange Äste zusammen und stellst sie seitlich an den First, sodass ein »Gerippe« entsteht. Danach bedeckst du sie mit feineren belaubten Ästen, die verhindern sollen, dass das Laub in die Hütte hineinfällt. Falls du ein Tarp zur Hand hast, kannst du es auch über das

Gerippe legen – damit wird die Laubhütte absolut wasser-
dicht, und weder Erde noch Laub rieseln hinein.

Nun beginnt der wirklich aufwendige Part: das Laub-
sammeln. Je nach Außentemperatur wirst du eine gehörige
Menge davon brauchen, lieber packst du etwas zu viel als zu
wenig drauf. Am besten beginnst du, sternförmig von weiter
weg Laub zu deiner Hütte zu befördern. Fange nicht zu nah
an deiner Hütte an, denn in ihrem direkten Umkreis wirst du
später ja sowieso alles »mitnehmen«, wenn du dich ihr wieder näherst. So kannst du etwas Zeit sparen. Ziehe also einen
imaginären Kreis um deine Hütte, wobei der Radius von der
Dicke der Laubschicht und der Menge, die du sammeln willst,
abhängt. Einen Radius von zehn Metern solltest du aber mindestens einplanen. Du beginnst also vom Rand des Kreises
an, peu à peu das Laub entweder im »Hundebuddelmodus«
durch deine Beine hindurchzuwerfen oder mit deinen Füßen
in Richtung Hütte zu scharren. Wenn du größere Äste vorher
aus dem Weg räumst, geht das Ganze einfacher und schneller.

Tipps:

- Hast du eine Zeltplane oder ein stabiles Tarp dabei, kann
  man damit auch wunderbar Laub an »Hotspots« sammeln
  gehen und diese so zur Hütte befördern.
- Nasses Laub isoliert zwar nicht so gut wie trockenes, doch
  mitunter hast du keine andere Wahl.
- Suche dir vor dem Aufbau einen guten Platz, an dem auch
  ausreichend Laub in der Nähe vorhanden ist.
- Gräser und krautige Pflanzen, die unter dem Laub wachsen, können das Zusammentragen ungemein erschweren.

3 Rechtliche Fragen beim Wandern & Wildcampen

Tag 11

Ich fluchte, als ich mir morgens eine Scheibe Brot abschneiden wollte und an meinen Gürtel griff. Etwas verärgert biss ich abwechselnd in den Brotlaib und in den Käse. Egal, werde schon noch eins kaufen können, dachte ich mir und schielte zum Himmel. Das Wetter gab Grund zur Freude: blauer Himmel und Schönwetterwolken. Ich grinste.

Ich hatte den Pfälzerwald nun verlassen, und es ging bergab in die Rheinebene. Ich lief über hügelige Äcker mit Winterweizen und unreifem Raps, an den Wegrändern stand Wilde Karde, Kornblume und blassrot blühender Acker-Gauchheil. Die Äcker waren nicht besonders groß und durchzogen von Schlehen-, Holunder- und Hundsrosenhecken. Hunderte Vögel nutzten diese Hecken als Rückzugsort und Speisekammer, überall fiepte, pfiff und tirilierte es, es roch fruchtig und leicht süßlich. Der Frühling war angekommen. Als ich weiterging, sah ich zwei davoneilende Rotfüchse, einen blitzschnellen Feldhasen und ein paar am Waldrand stehende Rehricken.

Es wurde im Laufe des Tages so warm, dass ich im T-Shirt laufen konnte. Auch Rocko reagierte prompt auf die ungewohnte Wärme: Er hechelte ziemlich viel beim Laufen.

Und das, obwohl er seine Hundetragetaschen gar nicht mehr selbst tragen musste. In den letzten Tagen hatte ich bemerkt, dass ihm seine Packtaschen (befüllt mit seinem Hundefutter, versteht sich) Probleme bereiteten. Zu diesem Zeitpunkt wusste ich noch nicht, dass es an seiner Wirbelsäule lag. Also trug ich seine Taschen schon seit einigen Tagen zusätzlich zu meinem Rucksack – was tut man nicht alles fürs liebe Vieh.

Wir rasteten auf einer schönen alten Bank, von der wir eine tolle Aussicht über die Rheinebene hatten. Nicht mehr lange, und wir würden den Rhein überqueren, und ich würde meine Mutter und Schwester in Südhessen besuchen. Vorfreude wallte in mir auf, so langsam freute ich mich doch wieder auf ein wenig Austausch. So schön Naturerlebnisse auch sind, tatsächlich muss man sie teilen, um sie in ganzer Fülle genießen zu können. Zumindest ist es bei mir so.

Als ich so auf den vor mir liegenden Weg blickte, der sich in die Ebene schlängelte, machte ich mir Gedanken über meine nächste Nacht. Das klingt vielleicht etwas befremdlich, aber bei einer solchen Tour hängt der Tag sehr stark davon ab, wie man die letzte Nacht überstanden hat. Man kennt es ja schon aus dem Alltag – wenn man schlecht schläft, ist man am nächsten Tag nicht ganz so einsatzbereit. Draußen ist dieser Effekt noch stärker, vor allem wenn sich die schlechten Nächte addieren. Nach einer schlechten Nacht fühle ich mich matt, meine Moral ist meist im Keller, und auch meine Kondition lässt zu wünschen übrig. In den nächsten Tagen würde ich in offener Fläche übernachten müssen, es war auf der nächsten Etappe kein Waldstück in Sicht. Das war insofern problematisch, als man für den Bau einer Laubhütte nun mal abhängig von Laub ist.

Gegen Abend fand ich eine dichte Hecke zwischen zwei Rapsfeldern, diese musste als Lagerplatz ausreichen. Ich baute mir aus Wildgräsern eine dichte Laubmatratze und legte mich hin. Ein Feuer wollte ich hier in der Hecke nicht riskieren, ich hatte auch keine Lust auf eine Auseinandersetzung mit einem Jäger. Als ich so mit hinter dem Kopf verschränkten Armen dalag, wurde ich Zeuge eines imposanten Schauspiels. Auf einem knorrigen Ast, nur ein paar Armlängen über mir, landete ohne Vorwarnung ein Turmfalke. Ich verhielt mich ganz ruhig und beobachtete den Raubvogel. Keine Minute später kam ein zweiter wie der Blitz angeschossen und landete direkt neben dem ersten. Und dann begann das Schauspiel: Die zwei turtelten und schmusten, dass die ganze Hecke wackelte. Ich fragte mich kurz, ob ich ein Voyeur bin, wenn ich diesem Naturschauspiel weiter beiwohnte, dann gab ich dem Gedanken keinen Raum mehr. Es war fast rührend, wie zärtlich sich die beiden Vögel vergnügten – in so geringem Abstand zu mir. Ich muss zugeben, dass vielleicht sogar ein Funken Neid aufkam. Ich habe die Erfahrung gemacht, dass man solch intensive Naturbeobachtungen am besten machen kann, wenn man länger in der Natur verweilt. Gerade wenn man in der Natur schläft, verschmilzt man fast mit der Umgebung, dadurch trauen sich die Tiere, in unmittelbare Nähe vorzudringen. Sie nehmen einen dann nicht mehr als Fremdkörper und Eindringling wahr. In jener Nacht wachte ich öfter auf und vermisste das wärmende Laub. Ich zog Rocko näher an mich heran, was er mit einem leisen Knurren quittierte. Na, das konnte ja noch was werden.

Tag 12

Die Sterne funkelten, aber ihr Anblick tröstete mich kaum. Es war einfach zu kalt. Ohne Feuer und wärmende Laubhütte ist eine Nacht bei zehn Grad ohne Schlafsack wirklich kein Pappenstiel. Zumindest die Grasmatratze hatte mich vor dem Auskühlen von unten bewahrt, und die Hecke hatte mich vor dem Wind beschützt. Dennoch war ich ziemlich gerädert, und meine Glieder waren steif. Es half alles nichts, ich musste weiter. Also packte ich, sah noch einmal mit geschwollenen Augen auf meine Grasmatratze und stapfte ohne Frühstück los. Ich wollte mich bewegen und dadurch aufwärmen.

Bereits gegen zehn Uhr hatte die Sonne eine ungewohnte Kraft, und mir war wohlig warm. Die schlechte Nacht war fast vergessen, und ich pfiff vor mich hin, als ich durch scheinbar endlose Weinberge lief. Mittags musste ich mir sogar das Schlauchtuch um den Kopf wickeln, so sehr knallte mir die Sonne auf das Schädeldach.

Ich lief schon fast eine ganze Stunde in einem niemals zu enden scheinenden Weinberg, als Rocko mir anzeigte, eine Pause machen zu müssen. Er lief gut dreißig Meter hinter mir, seine Zunge hing bis zum Boden, und er sah mich vorwurfsvoll an. »Na gut, alter Junge. Wir rasten«, murmelte ich ihm zu und spannte das Tarp zu einem Sonnendach auf, denn an Schatten war in dieser Weinwüste nicht zu denken.

Nach einer Stunde packte ich wieder und ging los. Erst nach ein paar Minuten fiel mir das Ungewöhnliche auf: Rocko lief gar nicht vorneweg. Als ich zurückblickte, lag er immer noch auf dem Boden, den Kopf auf den Füßen abgelegt, und sah mich von Weitem an. Potzblitz! Das hatte ich noch nie erlebt. Ich ging zurück und versuchte, ihn zu motivieren. Keine Chance. Nach einer Weile musste ich einsehen, dass da nichts zu machen war. Der Hund brauchte noch etwas Pause. Also baute ich den Sonnenschutz wieder auf und nutzte die Zeit, um an meinem Märchen weiterzuschreiben, während mein haariger Begleiter sprichwörtlich zu schnarchen begann. Eineinhalb Stunden später wachte er auf und sah sich müde um. Er streckte seine Beine von sich und gähnte.

»Ich habe mal gelesen, dass Wölfe bis zu achtzig Kilometer am Tag laufen«, sagte ich vorwurfsvoll in seine Richtung.

Wie zu erwarten, reagierte er mit Teilnahmslosigkeit. Nach weiteren zehn Minuten konnte er sich endlich erbarmen, und wir setzten unseren Weg fort. Frisch und munter lief er vorneweg, während mich die Pause nur umso müder gemacht hatte.

Die Landschaft hier war nun nicht mehr so angenehm, intensive Landwirtschaft und Weinberge der eher produktiven als romantischen Art wechselten sich hier ab. Mir lief der Schweiß in Strömen, als ich eine Erhebung in der Ferne sah. »Moment mal«, murmelte ich und schaltete mein GPS-Gerät ein. Als ich weiter herauszoomte, sah ich es. »Der Odenwald!«, rief ich aus. »Rocko, wir sind fast in der alten Heimat!«

Ich fühlte mich wie Bilbo, der nach langer Abwesenheit das Auenland in der Ferne sieht, und mein Schritt beschleunigte sich. Gegen Abend kam ich an einem schönen See vorbei. Mich lockte die Vorstellung von einem erfrischenden Bad, hier wollte ich mein Lager aufschlagen. Leider war es mir wieder nicht vergönnt, ein Feuer zu machen, ein Naturschutzschild wies ausdrücklich auf ein Verbot hin. Und auch eine Laubhütte war ohne Laub nicht zu verwirklichen. Egal, dachte ich mir – erst mal ein kühles Bad.

Ich war ganz allein am See, obwohl mir ein nahe gelegener Parkplatz und Zivilisationsmüll am Wegesrand zeigten, dass hier ansonsten wohl häufiger Badegäste zugegen sein mussten. Ich sprang nackt ins kühle Nass – es war gelinde gesagt arschkalt, doch das machte mir nichts. Ich wusch mir den Schweiß und den Staub ab und schwamm ein paar Runden. Rocko tat es mir gleich, schwamm brav neben mir her und sah dabei aus wie ein kraulendes Faultier. Wieder an Land, erschreckte ich mit meiner Blöße eine zum See marschierende Familie, die ich gar nicht bemerkt hatte. Sie wirkten mehr als beschämt und grüßten mich, während sie in eine andere Richtung sahen.

Nachdem ich mich abgetrocknet und wieder angezogen hatte, baute ich eine Grasmatratze auf. Da ich ja mein Messer verloren hatte, suchte ich einen scharfkantigen Stein, mit dem das Grasschneiden genauso gut ging. Ein Blick auf das GPS verriet mir, dass der Rhein nur noch gut vier Wegstunden entfernt war. Morgen Mittag müsste ich dann also übersetzen, und von da aus waren es noch einmal knapp sieben Wegstunden bis zu meiner Mutter. Ich legte mir für die Nacht meine Rettungsdecke bereit, denn der Blick in den klaren Himmel sagte mir: Diese Nacht wird eine kalte.

Tag 13

Ich wachte gegen ein Uhr auf und zittere am ganzen Leib. Verdammt. Was hätte ich besser machen können, fragte ich mich sofort. Es war windstill, und seitlicher Schutz hätte eine Auskühlung auch nicht verhindert. Es hatte sich in der Nacht stark abgekühlt, und die Nähe zum See führte dazu, dass sich eine feuchte Decke über alles gelegt hatte. Das Naturschutzgebiet war wie eine Insel in einem schon leicht besiedelten Part des Rheintals gelegen, ich hätte auch nicht wirklich woanders mein Lager aufschlagen können. So gerne ich doch jetzt ein Feuer gemacht hätte, war das nicht drin. Ein Schild an einer alten Erle in der Nähe des Sees hatte mir schon am Abend die Hoffnung auf ein Feuer zunichtegemacht. Der See und die Umgebung waren Naturschutzgebiet und ein Lagerfeuer hier ein absolutes Tabu. Mir blieb also nur eines übrig: Ich musste mich bewegen. Und wenn ich mich schon bewegen musste: Warum dann nicht gleich weiterlaufen? Mit kalten, steifen Fingern packte ich meine Sachen zusammen und ging mit der auf den Kopf gezogenen Lampe los.

Ich lief und lief und lief. Meine Füße taten mir weh, und ich gähnte alle zehn Schritte. Aber das machte nichts. Ich bekam dafür nämlich etwas. Eine Wanderung bei Nacht hat ihren ganz eigenen Reiz: die Silhouetten der Bäume, die aufgeschreckten Nachtfalter, reflektierende Augenpaare im Gebüsch. Und natürlich die Geräusche. Irgendwo schräg über mir rief ein Waldkauz, aber als ich in die vermeintliche Richtung leuchtete, sah ich nichts. Stattdessen hörte ich schräg hinter mir Flügel gegen Äste schlagen. Weg war er. Die Bäume, die bis eben noch den Weg gesäumt hatten, gaben nun die ganze Sicht auf den Sternenhimmel frei. Ich musste kurz stehen bleiben. In mir kamen Kindheitserinnerungen hoch, wie ich mit zwölf oder dreizehn eine Zeit lang in die Sternwarte auf der Darmstädter Ludwigshöhe zum »Sterne-Nerd-Treffen« gegangen bin.

Ich lief weiter und hatte den Blick weiterhin nach oben gerichtet; zu den Sternen gesellte sich nun das wilde Silhouettengekräusel von Feldhecken. Rocko und ich erschraken kurz, als direkt neben uns ein Fasan einen nervtötenden Schreckruf von sich gab und wie auf einem Schleudersitz aus der Hecke sprang. Nach ungezählten (keinen unzähligen, so viele waren es nicht) Kilometern erreichte ich den Ort Eich, an dessen Ufer die Fähre über den Rhein anlegen sollte.

Es war ungefähr vier Uhr, als ich in dem kleinen ehemaligen Fischerdörfchen ankam. Die allermeisten Bewohner schliefen noch, doch hier und dort war Licht in den Fenstern zu erkennen. Als ich den Rhein erreichte, musste ich mit Schrecken feststellen, dass die erste Fähre erst um sechs Uhr fahren würde. Ich setzte mich kurz hin, fröstelte, ging ein paar Runden durchs Dorf und überbrückte die Zeit. Der Fährmann war so freundlich wie ein Berliner Busfahrer, und ich war am Ende des Bezahlvorgangs froh, überhaupt mitfahren zu können. Hätte man diesen Menschen in der griechischen Mythologie auf die Fähre des Styx an die Stelle von Charon gesetzt, wohl niemand wäre mehr in das Reich der Toten gelangt. Aufgrund des Alleinstellungsmerkmals seiner Dienstleistung konnte er sich Unfreundlichkeit leisten: Er war der einzige Fährmann hier.

In gefühlt einem Wimpernschlag war ich auf der anderen Seite und ging von der wackeligen Laderampe, während neben mir die Autos von Bord fuhren. Dann lief ich einen sandigen Nebenweg parallel zur Straße. Es hatte bereits zu dämmern begonnen, und ich konnte meine Kopflampe in der Tasche lassen. Nachdem ich weitere drei Stunden gelaufen war, musste ich eine Pause machen. Meine Füße schmerzten, und es war ja auch kein Wunder. Ich hatte kaum geschlafen, und die kurze Nacht hatte nicht ausgereicht, um mich auch nur annähernd zu regenerieren. Ich setzte mich auf einen großen Stein am Wegesrand, zog meine Stiefel aus und massierte stöhnend meine gebeutelten Füße. Als mein Kreislauf in den Entspannungsmodus wechselte, entschied ich mich für das Weiterlaufen. Ich hatte ja zudem ein schönes Ziel: meine alte Heimat. Ich dachte an eine lange heiße Dusche, eine warme mütterliche Umarmung und an einen kalten Odenwälder Apfelwein. Das gab mir dann tatsächlich noch die Energie und das Durchhaltevermögen, bis zum Ende durchzulaufen.

Kurz bevor ich das kleine Häuschen meiner Mutter erreichte, blieb ich einen Augenblick stehen. Dann kostete ich den Moment vor der Erlösung aus, fühlte noch einmal kurz in meinen schmerzenden Körper hinein und ließ dann Schmerz, Mühsal und Rucksack vor der Haustüre liegen.

Tag 14

Es war ein sehr schönes Nachhausekommen, ich hatte meine Mutter länger nicht gesehen, und wir umarmten uns innig. »Schön, dass du da bist. Du musst unbedingt duschen«, sagte sie zu mir. Und ich glaube, sie hatte recht. Während ich unter der Dusche Seemannslieder sang, warf meine Mutter alle meine Klamotten in die Waschmaschine und rief mir zu: »Deine Sachen pesten.« Das mussten sie wohl auch, schließlich hatte ich bis auf Wechselunterhosen und -socken nur einen Satz Kleidung dabei. Ich miefte, schlief und lief seit zwölf Tagen in denselben Klamotten.

»Hoffentlich macht die Waschmaschine das mit«, sagte sie mit einem schelmischen Grinsen und bot mir etwas zu essen an. Sie hatte Nudeln, dampfgegartes Gemüse und Tomatensoße vorbereitet. Gerade das frische Gemüse war eine Wohltat – um Gewicht zu sparen hatte ich bis auf Salatgurken, Möhren und den Wildkräutern wenig Frisches zu mir genommen.

Danach lagen Rocko und ich den ganzen Tag in der Sonne und ließen es uns gut gehen. Meine Mutter betüdelte uns und fragte mich über die bisherige Tour aus. Gegen Nachmittag focht ich einen lang andauernden inneren Kampf aus: Sollte ich diese Nacht auf dem Sofa schlafen oder draußen? Die Fraktion »Müde-und-ausgelaugt« siegte aufgrund der besseren Argumente gegen die Fraktion »Das-ist-ja-geschummelt«.

Irgendwie hatte die Zeitung *Darmstädter Echo* von meiner Tour gehört und wollte ein Interview im Garten hinter dem Haus führen. Warum auch nicht, dachte ich mir und antwortete der Reporterin gewissenhaft auf ihre Fragen. Sie war noch ziemlich jung und »wurde ständig zu irgendwelchen kleineren Sachen geschickt«, wie sie mir nach dem Interview verriet. »Wobei das hier ja noch halbwegs interessant ist«, fügte sie hinzu.

Gegen Abend wollte ich noch einmal eine kleine Runde mit Rocko gehen und zog an der Tür meine Schuhe an. Nur die Hausschlappen – meine Wanderstiefel wollte ich nicht, denn ich hatte ja frei. Ich rief den Hund, doch er rührte sich nicht. Er war fix und alle – wir waren in den letzten dreißig Stunden knapp sechzig Kilometer gelaufen –, und kein gutes Zureden half. Sogar der Joker, ein Stück Käse aus dem Kühlschrank, war nutzlos. »Dann halt nicht«, sagte ich halb zu mir selbst, ließ mich auf die Couch sinken und fiel in einen bodenlosen Schlaf.

Tag 15

Ich wachte wie verkatert auf, und ein Blick auf die Uhr verriet mir, dass ich an die zwölf Stunden geschlafen hatte. Ich brauchte bestimmt noch einmal zwanzig Minuten, bis ich mich schwerfällig von der Schlafcouch wälzte. Rocko lag immer noch genauso da wie am Nachmittag und machte keine Anstalten, sich von seinem gemütlich aussehenden Schlafplatz fortbewegen zu wollen. Meine Mutter werkelte im Wohnzimmer herum und wünschte mir einen guten Morgen. Das Frühstück stand schon bereit. »Ich wollte dich schlafen lassen. Hasts anscheinend gebraucht.«

Immer noch matt und müde von den Strapazen, aß ich mein Frühstück wie in Zeitlupe, und dann stellte mir meine Mutter die Frage, die ich die ganze Zeit vor mir hergeschoben hatte: »Wann willst du weiter?«

Eigentlich hatte ich geplant, gleich am Morgen wieder

aufzubrechen. Doch das war die Theorie von vor zwei Wochen. Jetzt, wo ich hier am Esstisch saß, sah das Ganze schon wieder anders aus. Eine leise Stimme in mir begann, sich immer mehr Gehör zu verschaffen, je länger ich darüber nachdachte. »Warum bleibst du nicht einfach noch ein bisschen? Ein, zwei weitere Nächte sind doch okay. Außerdem hast du ja einen Vorsprung, da du an deinem freien Tag weitergelaufen bist. Komm schon.« Doch diese schmeichelnde und sanfte Stimme war nicht allein. Da war noch die empörte: »Das geht so nicht! Du wolltest einen Survival-Trip machen und keinen Urlaub. Auf harten Mann tun und sich dann hier von Mutti drei Tage bekochen lassen?!«

Ich handelte zwischen den beiden einen Kompromiss aus: Ich würde noch bis zum frühen Abend bleiben und mir dann im nahe gelegenen Wald eine Laubhütte bauen. Nun schienen die Stimmen halbwegs besänftigt zu sein, und ich konnte es mir in Seelenruhe auf der Schlafcouch gemütlich machen. Ich genoss die Wärme des Hauses, eine weitere heiße Dusche und war dankbar für die saubere Wäsche, die mir meine Mutter aus dem Trockner geholt und feierlich überreicht hatte.

Als die Stunde gekommen war, verabschiedeten wir uns herzlich und machten aus, dass sie mich am nächsten Tag für einen halben Tag zu Fuß begleiten würde. Ich hatte meinen Proviantbeutel aufgestockt, in einem nahe gelegenen Geschäft ein neues Messer gekauft, und nun konnte ich auch endlich Rocko zum Gehen bewegen.

Den Wald in der Gegend kannte ich sehr gut, und keine zwei Stunden später lag ich in meiner Laubhütte. Als ich da so auf meiner Laubmatratze lag, bereute ich es, doch so lange bei meiner Mutter verweilt zu haben. Nicht etwa ihretwegen, es war sehr schön, sie wiederzusehen, und auch der Austausch hatte mir sehr gutgetan, es ging um meine Füße. Ich merkte, dass die fast vierzigstündige Pause ohne jegliche Bewegung mehr geschadet als genützt hatte. Ich hätte zwischendrin auch laufen sollen, denn durch die von Neuem beginnende Belastung taten mir die Füße so weh wie nie zuvor auf dieser Wanderung.

Trotz der Völlerei der letzten Tage bekam ich schon Hunger. Das frische Gemüse hatte mir so gut geschmeckt, dass ich mich gleich aufmachte, um Vogelmiere, Wiesenlabkraut und Wegmalve zu sammeln. Daraus bereitete ich einen frischen knackigen Salat, über den ich Walnussöl träufelte, das mir meine Mutter mitgegeben hatte. Dazu aß ich gutes Bergsträßer Brot und eingelegten Handkäse. Er stank wie meine Socken nach einer Woche laufen, doch jetzt war es das Wasser in meinem Munde, das zusammenlief. Eingelegt in Essig, Öl, etwas Apfelwein und ganz fein geschnittenen Zwiebeln, war der Käse ein Gedicht für den Gaumen. Wahrscheinlich muss man einen in Hessen verbreiteten Gendefekt haben, der dazu führt, dass der Körper die abstoßende Natur dieses Käses nicht wahrnehmen kann. Jedenfalls kenne ich keinen Nichthessen, der begeistert von diesem »schdingischen Ding« ist.

Rocko kaute (vor der Hütte) auf einem geräucherten Schweinefuß herum, den meine Mutter extra vom Ortsmetzger besorgt hatte. Als wir später satt gefressen nebeneinanderlagen, legte ich meinen Arm um seinen warmen Körper. Er knurrte leise.

Tag 16

Bis auf die schmerzenden Füße fühlte ich mich an diesem Morgen ziemlich gut. Rocko hatte zwar in der Nacht die Schweinefüße in übel riechende Gase umgewandelt und damit unsere enge Hütte zugepestet, ansonsten hatte ich sehr gut geschlafen.

Wir befanden uns nun im nördlichen Teil des Odenwaldes. Ich mag diese Gegend hier, der Odenwald ist sehr waldreich, hat ein interessantes Relief, es gibt kleine Fachwerkdörfchen, und intensive Landwirtschaft hat hier keine Chance, sich zu sehr auszubreiten. Da ich für den Besuch in der alten Heimat den Fernwanderweg verlassen hatte, musste ich nun zum Saar-Rhein-Main-Weg zurückkehren. Gegen Mittag fand ich die erste Wegmarkierung: ein gelbes Kreuz. Der Schmerz in den Füßen wurde allmählich zur Gewohnheit, und ich bemerkte ihn kaum noch. In den ersten zehn Tagen der Reise hatte ich keinerlei Probleme mit Blasen, als ich jedoch durch die brütend heißen Weinberge lief, musste der Schweiß an den Füßen zum Aufscheuern und damit zur Blasenbildung beigetragen haben.

Als ich nach der Pause weitergelaufen war, hatten sich die Blasen an der Ferse, an den Zehen und an den Sohlen geöffnet. Ich hatte mir sodann Druckpflaster besorgt, die offenen Stellen desinfiziert und abgeklebt. Es tat zwar noch weh beim Laufen, eine Entzündung war aber nicht zu erwarten. Der Weg hatte ein großes Gefälle, lief selten in gerader Linie, und ich kam ganz schön ins Schwitzen. Ein dichtes Blätterdach schützte mich vor der immer kraftvolleren Sonne, und es roch nach aufgewärmtem, feuchtem Moos.

Ich fand eine Quelle, die aus einem Stein sprudelte, das Wasser schmeckte leicht metallisch, war aber glasklar und eiskalt. Ich trank mich satt, füllte meine Trinkflaschen auf und wusch meinen Oberkörper. Die Sonne hatte ihren Zenit bereits überschritten, da sah ich fernab des Weges eine sonnendurchflutete Lichtung. Sie sah so märchenhaft aus, dass ich mich entschied, hier mein Mittagessen einzunehmen.

Also verließen wir den Weg, gingen eine schmale Böschung hinauf und einen Wildwechsel entlang. Die Lichtung lag in einem kleinen Kessel und war von Erdwällen mit Abbruchkanten umgeben. Rocko lief ohne Leine neben mir her, und wir steuerten den Wildwechsel an, der sich eine Böschung zur Waldwiese hinunterschlängelte.

Wir waren noch ungefähr zwanzig Meter entfernt, als ohne eine Vorwarnung ein sehr großes Tier unseren angesteuerten Weg hochkam. Rocko und ich blieben regungslos stehen. Es handelte sich um ein sehr großes Rothirschweibchen. Fast pferdegroß stand es da und schaute in unsere Richtung. Langsam fasste ich mit meiner Hand in Rockos Fell und gab ihm zu verstehen, dass er sich ruhig verhalten sollte. Rothirsche sind Bewegungsseher und können einen fast nicht ausmachen, wenn man wie eingefroren dasteht. Im Gegenzug haben sie aber einen ausgeprägten Geruchssinn, und genau diesen setzte das schöne Tier nun ein. Es hob leicht den Kopf und roch in unsere Richtung. Doch anstatt loszusprengen und davonzulaufen, kam die Kuh auf uns zu. Nicht geradewegs, sondern in großen kreisförmigen Bewegungen kam sie, jeden Fuß behutsam aufsetzend, immer näher. Zwischendurch blieb sie immer wieder stehen, man sah ihr den inneren Kampf zwischen Neugier und Vorsicht regelrecht an.

Ungefähr zehn Meter von uns entfernt blieb sie stehen und schien uns genau anzusehen. Dann drehte sie sich elegant um die eigene Achse und stolzierte ganz langsam in eine nahe gelegene Böschung.

Ich hatte kaum gewagt zu atmen und fragte mich, wie lange dieser Moment wohl angedauert hatte. Gefühlt waren es einige Minuten, doch wie so oft in solchen Momenten deckt sich die Wahrnehmung von Zeiträumen nicht mit der Realität. Jedenfalls war ich sehr dankbar für diese Begegnung, ich musste noch Tage später an die Eleganz und Anmut denken, die dieses Tier ausgestrahlt hatte.

Wir setzten uns auf die erstaunlich trockene Lichtung, und ich aß einen Apfel, Brot und zwei Landjäger. Als ich müde wurde und einzudämmern drohte, raffte ich mich auf, und wir gingen den Wildwechsel zurück auf unsere Route. Am Abend fand ich abseits der Wege einen perfekten Platz für eine Laubhütte. Unmengen an Laub standen mir in diesem Buchenwald zur Verfügung, und eine junge umgestürzte Esche bot mir schon einen Dachfirst, sodass ich nur kleine Stöcke für die Seiten suchen musste. Außerdem war die Fläche sehr eben, kurzum: eine Vorzeigelagerstelle. Am Abend versorgte ich meine offenen Scheuerstellen an den Füßen, sie waren schon in Heilung begriffen.

Praxistipps

Was darf ich im Freien und was nicht? – Die Gesetzeslage

Im Bürokratiedschungel Deutschland ist nahezu alles geregelt, was geregelt werden kann. Vom Sandburgenbauverbot an manchen Strandabschnitten unserer Küsten bis hin zum Steuerrecht, das so komplex ist, dass es hoch qualifizierte Experten bedarf, um hier den Überblick zu behalten. So ist es nicht verwunderlich, dass es auch in Bezug auf Aufenthalte in der Natur eine Vielzahl von definierten Rechten und Verboten gibt. Und die Tatsache, dass die Gesetzeslage in jedem Bundesland anders aussieht, macht das Ganze nicht übersichtlicher.

Anhand der folgenden Tabelle siehst du, in welchem Bundesland welche Regelungen gelten. Die Gesetzeslage kann sich natürlich auch immer mal wieder ändern, sodass es Sinn macht, sich vor einer Tour zu informieren.

Wildcampen in den einzelnen Bundesländern

Bundesland	Im Wald	In der freien Landschaft	Bemerkungen	Alternativen
Baden-Württemberg	**	**	Gestattung unwahrscheinlich	Im Schwarzwald gibt es »Trekking Camps«
Bayern	***	***		Trekkingplätze im Spessart und Steigerwald
Bremen	?	?	Eher uninteressant	
Berlin	✗	✗		Wiesen in Siedlungsnähe, Bauern fragen
Brandenburg	****	****	Die mit Abstand liberalste Gesetzeslage in Deutschland!	
Hamburg	**	**	Gestattung unwahrscheinlich	Wiesen in Siedlungsnähe, Bauern fragen
Hessen	***	***		
Mecklenburg – Vorpommern	✗	***	Sehr hohe Bußgelder	Wiesen in Siedlungsnähe, Bauern fragen
Niedersachsen	✗	✗	Sehr hohe Bußgelder	Wiesen in Siedlungsnähe, Bauern fragen
Nordrhein-Westfalen	***	***	Geringste Bußgelder aller BL	Trekkingplätze in der Eifel

Bundesland	Im Wald	In der freien Landschaft	Bemerkungen	Alternativen
Rheinland-Pfalz	***	***		Trekking-plätze im Hunsrück, Pfälzerwald
Sachsen	***	✗		Trekking-plätze im Elb-sandstein-gebirge, »Boofen«
Sachsen-Anhalt	***	***		
Saarland	***	✗		
Schleswig-Holstein	***	***		Plätze von »Wildes Schleswig-Holstein«
Thüringen	***	**		

Stand 2020

✗	verboten
**	Mit Erlaubnis des Eigentümers und der Behörde möglich
***	Mit Erlaubnis des Eigentümers möglich
****	neuerdings sogar ohne Erlaubnis des Eigentümers (!) und der Behörde möglich
?	Findet im Landesgesetz keine Beachtung, Behörden könnten Erlaubnis erteilen

Boofen: Im Zusammenhang mit dem Klettersport ist es im Elbsandsteingebirge erlaubt, an gekennzeichneten Stellen zu übernachten

Trotzdem haben Regeln in einem so dicht besiedelten Land wie Deutschland zum Teil ihre Berechtigung. So finde ich es sehr wichtig und richtig, dass gewisse Gebiete unter strengen Schutz gestellt werden. Auch wenn es sich dabei leider bei Schutzgebieten sehr oft nur um isolierte »Inseln« in einer von Agrarflächen dominierten Landschaft handelt – Autobahnen und Schnellstraßen fördern diese »Zerschneidung« noch, und vor allem für viele Tierarten ist es sehr schwierig, zu einer anderen »Insel« zu gelangen.

Die Frage »Was darf ich eigentlich in der Natur?« wird mir nicht nur im Rahmen meiner Überlebenskurse oft gestellt. Gerade weil das Thema so unübersichtlich ist, möchte ich mit diesem Kapitel ein wenig Ordnung ins Chaos bringen.

Fremde Grundstücke betreten

Wie bereits erwähnt, ist es gar nicht so einfach, sich im Bürokratieland Deutschland zurechtzufinden, wenn es darum geht, einen konkreten Ort für das geplante Naturerlebnis zu finden. Nehmen wir an, ihr möchtet erst einmal auf einer Wiese oder in einem Waldstück zelten, die nicht einem Wegegebot unterliegen (siehe Tab. S. 101).

Jeder Quadratmeter in Mitteleuropa gehört irgendjemandem, ob Privatperson, Gemeinde, Land, Bund oder juristischen Personen wie Unternehmen. So auch Wald und Offenflächen wie Wiesen und Weiden.

Zunächst einmal die gute Nachricht: Ein Großteil der freien Landschaft und der Wälder darf betreten werden, selbst wenn sie sich in Privatbesitz befinden. Nach Art. 14 Abs. 2 Satz 2 GG müssen Grundstücksbesitzer ein Betreten zum Zwecke der Erholung ermöglichen – der Grund ist hierbei: Eigentum schafft soziale Verpflichtungen. Natürlich gibt es da auch Ausnahmen – insbesondere wenn ersichtlich ist, dass es dem Nutzungsinteresse des Besitzers entgegenläuft. Aber einem »Scher dich runter von meinem Ackerweg« musst du unter Umständen nicht Folge leisten. Auch kann ein Hinweissschild mit »Betreten Verboten – Privatwald« gegebenenfalls rechtswidrig sein und kann oft getrost ignoriert werden. Ohne ersichtlichen Grund ist es den Grundstücksbesitzern sogar verboten, Wege unzugänglich zu machen oder zu sperren.

Auch aus dem Gesetz über Naturschutz und Landschaftspflege (§ 59 BNatSchG) ergibt sich, dass es grundsätzlich erst einmal erlaubt ist, die »freie Landschaft auf Straßen und Wegen, sowie auf ungenutzten Grundflächen zum Zweck der Erholung« zu betreten. Das trifft ebenfalls auf den Wald zu, wobei eingeräumt wird: »Das Betreten des Waldes richtet sich nach dem Bundeswaldgesetz und den Waldgesetzen der Länder sowie im Übrigen nach dem sonstigen Landesrecht. Es kann insbesondere andere Benutzungsarten ganz oder teilweise dem Betreten gleichstellen sowie das Betreten aus wichtigen Gründen (…) einschränken.« Zum Beispiel dürfen Wälder in der Regel nicht betreten werden, in denen Holzschlag oder -aufbereitung stattfindet. Landwirtschaftlich genutzte Flächen dürfen während der Nutzzeit (also von Saat bis Ernte) nur auf Wegen betreten werden. All diese Betretungsrechte sind übrigens (bis auf einige nördliche Bundesländer) tageszeitenunabhängig.

Doch wie sieht das Ganze dann in der Praxis aus? Zunächst einmal ist es natürlich möglich, den Grundstücksbesitzer einer abgelegenen Wiese oder Lichtung direkt zu fragen, ob man dort ein oder zwei Nächte übernachten darf. Ich habe die Erfahrung gemacht, dass wir Deutschen uns in Sachen Hilfsbereitschaft und Offenheit für solche Aktionen unterschätzen. Es kam selten vor, dass ich unwirsch behandelt wurde oder eine Absage erteilt bekommen habe.

Natürlich spielt das eigene Auftreten eine große Rolle: Komme ich als Bittsteller, oder stelle ich Forderungen? Selbst ein (oft nur im ersten Moment) grummeliger Brandenburger kann durch eine nette Geste wie eine Flasche Wein, das Versprechen, keinen Unsinn zu treiben und auf gar keinen Fall Müll zu hinterlassen, schnell umgestimmt werden. Am besten gibt man dem Grundstücksbesitzer so viele Details zu seinem Vorhaben wie möglich, denn der Grund, warum viele Nein sagen, ist oft die Befürchtung, dass etwas Unerwartetes kommt, und die Sorge, die Situation nicht einschätzen zu können.

Ein paar weitere Tipps zum Umgang mit Grundstücksbesitzern:

- Grundbesitzer sind ein ganz eigenes Völkchen. Oft kümmern sie sich das ganze Jahr kaum um ihr Grundstück, wenn jemand Fremdes aber etwas darauf tun möchte, verwandelt es sich urplötzlich in heiliges Land. Mein Tipp: Mach ein paar Komplimente über das Grundstück. »Da haben Sie aber wirklich einen Glücksgriff gemacht hier, ist ja wunderschön«, aber ohne zu sehr zu übertreiben.
- Je weniger Leute anfragen, desto höher sind die Chancen. Mit einer Gruppe – also mehr als zwei Personen – verbinden viele gleich Zelten, Bierflaschen und Müll. Und (es ist sexistisch, aber leider Realität): Eine Frau, die anfragt, hat meistens bessere Chancen, eine positive Antwort zu erhalten. Vielleicht auch, weil besoffene und sich danebenbenehmende Frauengruppen (Kölner Junggesellinnenabschiede bilden hier eine Ausnahme) faktisch seltener vorkommen.

- Es ist immer besser, persönlich vorbeizugehen, statt anzurufen. Das Vertrauen ist einfach größer, wenn man sieht, wer da etwas anfragt.
- Geh nicht gleich davon aus, dass dir jemand etwas Schlechtes will – die meisten Menschen sind nun mal von Natur aus sicherheitsbedürftig und haben gerne Dinge unter ihrer Kontrolle. Die Anekdote mit dem Bürgermeister zeigt ganz deutlich, dass man selbst dann Hilfsbereitschaft erfahren kann, wenn man am allerwenigsten damit rechnet.

Oft ist es gar nicht so einfach herauszufinden, wem eine Wiese eigentlich gehört. Natürlich kann man im Dorf herumfragen, tatsächlich führt das auch nicht selten zum Erfolg. Eine andere Möglichkeit ist, über das Katasteramt (»Vermessungsamt«) zu gehen. Dieses führt u. a. Kataloge von allen Grundstücken und deren Besitzverhältnissen.

Jedes Grundstück in Deutschland hat einen speziellen »Namen«, der sich aus »Gemarkung«, »Flur« und »Flurstücksnr.« zusammensetzt. Abgekürzt sieht das dann oft so aus: Chorin, 11,87.

Um die Katasterangaben des Wunschgrundstückes herauszufinden, kann man die meist im Netz öffentlich zugänglichen GEOportale der einzelnen Bundesländer aufrufen. Dort kann man sich auf den Katasterkarten oft bis zum Flurstück heranzoomen. Mit dieser Nummer kann man dann beim zuständigen Katasteramt anrufen und nach den Kontaktdaten des Besitzers fragen.

Das Katasteramt ist nicht verpflichtet, euch diese Info zu geben, meiner Erfahrung nach hat man die besten Chancen, wenn man sich am Telefon als Kaufinteressent ausgibt (quasi eine Notlüge).

Da sich Deutschland im internationalen Vergleich zur Netzabdeckung des mobilen Internets einen Platz mit Afghanistan teilt, ist das oft nur von zu Hause aus praktikabel. Außerdem lässt man ja für die Tour im besten Fall sein Smartphone zu Hause (dazu später mehr). Sucht man also während einer Wanderung eine Wiese zum Zelten, bleibt einem nichts anderes übrig, als im Dorf herumzufragen. Doch mal ganz ehrlich: Einem abgeschlafften Wandersmann oder einer müden Wandersfrau kann man nur schwerlich den Wunsch abschlagen, sich ausruhen zu dürfen.

Erwischt beim Campen ohne Genehmigung – was nun?

Sollte es trotz Vorbereitung einmal vorkommen, dass ihr (natürlich völlig unbewusst) auf verbotenem Terrain kampiert habt und angesprochen werdet, empfehle ich euch folgendes Vorgehen:

Bleibt freundlich! Es ist nicht einfach, nett zu bleiben, wenn euch ein wild gewordener Jäger (ich verwende den maskulinen Terminus, da ich noch niemals bisher von einem weiblichen Wesen aufgrund von Betretungs- oder Besitzrechten angefeindet wurde) von der Seite anbrüllt, vor allem, wenn ihr übermüdet, hungrig und vielleicht ein wenig durchgefroren seid. Dennoch müsst ihr es unbedingt tun, reißt euch also am Riemen und macht gute Miene zum bösen Spiel.

Denn: Wenn ihr euch auf dasselbe Niveau begebt und zurückblafft, sind eure Chancen gleich null, ohne Ärger aus der Situation herauszukommen. Bleibt also freundlich und lasst den Menschen ausreden. Er kann ruhig all seine angestaute Wut rauslassen, das ist in Ordnung. Wenn er dann Luft holt, könnt ihr ihm in ruhigem Ton erklären, dass ihr hier seid, weil ihr die Natur liebt. Dass ihr aus der Stadt rauswolltet und dass ihr Sehnsucht nach dem Wald hattet. Sagt ihm, ihr kommt aus Berlin oder Dortmund und fragt ihn, ob er schon einmal dort war und sich vorstellen kann, wie viele Autos täglich an eurer Wohnung vorbeifahren. Er wird sich mit Sicherheit etwas beruhigen.

Dann könnt ihr ihm versprechen, keinen Müll zu hinterlassen und den Platz so zu verlassen, als ob niemand da gewesen wäre. Was auch gut ankommt: Zeigt ihm euren Personalausweis und sagt ihm, er könne sich gerne eure Daten notieren. Sollte er dann etwas zu beanstanden haben, hat er ja euren Namen und eure Adresse. Das weckt Vertrauen!

Wenn ihr sitzen solltet, steht auf und gebt ihm freundlich die Hand. Schaut ihm fest in die Augen, während ihr redet. (Falls ihr mehrere seid, steht nur einer auf, es könnte sonst bedrohlich wirken.)

Ich hatte schon einige Begegnungen dieser Art, und sie sind immer gut ausgegangen. Toi, toi, toi!

Übernachtungsmöglichkeiten

Gerade bei diesem Thema wimmelt es im Internet nur so von Fehlinformationen. Das liegt unter anderem daran, dass auch hier die Gesetzeslage mehr als unübersichtlich ist und der Gesetzgeber Schwierigkeiten hat, die unterschiedlichen Übernachtungsformen zu greifen. Ein gerade gespanntes Tarp ist zum Beispiel oft erlaubt, während ein »Knick« in der Plane als Zeltkonstruktion gewertet und somit nicht gestattet wird. Damit es nicht zu Missverständnissen kommt, möchte ich einige Grundbegriffe zu dem Thema Übernachten im Freien definieren:

Biwak

Der Begriff kommt ursprünglich aus dem Militärjargon und bedeutet »im Freien übernachten«. Damit ist Übernachten ohne Zelt gemeint – also nur mit Isomatte und Schlafsack. Ob ein Tarp als Zelt zählt oder nicht, ist im Gesetz nicht eindeutig beschrieben. Solange das Tarp nicht »wie ein Zelt« aufgespannt wird, kann man davon ausgehen, dass es nicht wie ein solches behandelt wird.

Kampieren/Campen

Das Übernachten in mobilen Unterkünften wie Pkws, Wohnmobilen oder Zelten wird als Kampieren (engl. *camp*) zusammengefasst. Auch eine Laubhütte oder ein Shelter kann rechtlich als Zelt gelten.

Lagern

Lagern bedeutet »rasten« oder »pausieren«. Das kann einem natürlich niemand verwehren – doch ist dies tatsächlich eine Grauzone. Einerseits ist das Lagern auf manchen Grundstücken/Schutzgebieten verboten, andererseits darf man sich erholen. Und was ist erholsamer als Schlaf? Und wo fängt Biwakieren an, und wo hört Rasten auf?

Wildcampen

Darf ich also einfach so mein Zelt auf einer Wiese aufstellen? Ganz klar: Ohne Erlaubnis des Besitzers ist es nicht gestattet (Ausnahme: Brandenburg). Natürlich gilt aber auch: Wo kein Richter, da kein Henker. Aber man muss sich darüber im Klaren sein, dass man sich auf dünnem Eis bewegt, wenn man in Abenteuerlaune einfach mal so sein Zelt in einem x-beliebigen Wald aufschlägt. Da die Gesetzgebung in diesem Fall Ländersache ist, gibt es in jedem Bundesland andere Regelungen. Dabei sollte beachtet werden, dass die Erlaubnis in den seltensten Fällen über eine Nacht hinausgeht und Schutzgebiete tabu sind.

Schutzgebiete

Meine Anekdote am See zeigt, dass man unter Umständen darauf verzichten muss, ein Feuer zu entzünden – auch wenn man dadurch eine schlaflose Nacht in Kauf nimmt. Deutschland ist ein sehr dicht besiedeltes Land. Leider bedeutet das, dass ursprüngliche und vom Menschen unbeeinflusste Gebiete auf kleine Refugien zurückgedrängt wurden. Zu Recht werden diese Gebiete geschützt, und je nach Schutzgebiet gelten andere Verhaltensregeln. Doch was bedeutet das für uns, sind diese Gebiete generell für uns tabu? Dürfen wir dort überhaupt hinein?

Bei der Bevölkerungsdichte ist Deutschland mit 233 Einwohnern pro Quadratkilometer im EU-Vergleich (Durchschnitt 117) im oberen Sechstel anzutreffen. Und das merkt man: Während man in Finnland (18,1) oder Schweden (24,4) tagelang wandern kann, ohne einer Menschenseele zu begegnen, ist mir das in Deutschland noch nie gelungen. Bessere Chancen hat man im Geister-Bundesland Mecklenburg-Vorpommern mit 69 Einwohnern pro Quadratkilometer, Tendenz steigend.

Auch wenn es bei uns keine Wildnis im Sinne eines vom Menschen unbeeinflussten Gebiets fernab der Zivilisation gibt, kann man hier dennoch »wilde« Natur erleben. Obwohl oder gerade weil Deutschland so dicht besiedelt ist, wurden hier unterschiedlichste Schutzzonen für die Natur eingerichtet.

Zum einen gibt es internationale Schutzgebiete wie Biosphärenreservate und Welterbestätten, die von der UNESCO (UNO) verwaltet werden, dazu kommen EU-verwaltete Netzwerke wie Natura 2000 und europäische Vogelschutzgebiete. Zu guter Letzt gibt es natürlich noch die nationalen Schutzgebiete wie die bekannten Naturschutzgebiete, Landschaftsschutzgebiete etc.

Zugegeben, es ist nicht einfach, bei den vielen unterschiedlichen Schutzgebieten den Überblick zu behalten, was man nun darf und was nicht. Leider kommt nicht nur erschwerend hinzu, dass sich Nutzungsmöglichkeiten nicht nur teilweise von Bundesland zu Bundesland unterscheiden, sondern je nach Text der Schutzgebietsordnung teils für jede einzelne Fläche. Außerdem kann es vorkommen, dass z.B. in einem Biosphärenreservat ein Teilgebiet als Naturschutzgebiet ausgewiesen wurde. Diese Tabelle verschafft dir einen Überblick:

Schutzgebiete

Schutzgebiet	Schutz-status	Wege verlas-sen	Über-nachten ohne Zelt	Zel-ten	Feuer	Pflanzen entneh-men
Landschafts-schutz gebiet	Mittel	✓	✓ [2]	✓ [2]	✓ [2]	✓
Naturpark	Mittel	✓	✓ [2]	✓ [2]	✓ [2]	✓
Biosphären-reservat	Mittel bis hoch	✓ [3]	✓ [3]	✓ [2 3]	✓ [2 3]	✓ [3]
Naturschutz-gebiet	Sehr hoch	X	✓ [1]	X	X	X
Nationalpark	Sehr hoch	X	✓ [1]	X	X	X

X   Ist verboten
✓   Ist erlaubt
1)   Nur auf dem Weg, da ihr ja die Wege nicht verlassen dürft
2)   Nur mit Erlaubnis des Grundstücksbesitzers/der zuständigen Behörde
3)   Nicht in der Kernzone
Ausnahmen möglich, siehe regionale Schutzgebietsverordnung

Diese Tabelle kann als Hilfe bei der Auswahl eines Schutzgebiettyps für die Planung eines Trips herangezogen werden. Doch vor allem zeigt sie eines: Mitnichten gibt es einheitliche Regelungen, im Zweifel solltet ihr immer vorher mit der zuständigen Behörde Kontakt aufnehmen und erfragen, was ihr dürft und was nicht.

Faszination Feuer

Wer sich einen Abend in der »wilden« Natur vorstellt, hat meist das Bild von einem knisternden Lagerfeuer an einem idyllischen See im Kopf. Und tatsächlich übt ein offenes Feuer auf die allermeisten Menschen eine tief gehende Faszination aus. Wer nach langem Laufen und körperlicher Arbeit rund um den Lagerplatz am Feuer zur Ruhe kommt, verfällt oft in einen unvergleichbaren meditativen Zustand. Einige Forscher gehen davon aus, dass das Feuer den Menschen seit knapp einer Million Jahre begleitet, da ist es nicht verwunderlich, dass diese uralte Anziehungskraft noch immer in uns schlummert.

Die verheerenden Waldbrände im Jahr 2018 haben die in einigen Gebieten ohnehin schon sensibilisierten Waldbesitzer noch vorsichtiger werden lassen: Vor allem im »Sandkasten Deutschlands«, in Brandenburg, ist das Thema Feuer in offenen Landschaften ein schwieriges.

Auch wenn Waldbrände per se für die Natur nichts Schlechtes sind, ganz im Gegenteil – sie tragen zur Waldverjüngung bei und können Strukturreichtum fördern –, versucht man, Waldbrände in einer Kulturlandschaft wie Deutschland zu verhindern. Zum einen sind viele Menschen wirtschaftlich abhängig vom Forst, zum anderen gibt es natürlich Siedlungen in der Nähe oder sogar in Waldgebieten. Waldbrandsaison ist in Deutschland in der Regel von März bis Oktober.

Wenn ich einen Survival-Kurs oder einen privaten Trip organisiere, ist der schwierigste Part meist, eine Erlaubnis für ein offenes Feuer einzuholen. Aus den oben genannten Gründen sind die allermeisten Grundstücksbesitzer sehr empfindlich beim Thema Feuer, auch musste ich bei entsprechender Waldbrandstufe schon den ein oder anderen Kurs absagen. Für mich ist Feuer auf einer solchen Tour ein wichtiges Grundelement, ohne die knisternden Flammen und den ätherischen Geruch brennender Kiefernzweige ist es einfach nicht dasselbe. Ich musste an jedem Abend während der Deutschlandwanderung abwägen: Wie wichtig ist es mir gerade, ein Feuer zu entzünden; mit welchen Konsequenzen müsste ich rechnen; wie hoch ist die Wahrscheinlichkeit, entdeckt zu werden? Da ich fast immer die Möglichkeit hatte, eine Laubhütte zu bauen, entschied ich mich oft gegen das Feuer.

Waldbrandgefahrenklassen

In einigen neuen Bundesländern (vorneweg Brandenburg) werden Wälder in sogenannte Waldbrandgefahrenklassen unterteilt. Zum Beispiel sind die Wälder in Brandenburg nach EU-Richtlinien durch den hohen Kiefernanteil (Monokulturanbau) und aufgrund geringer Niederschläge in derselben Klasse zu finden wie Korsika oder Südspanien.

Es kann vor allem im Sommer sinnvoll sein, sich vor der Planung eines Trips die Waldbrandgefahrenklasse der Wunschregion anzusehen.

Waldbrandgefahrenindex (WBI)

Der WBI wird vom Deutschen Wetterdienst aufgrund von Wetter und Vegetationsdaten ermittelt. Zusätzlich werden

u. a. Werte wie Bodenfeuchte und Windverhältnisse mit einberechnet. Der WBI wird in Stufen von 1 (sehr geringe Gefahr) bis 5 (sehr hohe Gefahr) unterteilt.

Waldbrandstufen

Anhand des WBI können nun die zuständigen Behörden der jeweiligen Regionen die Waldbrandstufen bekannt geben. Diese können sich vom WBI unterscheiden, da die jeweilige Behörde besser auf die örtlichen Bedingungen eingehen kann.

Eine Tabelle mit der Beschreibung der Waldbrandstufen findest du auf S. 106.

Die Tabelle zeigt, dass bereits ab Stufe 2 mit Einschränkungen zu rechnen ist. Und die Tage, an denen im Jahr 2018 in Brandenburg nur Stufe 1 ausgerufen wurde, kann man an einer Hand abzählen.

Wie dem auch sei, ihr solltet äußerste Vorsicht beim Thema Feuer walten lassen. Es kann unter Umständen sehr, sehr teuer werden, erwischt zu werden. In einigen Regionen gibt es zudem Waldbrandpatrouillen, und nicht selten stehen in brandgefährdeten Regionen Feuerwachtürme, die oberhalb der Baumwipfel mit speziellen Kameras ausgerüstet sind.

Eine kleine Anekdote

Als ich 2011 mit meiner damaligen Freundin Isabel eine Wandertour durch den wunderschönen Odenwald unternommen habe, hatten wir uns ein wenig mit der Wegstrecke verschätzt. Wir haben also nach einem Dreißig-Kilo-meter-Marsch unser winziges Zelt in der Dämmerung auf einer Weide aufgestellt und hatten einen Mordskohldampf. Wir fanden auf der Wiese tatsächlich eine alte Feuerstelle, und schnell hatte ich ein kleines Kochfeuer in Gang gebracht.

Als unsere Nudeln schon fast al dente waren, sahen wir von Weitem ein Fahrzeug mit hellen Scheinwerfern ankommen. Verdammt, das wars jetzt, ging es uns beiden durch den Kopf. Der Wagen kam wenige Meter vor uns zum Stehen, und die großen Scheinwerfer des Jeeps blendeten uns. Ein groß gewachsener, dunkelgrün bekleideter Mann stieg aus und schaute uns misstrauisch an.

Ich wollte gerade zu einer Erklärung ansetzen, da war er schon wieder im Begriff einzusteigen. Er murmelte etwas wie: »Aber schön ausmachen, wenn ihr schlafen geht«, in seinen Vollbart und setzte den großen Geländewagen zurück auf den Feldweg. So kann es eben auch gehen.

In der Regel darf man ein Feuer unterhalten, wenn folgende Bedingungen erfüllt sind:

- Die aktuelle Waldbrandstufe darf es nicht ausschließen.
- Man hat eine Genehmigung des Grundstücksbesitzers.
- Man hält einen Abstand von hundert Metern zum Wald ein. Ausnahmen: Mecklenburg-Vorpommern (fünfzig Meter), Sachsen-Anhalt (dreißig Meter).

Sind diese Bedingungen nicht erfüllt, benötigt man eine Genehmigung der zuständigen Forstbehörde. Es ist natürlich unrealistisch, diese Genehmigung während eines Trips zu erhalten.

Eine andere Option sind öffentliche Feuerstellen, doch diese sind eher rar gesät. Es schadet trotzdem nichts, sich vor einem Trip online danach umzusehen.

Waldbrandstufen

Stufe	Gefahrenein-schätzung	Beschreibung (Beispiel Berlin)
Stufe 1	sehr geringe Gefahr	Der Wald kann ohne Einschränkungen betreten werden.
Stufe 2	geringe Gefahr	Um Zündquellen zu vermeiden, ist erhöhte Vorsicht geboten. Fahrzeuge nicht auf Waldparkplätzen mit trockener Bodenvegetation abstellen. Waldarbeiten wie etwa Reisig verbrennen oder Sprengungen durchführen sind untersagt.
Stufe 3	mittlere Gefahr	Die Waldbrandgefahr ist erhöht. Die zuständige Behörde darf den Wald sperren. Das Betreten des Waldes ist erlaubt, bei der Nutzung von Waldparkplätzen ist erhöhte Vorsicht geboten. Gefährdungsträchtige Waldarbeiten (siehe Warnstufe 2) sind grundsätzlich verboten. Öffentliche Feuerstellen und Grillplätze im und am Wald dürfen nicht genutzt werden.
Stufe 4	hohe Gefahr	Die zuständige Behörde darf den Wald sperren. Öffentliche Straßen und Wege sowie Waldwege aller Arten sollten nicht verlassen werden. Die Forstbehörde darf Parkplätze und touristische Einrichtungen im Wald sperren sowie weitere Schutzmaßnahmen einleiten.
Stufe 5	sehr hohe Gefahr	Forstbehörde und Waldeigentümer dürfen den Wald sperren. Der Wald sollte weder betreten noch befahren werden.

Wildpflanzen, Beeren, Pilze sammeln

»Darf man einfach so Wildkräuter, Beeren und Pilze sammeln?« Diese Frage wird mir auf Führungen oft gestellt. Es ist wunderbar, sich auf einer Tour an der reichhaltigen Natur zu bedienen. Man fühlt sich noch mehr als »Teil von ihr« und kann seinen (eventuell) mitgebrachten Tütenproviant durch frische und gesunde Naturprodukte ergänzen. Der § 39 im Bundesnaturschutzgesetz geht auf diese Fragestellung ein.

BNatSchG §39

(3) Jeder darf abweichend von Absatz 1 Nummer 2 wild lebende Blumen, Gräser, Farne, Moose, Flechten, Früchte, Pilze, Tee- und Heilkräuter sowie Zweige wild lebender Pflanzen aus der Natur an Stellen, die keinem Betretungsverbot unterliegen, in geringen Mengen für den persönlichen Bedarf pfleglich entnehmen und sich aneignen.

Auf den in Absatz (3) beschriebenen Eigenbedarf wird nicht näher eingegangen. Ist eine Schubkarre Bärlauch noch Eigenbedarf? Wenn ich mir davon zweihundert Pesto-Gläser für den Eigenverbrauch einwecke?

Tatsächlich ist die Formulierung etwas schwammig, weshalb bei dieser Frage oft die »Handstraußregelung« ins Spiel gebracht wird. Auch wenn diese nirgends konkret im Gesetz verankert ist, ist diese Faustregel weitverbreitet. Sie besagt, dass man nur so viele Kräuter mitnehmen darf, wie zwischen einen zum Ring geformten Daumen und Zeigefinger passen – quasi wie bei einem Blumenstrauß. Ich verweise bei meinen Kursen immer auf den gesunden Menschenverstand: Wenn ich einen winzigen Bärlauchbestand mit drei Pflänzchen finde, dann lass ich ihn stehen – auch wenn ich sie theoretisch pflücken dürfte. Denn erstens muss sich so ein Bestand ja erst mal entwickeln oder erholen, zweitens seid ihr nicht die Einzigen, die sich gerne an unseren Wildkräutern gütlich tun möchten. Und stehe ich vor einer Fettwiese mit fünf Millionen Löwenzahnpflanzen, dann nehme ich sicherlich auch mehr als einen Handstrauß mit.

Anders als in unserem Nachbarland Österreich fehlt hierzulande eine sinnvolle Regelung für Pilze. Eine Menge für zwei Pilzgerichte dürfte aber auf jeden Fall noch unter Eigenbedarf fallen.

Auch wenn der alarmierende Artenverlust in Mitteleuropa nicht auf marodierende Kräutersammler, sondern vielmehr auf eine ausbeuterische Landwirtschaft zurückzuführen ist, ist es durchaus gerechtfertigt, einige Arten unter Schutz zu stellen.

Somit sind nicht nur einige Pflanzen komplett geschützt, auch gilt in Naturschutzgebieten ein komplettes Pflückverbot – hier darf man nicht mal Löwenzahn mitnehmen. Das hat zudem folgenden Hintergrund: Unter unseren 10 000 heimischen Pflanzenarten sehen sich manche für den Laien sehr ähnlich. Es wäre wirklich schade, wenn man einen mittlerweile sehr seltenen »Guten Heinrich« *(Blitum bonushenricus)* schlachtet, weil man ihn für einen häufiger vorkommenden Verwandten hält.

**Kurz zusammengefasst darf man Pflanzen, Pilze
und Beeren sammeln, wenn:**

* sie nicht unter Naturschutz stehen,
* sie nicht in einem Naturschutzgebiet wachsen,
* man nur geringe Mengen sammelt.

Tiere töten

Viele Menschen, die noch gar keinen Kontakt zu Bushcraft
und Survival hatten, haben oft eine verquere Vorstellung davon, wie man sich während eines Trips in Mitteleuropa selbst
versorgt. Diese Vorstellung ist meist geprägt von selbst gebauten Bögen, von der Jagd auf Wildschweine und Rebhüh-
ner. Falls auch du diese Idee hattest, muss ich dich leider enttäuschen. Aus vielerlei Gründen ist das mehr als unrealistisch.
Dieses Kapitel beschäftigt sich mit den rechtlichen Aspek-
ten – wieso eine Jagd mit Haselbogen noch unwahrscheinlich
ist, erfährst du im Kapitel »Tierische Naturnahrung« (S. 141).
Wichtige Gesetze in diesem Zusammenhang sind zum
einen das Tierschutzgesetz (TierSchG), das Bundesjagdgesetz (BJagdG), das Bundesnaturschutzgesetz (BNatSchG)
und die Landesfischereigesetze. Dazu kommen natürlich
noch die landesspezifischen Gesetzestexte.

Säugetiere und Vögel

Mal davon abgesehen, dass es mehr als unwahrscheinlich ist, dass man schnell die Fähigkeit erlangen kann, mit einem Flitzebogen ein Reh oder sogar einen Hirsch zu erlegen, ist es auch einfach schlichtweg verboten. Und das zu Recht. Man weiß schon seit Langem, dass andere Warmblüter ein ähnliches Schmerzempfinden haben wie wir und genauso leidensfähig sind. Somit sollte das Tötungswerkzeug einen schnellen und sauberen Tod ermöglichen – das ist mit einem Flitzebogen nicht zu erreichen. Wir dürfen hierbei auch nicht vergessen: Wenn wir uns in Deutschland von der Natur ernähren möchten, dann machen wir das nicht, weil wir davon abhängig sind. Wir machen das, um näher an der Natur zu sein, uns unabhängig zu fühlen, weil es Spaß macht, aus Tradition oder aus anderen Gründen, die letztlich »nur« der persönlichen Entfaltung dienen.

Die Jagd auf Säugetiere und Vögel wird bei uns durch das Bundesjagdgesetz reglementiert. Wer jagen möchte, braucht einen Jagdschein. Und selbst dann gibt es Arten, die ganzjährig geschützt sind, und andere, die nur in einem bestimmten Zeitraum erlegt werden dürfen. Und weil das noch nicht kompliziert genug ist, gelten je nach Bundesland ganz andere Regelungen.

Spezielle Jagdformen

Bogenjagd

Die Bogenjagd ist in Deutschland gesetzlich verboten. Kritiker dieser Jagdmethode verweisen auf den Tierschutz und befürchten eine höhere Wahrscheinlichkeit, dem Tier Qualen zuzufügen, als bei der Jagd mit Feuerwaffen. Mittlerweile gibt es relativ viele Studien zu diesem Thema, fast ausnahmslos wird dem Bogen eine ausreichende Trefferwirkung und Durchschlagskraft attestiert. Gerade moderne Jagdbögen können problemlos selbst dicke Knochen durchdringen. Fairerweise muss man auch sagen, dass viele Gewehrschützen leider nicht immer die nötigen Schussfertigkeiten haben, um ein Tier sicher zu treffen. Also kommt es meist auf den Schützen und seine Fähigkeiten an und weniger auf die Waffenart.

Fallenjagd

Zur Fallenjagd gehören sowohl Lebendfallen als auch Totschlagfallen. Um Fallenjagd durchzuführen, sind in den meisten Bundesländern ein Jagdschein, eine behördliche Erlaubnis und ein Sachkundenachweis erforderlich. Natürlich ist es erlaubt, im Keller eine Mausefalle aufzustellen. Wer aber im Wald eine Falle bauen möchte, braucht dazu eine Genehmigung. Das Üben des Fallenbaus in den eigenen vier Wänden ist hingegen nicht explizit verboten, solange niemand zu Schaden kommen kann.

Fische & Krebse

Die landesspezifischen Fischereigesetze (sowie das Natur-schutzgesetz) geben ganz klar vor, welche Fischarten wann und bei welcher Mindestgröße gefangen werden dürfen und welche ganzjährig geschont bleiben. Zudem muss man zum Angeln berechtigt sein: In Deutschland braucht man dafür erstens einen gültigen Angelschein (Fischereischein). Aus-nahmen gibt es in Schleswig-Holstein, Mecklenburg-Vor-pommern, Niedersachsen, Brandenburg, Thüringen und Bremen. Dort gibt es Sonderfischereischeine, mit denen man unter Umständen auch ohne Fischereischein angeln darf. Auch wenn manche Küsten- und Flussabschnitte für die freie Fischerei offen sind, braucht man zweitens zusätzlich zum Angelschein einen Fischereierlaubnisschein. Dieser bestätigt dir, dass dir der Pächter des Gewässers (meist Angelvereine/ Verbände) die Erlaubnis erteilt hat zu angeln. Manchmal muss man erst Vereinsmitglied werden, oft reicht es jedoch, eine »Angelkarte« zu erwerben.

Das Fangen von Krebsen fällt unter dieselben Gesetze wie bei den Fischen. Viele Krebsarten in Deutschland sind bedroht, wer jedoch Jagd auf den Kamberkrebs *(Orconectes limosus)* macht, tut etwas für den Naturschutz. Denn dieser ist Überträger der Krebspest, ist selbst dagegen immun und beschleunigt den Artenrückgang zusätzlich.

Spezielle Fischfangmethoden

Speeren

Wer es schon einmal versucht hat, weiß, wie schwierig es ist. Man kann die Fische sehr leicht verfehlen oder lediglich verletzen. Das Speeren von Fischen ist hierzulande verboten, das Üben mit Styroporzielen jedoch nicht.

Reusen/Netze

Prinzipiell ist es möglich, in Deutschland mit Reusen und Netzen Fische und Krebse zu fangen. Auch dies wird von jedem Bundesland selbst geregelt, fragt also bei den Fischereibehörden vor Ort nach.

Giftfischen

Neben dem mehr als fragwürdigen »Dynamitfischen« habe ich in einigen Survival-Handbüchern auch Anleitungen zum Giftfischen gesehen. Wie ihr euch vorstellen könnt, ist das natürlich in Deutschland zu Recht verboten und darf auf keinen Fall ausprobiert werden.

Amphibien & Reptilien

Auch wenn Frösche oft eine »leichte Beute« und keine schlechte Survival-Nahrung darstellen, sind sie in Deutschland in der Regel tabu. Die Hälfte unserer derzeit einundzwanzig Amphibienarten (Frösche, Kröten, Unken, Salamander und Molche) steht auf der Roten Liste und ist vom Aussterben bedroht! Zum einen macht ihnen ein eingeschleppter Pilz zu schaffen, zum anderen setzen wir ihnen mit Umweltgiften, ausgreifender konventioneller Landwirtschaft, Straßen und lebensunfreundlichen Waldstrukturen zu. Eine Ausnahme bildet hier der aus Nordamerika stammende Ochsenfrosch *(Rana catesbeiana)*, diese Art bedroht ohnehin selten vorkommende Arten und darf und sollte in einigen Gebieten bejagt werden.

»Krabbeltiere« – Insekten, Spinnentiere, Tausendfüßer und Würmer

Nehmen wir mal an, du schaffst es, deinen gesellschaftlich erworbenen Ekel vor »Krabbeltieren« zu überwinden, und möchtest deinen Speiseplan mit wertvollem Protein ergänzen. Das ist eine hervorragende Idee, jedoch solltest du dabei ein paar Punkte bedenken.

Was die Produzenten von Insekten-Windschutzreiniger für Automobile in eine tiefe Krise stürzte, könnte auch für uns in Zukunft sehr unangenehme Folgen haben: Das Insektensterben in Mitteleuropa ist unvergleichlich. Die Gesamtbiomasse der Insekten ist bis 2014 in Deutschland um sechsundsiebzig Prozent (!) zurückgegangen. Diese katastrophale Entwicklung könnte in Zukunft nicht nur für den größten Verursacher selbst zum Problem werden: die konventionelle Landwirtschaft. Da achtzig Prozent unserer Nutzpflanzen von Insekten bestäubt werden (welche dies zurzeit noch »kostenlos« für uns tun), kann man sich noch gar nicht ausmalen, wie verheerend die Folgen in den nächsten Jahren sein könnten.

Doch auch heute merke ich schon, dass es gerade im Umfeld von konventioneller Landwirtschaft viel schwieriger ist, an tierische Insektennahrung zu kommen, als noch vor zehn Jahren.

Fakt ist, dass es mittlerweile viele geschützte Arten gibt, und die Bestände sollte man tunlichst nicht noch weiter schwächen. Du solltest dir also sicher sein, keine geschützte Art in den Händen zu halten, bevor du sie auf deine Haselrute zum Rösten aufspießt. »Aber woher weiß ich das?«, fragst du dich nun bestimmt. Wenn du dich entscheidest, dich aus der Natur mit Insektennahrung zu versorgen, solltest du dich auch mit ihnen vertraut machen. Besuche Naturführungen, kaufe dir Insektenbücher und lies dich in das Thema ein wenig ein. Denn die Fähigkeit, Insekten den systematischen Familien zuzuordnen, kann dir auch ganz anders helfen: sie nämlich in essbar oder nicht essbar einzuteilen.

Ansonsten fallen Insekten, Spinnen, Tausendfüßer und Würmer nicht unter das Tierschutzgesetz, wohl aber unter Umständen wie erwähnt unter das Naturschutzgesetz.

4 Naturnahrung & Proviant

Tag 17

In der Nacht bin ich ein paarmal aufgewacht. Erde aus dem Laub über mir rieselte mir ins Gesicht und kitzelte mich, und dann rumorte es die ganze Nacht unter mir – wahrscheinlich war es eine Maus. Das Tierchen grub und scharrte in seinen Gängen direkt unter meinem Kopf, und jedes Mal wenn es das tat, schlug ich mit der Faust auf die Erde. Das führte dann für eine Weile dazu, dass es Ruhe gab, bevor es emsig weiterarbeitete. Grantig und verschlafen rief ich zwischendurch sogar: »Samma, haste mal auf die Uhr geguckt?«

Als ich mich an diese Sequenz am nächsten Morgen erinnerte, musste ich lachen. Bevor ich mich an mein Frühstück machte, wollte ich erst einmal Platz schaffen und schlug mich in die Büsche. Ich fand an einem Trampelpfad Königskerzenblätter, dieses Braunwurzgewächs zählt zu meinen Lieblingsklopapierpflanzen. Die Blätter sind etwas behaart, stabil und samtig weich wie ein Premiumklopapier. Nachdem ich mich erleichtert hatte, fühlte ich mich, als könnte ich fliegen. Ich wusch mir die Hände und stürzte mich auf mein Frühstück.

Den ganzen Tag über lief ich auf der Nordseite des Odenwaldes; auf die in die Hänge hineingetriebenen Wege fiel kein direktes Sonnenlicht. Das war mir ganz recht, prinzipiell laufe ich lieber bei kühleren Temperaturen. Ich traf ein oder zwei Wanderer, insgesamt war ich auf meiner Tour bis jetzt noch nicht vielen Menschen begegnet. Das hatte ich nicht erwartet, schließlich ist Deutschland eines der am dichtesten besiedelten Länder Europas, und die Deutschen gehen bekanntermaßen gern im Grünen spazieren. Die Wegmarkierungen auf dieser Teilstrecke waren außerordentlich gut gepflegt, und bis auf eine Ausnahme konnte das GPS-Gerät in der Tasche bleiben. Es machte Spaß, an den Weggabelungen und -kreuzungen nach den Markierungen zu suchen, manchmal waren sie nicht auf den ersten Blick zu sehen. Ich stand gerade an einer Weggabelung und versuchte, die Richtung auszumachen, in die der kleine hölzerne Wegweiser zeigte, da knurrte Rocko. Ich schaute in die Richtung, in die sein Blick fiel, und sah einen kleinen weißen Hund, der auf uns zukam. Er rannte, als hätte er Rocko und mich gar nicht bemerkt, an uns vorbei und den Weg entlang, den wir gekommen waren. Rocko versuchte, kurz hinterherzusprinten, um an seiner Geruchsspur zu schnuppern, doch der Kleine war schnell wie der Blitz und Rocko ein schwerfälliger Bär. Ich wartete einen Moment, um zu sehen, ob nicht vielleicht ein Herrchen/Frauchen hinterhergehechtet kam, doch es war weit und breit niemand zu sehen. Einen ganz kurzen Moment fragte ich mich ernsthaft, ob es nur eine Erscheinung gewesen war, als er in unverminderter Geschwindigkeit, wie auf Schienen montiert, wieder zurückgerast kam. Rocko sah mich an und gab ein undefinierbares Geräusch von sich. Ich ging den Wanderweg weiter, und mir kamen dann doch noch Spaziergänger entgegen. Sie hatten die kleine weiße Rakete an der Leine und versicherten mir, dass er das immer mache und es zur Auslastung brauche. Ich zuckte mit den Schultern, wünschte einen schönen Tag und ging weiter.

Am Abend baute ich meine Laubhütte auf einer kleinen Anhöhe unter einer knorrigen Buche mit ungewöhnlich niedrigem Astansatz. Sie reckte ihre wenigen dicken Äste von sich, als wollte sie etwas von sich weghalten. Nachdem mein Nachtlager aufgebaut war, schrieb ich an meiner Geschichte weiter. Ich arbeitete ein paar Erfahrungen der letzten Tage mit ein und fühlte vor lauter Konzentration meinen aufkommenden Hunger nicht. Erst als mein Magen knurrte, gab ich ihm etwas zu tun. Nachdem meine Tagesration Schokolade alle war, fiel mir auf, dass ich in den letzten beiden Wochen so viel davon gegessen hatte, wie insgesamt in den zwei Jahren zuvor. Doch mein Körper brauchte gerade diese zusätzlichen Kalorien, also wollte ich sie ihm nicht verwehren.

Ich hatte am Abend Lust auf einen kleinen Proteinsnack bekommen und mich auf die Suche nach Insektenlarven begeben. Als Kind waren meine Lieblingsfiguren im Film *König der Löwen* die insektenfressenden Freunde Timon und Pumbaa, das Erdmännchen und das Warzenschwein. Irgendwie fand ich die Vorstellung toll, sich einfach an der reichhaltigen Natur bedienen zu können. Hier unter einen Stein gegriffen, dort in einen hohlen Ast – und jedes Mal eine bunte krabbelnde Leckerei herausziehen, während die Löwen sich jedes Mal abhetzen müssen, um eine Gazelle zu erwischen. Im Gegensatz zu diesen Disneyfiguren bin ich ein Freund des vorherigen Erhitzens meiner Insektennahrung.

Ich fand eine abgestorbene, aber noch aufrecht stehende Birke, die auf Augenhöhe abgebrochen war. Mit meinem Messer ließ sich die äußere Schicht der schon leicht zersetzten Rinde ablösen, und ich fand einige fette weißliche Bockkäferlarven. Ich sammelte sie in einem halbrunden Holzstück und drehte dann noch ein paar größere Steine um. Kellerasseln und Hundertfüßer flüchteten in kleinste Erdritzen – diese sind als Survival-Nahrung nicht wirklich interessant. Sie haben beide ein schlechtes Verhältnis von unverdaulichen und verwertbaren Teilen und schmecken zudem barbarisch. Ganz anders sieht es mit den »Drahtwürmern«, also den Schnellkäferlarven, aus – diese gehören zu meiner Survival-Leibspeise, und ich packte mir ein gutes Dutzend davon ein. Dann brach ich mir einen abgestorbenen, aber noch unvermoderten Ast von einer Hainbuche ab. Mit diesem Grabstock scharrte ich nun vorsichtig die oberste Erdschicht auf, sodass ich an die tiefer liegenden Käferlarven kam.

Als ich später an meinem kleinen Kochfeuer saß, ließ ich das Feuer bis auf die Glut herabbrennen, legte dann einen kleinen flachen Stein hinein und platzierte die Krabbeltiere darauf. In kurzer Zeit nahmen sie eine bräunliche Farbe an und konnten verspeist werden. Obwohl die Larven im Gegensatz zu den ausgewachsenen Tieren winzige Beine haben, musste ich mir dann doch ein paar davon aus den Zahnlücken pulen.

Tag 18

Der kommende Tag unterschied sich bis auf das Erlebnis mit dem weißen Hund kaum vom vorherigen. Ich machte eine ungewöhnlich lange Mittagspause, ich war richtiggehend lethargisch. Ich lag bestimmt eine Stunde lang im Gras und wurde Zeuge eines Dramas im Mikrokosmos. Eine winzige schwarze Ameise hatte sich weit von ihrem Erdnest entfernt und war in den Aktionsradius einer Waldameisenkolonie geraten. Wie vom Teufel verfolgt rannte sie vor der ersten etwas verwundert wirkenden Arbeiterin davon – doch leider genau in Richtung Zentrum des benachbarten Ameisenstaates. Panisch kletterte sie über fünfmal so große rötliche Waldameisen, welche anfingen, die pheromonhaltigen Alarmglocken zu läuten. Doch die kleine Schwarze gab nicht kampflos auf, sondern verbiss sich so fest in eines der Hinterbeine einer Arbeiterin, dass diese keine Chance hatte, sich den Winzling abzustreifen. Der Kampf ging mehrere Minuten, und witzigerweise sah es so aus, als würden ihre Schwestern dabei zusehen, ganz so, als würden sie drumherum stehen und sie anfeuern. Nach einiger Zeit griffen ihre Schwestern doch ein, und es waren vier große Ameisen nötig, um diesen Pitbull unter den Hautflüglern zu »entfernen«. Der Rest ging dann sehr schnell. Der Störenfried wurde zwischen die großen Kiefer geklemmt, zum nächsten Loch getragen und in die Unterwelt abgeführt.

Später baute ich mir in der Nähe einer kleinen Quelle eine Laubhütte. Das angesammelte Wasser hatte ein kleines Becken in den torfigen Boden geformt, und der dünne Strahl verursachte beim Auftreffen kleine Ringe. Als ich die für diesen Trip vierzehnte Laubhütte aufgebaut hatte und darin lag, fühlte ich mich ziemlich gut. Mir war warm, mein Bauch war voll, und ich lag gut in der Zeit. Voll und ganz zufrieden schlief ich ein, ohne etwas Böses zu ahnen.

Ich weiß nicht, wie spät es war und wie genau es passierte. Vermutlich hatte ich beim Drehen in der Nacht eine Stütze weggedrückt, jedenfalls fiel die Laubhütte zusammen. Ich lag begraben unter Laub, Stöcken und Erde. So eine Naturdecke ist nicht eben leicht, deutlich fühlte ich den Druck auf meinem Oberkörper. Ich fluchte und brauchte einen Moment, um die Situation einzuschätzen. Ich war todmüde und wurde anscheinend gerade aus einer Tiefschlafphase gerissen. Rocko schien das kaum zu stören, jedenfalls gab er keinen Laut von sich. Ich drehte mich langsam auf den Bauch und drückte die gesamte Konstruktion nach oben. Ich fingerte mit meiner rechten Hand im Laub umher, bis ich einen kleinen, aber halbwegs stabilen Stock fand. Mit diesem stützte ich das Ganze, sodass zumindest der Druck erst mal von meinem Brustkorb gewichen war. So, dachte ich mir, und nu?

Ich war so müde, dass ich, mit Laub, Stöcken und Dreck zugedeckt, einfach so liegen blieb und tatsächlich wieder einschlief. Ich wachte noch ein paarmal auf, doch ich war einfach zu faul, eine neue Hütte zu bauen. Rocko bekam genug Luft, das konnte ich erkennen. Und tatsächlich war mir nicht kalt, im Gegenteil. Die Isolationswirkung war durch den verkleinerten Raum noch besser. Das Unangenehme war nur, dass es keine Möglichkeit mehr gab, sich zu drehen. Das Drehen ist ja in der Laubhütte so schon jedes Mal ein Kampf, aber dort immerhin möglich. Ich resignierte und schlief, so gut es ging, auf dem Bauch weiter.

Noch vor Sonnenaufgang wachte ich auf und fühlte mich wie durch die Mangel gedreht. Ich verfluchte meine nächtliche Faulheit, die Hütte nicht neu aufzubauen, und warf die Dachkonstruktion mit einem Kampfschrei von mir weg. So dreckig wie jetzt war ich auf der Tour noch nie gewesen. Meine Kleider waren von oben bis unten mit Erde und Laub bedeckt. Im Laufe des Tages wollte ich im nächsten Dorf einkaufen gehen. Das könnte mal wieder eine interessante Erfahrung werden.

Tag 19

Als ich mit dreckigen, feuchten Klamotten vor meinem Käsebrot mit Gewürzgurken saß, fragte ich mich, warum ich das hier eigentlich machte. Tief im Inneren wusste ich das natürlich, doch wenn es einem nicht besonders gut geht, ist es nicht immer so einfach, das zu erkennen. Ich verfluchte meine Tour, meinen Sturkopf und meine Disziplin in solchen Sachen. »Ich hab keinen Bock mehr«, sagte ich laut. Keine Antwort. Als ich auf Rocko blickte und sah, wie er halb mit Dreck bedeckt dalag und leise schnarchte, fasste ich mir ein Herz. Er akzeptierte die Situation einfach so, wie sie war, ohne sie zu hinterfragen. »Auf mir liegt Dreck, ich bin nass, und ich stinke wie ein Schwein – ja und? Is halt so.«

Das klingt vielleicht merkwürdig, aber er inspirierte mich wirklich. Vor dieser situationsbezogenen Akzeptanz, die Tiere so oft an den Tag legen, ziehe ich wirklich meinen Hut. Ich lächelte, beugte mich nach vorne und gab ihm einen Kuss auf die Schnauze. Mein Hund schlug die braunen Augen auf und streckte sich, sodass das Laub auf ihm nur so raschelte.

Als ich am Vormittag im Dorf angekommen war, hatte ich mein Äußeres schon fast vergessen. Als ich eine ältere Frau nach einem Supermarkt fragte und anstatt einer Antwort einen angstvollen und angeekelten Blick erntete, wurde es mir wieder klar. Nachdem ich den Supermarkt auch ohne ihre Hilfe gefunden, dort meinen Proviant aufgestockt und mich vor den Markt gestellt hatte, wurde ich von einer kleinen Frau angesprochen. Sie war vielleicht Anfang sechzig, hatte eine leicht gebeugte Haltung und sprach sehr leise. Ich verstand nicht, was sie mir sagen wollte, und beugte mich zu ihr herunter. Sie hielt mir etwas entgegen – es war ein Paket Wurst und ein Päckchen Hundeleckerlis. »Nehmen Sie's«, sagte sie nun etwas lauter. »Ich habe selbst eine sehr schmale Rente, aber ich glaube, Sie haben es nötiger. Das bisschen, das ich übrig habe, gebe ich gerne ab.« Sie verzog den Mund zu einem fast zahnlosen Lachen.

Mein allererster Gedanke erzeugte in mir eine Abwehrreaktion. Sehe ich so fertig aus? Ich brauche doch gar nichts, dachte ich einen Moment lang. Doch dann wurde mir wieder bewusst, dass ich wirklich nicht sehr gesellschaftsfähig aussehen musste, und gab dem Gedanken Raum, dass es sich hierbei einfach nur um eine herzliche, selbstlose und wunderschöne Geste dieser Frau handelte. Nun fühlte ich mich so gerührt, dass ich einen Augenblick lang brauchte, um mich zu sammeln.

Ich drückte ihre ausgestreckte Hand und sagte: »Vielen Dank, es ist ein sehr schöner Zug von ihnen, aber ich habe wirklich genug. Ich bin nur auf Wanderschaft und habe Geld.

Es ist wirklich sehr nett, geben Sie es doch jemandem, der es nötig hat.«

Sie nickte lächelnd, drehte sich um und lief los in Richtung Hauptstraße.

Da sind die einen, die einem, weil man anders oder arm aussieht, eine Antwort auf eine einfache Frage verweigern. Und da sind die anderen, die einem etwas geben wollen, obwohl sie selbst kaum etwas besitzen.

Ich lag am Abend in meiner Laubhütte und schrieb an meiner Geschichte weiter. Zuvor hatte ich auf dem Weg eine Wiese mit vielen Grashüpfern gefunden und ein paar für das Abendessen mitgenommen. Flügel und Beine hatte ich abgerissen und die Grashüpfer auf einem Stock gespießt über der Glut geröstet. Sie schmeckten richtig lecker, und ich bereute es, nicht mehr eingefangen zu haben. Dazu aß ich einen Spinat aus Wegmalve, Vogelmiere, Wiesenlabkraut und Weißer Taubnessel. Um ihn zuzubereiten, schwitzte ich erst eine klein gehackte Zwiebel in etwas Öl an und gab dann die klein gehackten Blätter dazu. Mit etwas Salz und Pfeffer schmeckt so ein Wildkräuterspinat sehr lecker und ist außerdem reich an Vitaminen und anderen Mikronährstoffen.

Zufrieden saß ich vor meinem halb vollen Teller, und mich durchströmte ein Gefühl der Unabhängigkeit und – auch wenn es in diesem Kontext etwas merkwürdig klingen mag – Sicherheit. Ich konnte mich, zumindest zeitweise, selbst ernähren, meinen Körper mit Nährstoffen versorgen, und es schmeckte auch noch ziemlich gut. Einfach in den Wald gehen, in ihm schlafen, sich mit ihm zudecken, sich in ihm und von ihm ernähren – viel mehr Einswerden und Verschmelzen mit der Natur ist für mich kaum möglich. Ich liebe dieses Gefühl.

Die Geschichte schrieb sich fast von selbst, und ich vermisste es auch gar nicht mehr, ein Buch zu lesen. Das Schreiben war, wie ein Buch zu lesen, bei dem man den Verlauf selbst bestimmen konnte.

Tag 20

Gegen Vormittag erreichte ich auf dem »Eselsweg« die Vorläufer des Spessarts. Die Wälder waren hier geprägt von imposanten trockenen Eichenwäldern. Dieser Waldtyp ist selten geworden und ein Wald, fast nur aus Eichen bestehend, strahlt seine ganz eigene Magie aus. Ich muss da immer an die alten Wälder in *Der Herr der Ringe* denken, welche von den Baummenschen bewohnt werden. Es war immer noch mild, und ich kam gut voran. Die Blasen an den Füßen waren nichts weiter als ferne Erinnerungen, und an ihrer Stelle hatte sich eine dicke Hornhaut gebildet. Die Wege waren sehr verschlungen, und die Böschungen am Rande waren unterhöhlt. Das Wurzelwerk der wegnahen Bäume war dadurch freigelegt und bildete viele Miniaturhöhlen, die Schreiberei hatte meine Fantasie angeregt, und ich stellte mir überall kleine Gnom-Behausungen vor.

Als ich am Nachmittag ein kleines Dorf erreichte, waren meine Wasserreserven schon seit einigen Stunden aufgebraucht, und ich hatte mächtig Durst. Mein Weg führte mich an einem niedrigen Gartenzaun vorbei, hinter dem ein Mann vornüberbeugend mit dem Unkraut kämpfte.

»Entschuldigung«, sagte ich etwas lauter, und ein hochroter kahler Kopf sprang hoch wie ein Kastenteufel.

»Ja?« Der Mann kniff die Augen zusammen.

Ich hielt ihm meine beiden Flaschen hin und fragte ihn, ob er sie mir mit Leitungswasser auffüllen könne.

»Nee«, sagte er, und ich hielt verdutzt inne. »Komm ma mit rein und trink mal lieber 'n Bier, das is besser.«

Er ging hinein, und ich folgte ihm brav.

»Ich bin ziemlich dreckig. Äh … und mein Hund auch«, sagte ich.

»Der Hund bleibt draußen«, dann drehte er sich zu mir um und sagte leise, »oder trinkt der etwa auch Bier?«

Ein breites Grinsen zeigte sich auf seinem Gesicht, und wir setzten uns. Das kalte Bier schmeckte gut, und er fragte mich, woher ich käme.

»Von Saarbrücken.«

»Was? Du willst mich doch nich aufn Arm nehmen, Junge?«

Ich erzählte ihm von meinem Vorhaben und über die Umstände, unter denen ich im Wald hauste. Komischerweise hatte er dazu gar keine weiteren Fragen, er wirkte, als wäre es das Normalste der Welt, jeden Abend in einer Laubhütte zu schlafen. Wir unterhielten uns noch ein wenig, doch dann wollte ich weiter. Ich weigerte mich, zwei weitere Bierflaschen einzupacken, und füllte stattdessen meine Wasserflaschen auf.

Im inneren Teil des Dorfes standen einige schöne alte Bauernhäuser mit Fachwerk und waren mit alten Ziegeln gedeckt. Die Gärten waren nicht zu sehr »steril«, in einigen Gärten fanden sich richtige Insektenparadiese. Wildbienen summten an einer Wand aus blutroten Stockrosen, und ein riesiger Trupp aus Feldsperlingen erzeugte in einer Buchsbaumhecke einen ohrenbetäubenden Lärm. Umso weiter ich aus dem Dorf rauskam, desto neuer wurden die Häuser und desto artenärmer wurden die Gärten. Kurz geschnittener, vertikutierter Rasen und viel Beton bestimmten die vorgärtliche Idylle. Hier machte die Natur einen großen Bogen: keine Bienen, keine Schmetterlinge, keine Vögel. Freizeitmonokultur mit Dekorationsgrün. Ich musste lachen, als mir eine witzige Exkursion mit dem Extrembotaniker Jürgen Feder einfiel. Er erzählte mir beim Laufen, dass er manchmal nicht anders kann, als »sauberkeitsfanatische Gartendiktatoren« zu beschimpfen. Einmal hatte er mit seiner kleinen Quetsche eine Vollbremsung gemacht, das Fenster heruntergekurbelt und einen unkrautzupfenden Rentner angeschrien: »Lass doch mal was wachsen, du Arschloch!«

Wieder im Wald fand ich eine klare Quelle. Ich trank davon, setzte meinen Rucksack ab und holte meine Trinkflaschen raus. Sie waren noch fast voll, doch ich leerte sie komplett und füllte sie mit dem frischen Quellwasser. Dagegen hatte das Leitungswasser leider keine Chance.

Am Abend kühlte es ab, und zum Glück blieb es trocken. Generell hatte ich in letzter Zeit viel Glück gehabt, schließlich hätte es auch die ganze Zeit durchregnen können.

Tag 21

Mir gefiel der Spessart sehr, und ich war bester Laune. Die Menschen hier waren überdurchschnittlich freundlich, und der Wald war ziemlich strukturreich, es gab Allerlei zum Bestaunen. Meine Füße flogen nur so über das Land, und wenn ich es schaffte, nicht zu lange Pausen einzulegen, war ich den ganzen Tag über ziemlich fit. Mein Proviant neigte sich langsam dem Ende zu, doch spätestens morgen sollte ich den Main erreichen und meine Vorräte aufstocken können.

Mittags saß ich barfuß auf einer Bank, mein frisch gewaschenes T-Shirt trocknete in der Sonne, als zwei ältere Damen vorüberkamen. »Ach, Gerda, schau mal – ein Wandersmann«, sagte die eine zu der anderen, und wir grüßten uns freundlich. Die beiden waren sehr interessiert an meiner Wanderung und erzählten, dass sie beide früher auch viel wandern waren. »Dann aber eher mit Pension«, fügte sie hinzu und lachte. »Na ja, jedem das Seine«, sagte die andere, und sie zogen nach einer knappen Verabschiedung langsam, aber bestimmt weiter.

Ich hatte etwas schlecht gewirtschaftet mit meinem Proviant, und somit war mein Beutel am Abend leer. Zum Glück fand ich einen langsam fließenden Bach, der mir zumindest einen kleinen Snack bescheren sollte. Ich drehte im Wasser liegende Steine um, sammelte Wasserschnecken und Köcherfliegenlarven ein und kochte sie in meinem kleinen Topf. Das war kein kulinarischer Hochgenuss – nichts im Vergleich zu meinem Flusskrebsfund –, aber viel besser als nichts. Dazu gab es gekochte Rhizome von Schilf und Rohrkolben – der Sud machte halbwegs satt.

In der Nacht wurde ich geweckt. Ich wusste nicht, warum ich aufgewacht war, also lauschte ich. Da war es wieder. Es gibt kaum ein Geräusch, das einem in einem dunklen Wald mehr Unbehagen verursacht als dieses eine: das Schreien eines Säuglings. Nicht nur einfach der Schrei eines Säuglings, sondern eines, der große körperliche Schmerzen erleiden muss. Ich zuckte zusammen. Mein Gehirn brauchte einen Moment, um das Geräusch einzuordnen: eine Schleiereule! Hätte ich den Ruf nicht gekannt, ich hätte mir wahrscheinlich kurzzeitig in die Hose gemacht und wäre nach kurzem Zögern mit Kopflampe losgelaufen, in der festen Überzeugung, eine verstörende Entdeckung zu machen. Mir wurde so richtig bewusst, wie Wissen in der Lage ist, irrationale Ängste zu vertreiben. Ich zog meine Kopflampe auf und stiefelte nun doch los, nur ohne volle Hosen. Ich kannte zwar den Ruf dieser selten gewordenen Eule, doch gesehen hatte ich sie bisher nur ausgestopft in der Vitrine meiner Universität.

Ich folgte dem merkwürdigen Ruf und war erstaunt, mitten im Wald eine Häuserruine vorzufinden. Ich blieb stehen. Der Ruf kam von drinnen. Der Lichtkegel meiner Lampe glitt über die alte Mauer, die große Risse aufwies, ansonsten aber noch stand. Obwohl ich wusste, dass von diesem Ort keine Gefahr ausging, merkte ich, wie mein Körper in Alarmmodus versetzt wurde. Daran waren bestimmt die vielen Horrorfilme in der Jugend schuld. Ich dachte an den Film *Blair Witch Project*. Ich schüttelte diese Gedanken ab und ging zur Tür. Sie war mit Brettern zugenagelt, hier hatte ich also keine Chance. Ich umrundete das Haus und fand ein nicht verbarrikadiertes Fenster ohne Scheiben. Ich leuchtete in das Zimmer und sah Möbel, bedeckt mit einer zentimeterdicken Staubschicht – und Kot. Viel, viel weißer Vogelkot, dazwischen längliche Gebilde, die ich als Gewölle der Eule identifizierte. Der Lichtkegel leuchtete vom Tisch zu einem alten Stuhl, zu einem Wandschrank, zu einem alten Sessel – und auf dessen Rückenlehne saß sie. Die kleine Eule starrte mich mit ihrem bleichen Gesicht an und rührte sich nicht. Die Augen waren zwei Scheinwerfer, da sie mein Licht reflektierten. Ich erschrak so sehr, dass mein Lichtkegel verwackelte und ich die Eule erneut suchen musste. Doch ich fand sie nicht mehr. Sie musste ein Stockwerk höher geflogen sein. Als sich mein Puls auf dem Weg zur Laubhütte wieder beruhigt hatte, war ich glücklich und zufrieden: Ich hatte meine erste Schleiereule gesehen.

Praxistipps

Wie ernähre ich mich im Freien?

Im Gegensatz zu autotrophen Organismen (Pflanzen) ernähren wir uns als Tiere von anderen Lebewesen, auch wenn manche Menschen von sich behaupten, Fotosynthese betreiben zu können. Beim Wandern und Campen hängt die Ernährung von der Art des Trips und der Ebene des Naturerlebnisses ab. Du musst dich also fragen: Willst du dich voll und ganz von der Natur ernähren, oder willst du eher viel laufen?

Da mein Fokus bei der Deutschlandwanderung auf dem Laufen lag, musste ich mich zum Teil mit Nahrung aus dem Supermarkt versorgen. Meine Vorerfahrungen haben mich nämlich eines gelehrt: In der Natur satt zu werden, erfordert viel Zeit. 2012 habe ich in einem Selbstversuch herausfinden wollen, ob man sich trotz täglicher Laufstrecke von etwa dreißig Kilometern mit Nahrung aus der Natur versorgen kann:

Erlebnisbericht:
Spessart bis Frankfurt ohne Nahrung

Als ich das erste Mal von Rüdiger Nehbergs Deutschland-wanderung gelesen habe, fragte ich mich, ob es auch andere Möglichkeiten der Selbstversorgung gibt, als sich tot gefahrene Tiere von der Straße zu kratzen. Denn genau das hat der ehemalige Konditormeister während seiner Wanderung getan. So bewundernswert seine Tour auch war und immer noch ist – ich wollte einfach lernen, mich auch abseits von Straßen mit Nahrung zu versorgen, denn das Naturerlebnis war mir seit jeher wichtiger als die reine Herausforderung. Nachdem der Sommer im Jahr 2012 doch noch mit großen Schritten angehechtet kam, entschied ich mich, eine Survival-Tour komplett ohne Proviant zu machen. Ich war zu diesem Zeitpunkt vierundzwanzig Jahre alt und mitten im Biologie-studium, meine Pflanzenkenntnisse waren noch ausbaufähig, und ich hatte zu diesem Zeitpunkt erst maximal zwei Tage am Stück von pflanzlicher und tierischer Notnahrung gelebt. Also schnürte ich meine Wanderstiefel, heftete mein Messer, ein Erste-Hilfe-Set an den Gürtel, steckte mir Karte und Kompass ein und packte die Tragetaschen für meinen Hund Rocko – er sollte weiterhin regelmäßig sein Fressen bekommen. Ich wollte ihn meine dummen Ideen nicht mittragen lassen – wohl aber sein eigenes Futter.

Also fuhr ich frühmorgens mit dem Zug nach Mittel-sinn in den bayerischen Teil des Spessarts. Ich hatte noch nichts gegessen und wollte schon etwas hungrig in die Tour starten. Sehnsüchtig warf ich noch einen Blick auf eine kleine einladende Bäckerei an der Hauptstraße, rückte die Packtaschen von Rocko zurecht und lief zügig in Richtung Wald. Keine zehn Minuten später hatte mich ein dunkler Fichtenforst verschluckt. Nach geraumer Zeit änderte sich das Bild, der Wald wurde durchmischter und strukturreicher. Mein Magen machte sich nun durch ein heftiges Knurren bemerkbar, und ich beschloss, mich um mein Frühstück zu kümmern. Ich wurde sehr freundlich vom Spessart willkommen geheißen, denn ich musste keine fünfzehn Minuten suchen und fand einen kleinen hellen Weg, der von Himbeersträuchern gesäumt war. Ich fand ein großes gebogenes Stück Birkenrinde und sammelte damit so viele Beeren, wie hineinpassten. Die Sonne schien nun schon recht stark, und viele Wildbienen summten über meinem Kopf, es roch nach sich erwärmendem feuchtem Moos. Ich suchte mir ein sonniges Plätzchen aus, gab dem Hund zu fressen, setzte mich auf einen großen Stein und genoss mein süßes Frühstück.

Keine zwei Wegstunden weiter meldete sich mein Verdauungstrakt erneut und gab mir zu verstehen: »Das war ja vorhin nicht schlecht, aber das kann ja jetzt nicht alles gewesen sein!« Also hielt ich Ausschau nach einer Lichtung. Vom Studium wusste ich noch, dass die Artenvielfalt an Ökotonen, also den Übergangsbereichen zwischen zwei unterschiedlichen Ökosystemen, besonders groß ist. Und genau das ist ja bei einer Lichtung gegeben. Meine Karte verriet mir den Weg zu einer kleinen Waldwiese, als ich auf ihr stand, war ich regelrecht geblendet von ihrer Schönheit und Friedlichkeit. Dort wurde ich schnell fündig: Großer Wiesenknopf *(Sanguisorba officinalis)*, Großer Sauerampfer *(Rumex acetosa)* und Wilde Malve *(Malva sylvestris)*. Da ich erst am Abend ein kleines Kochfeuer entfachen wollte, aß ich die Blätter einfach roh. Wiesenknopf schmeckt leicht nach Gurke, der Sauerampfer macht seinem Namen alle Ehre, und Malve schmeckt angenehm spinatartig. Die Malve hatte leider noch keinen Samenansatz, diese Energiebomben können einen leider erst im Spätsommer satt machen. Nachdem ich fürs Erste meinen Bauch gefüllt hatte, ging ich weiter.

Am frühen Abend kam mein Hunger zurück, diesmal stärker als zuvor. Mir war klar: Nur von Blattgrün werde ich nicht satt. Mein Körper sehnte sich nach Proteinen, Fett und Kohlenhydraten. Am Abend bereitete ich ein kleines Nachtlager auf einer versteckten Wiese vor und ging auf die Jagd. Ich fing mir gut ein Dutzend Heuschrecken, zig Schnellkäferlarven, eine Handvoll Regenwürmer und: zwei dicke fette Engerlinge (Maikäferlarven). Die Heuschrecken befreite ich von den dornenbewehrten Beinen, dem Kopf und den Flügeln und spießte sie auf eine dünne Haselrute. Nach wenigen Minuten über der Glut waren sie leicht rötlich und schmeckten fantastisch. Ich finde, wie in Nussmarinade eingelegtes Hühnchen. Die Engerlinge befreite ich von ihrem unangenehm schmeckenden Darminhalt und röstete sie zusammen mit den Schnellkäferlarven auf einem heißen Stein. Regenwürmer sind eine Sache für sich, ich mag ihren Geschmack nicht sonderlich, außerdem mag ich es nicht, auf Sand herumzuknirschen. Ich bevorzuge es, sie in der heißen Asche zu garen, in Stücke zu schneiden und als Ganzes zu schlucken. Das ist natürlich nicht besonders appetitlich, aber es macht satt. Doch auch auf eine kleine Gemüsebeilage wollte ich nicht verzichten und hob mir eine kleine Mulde aus, die ich mit großen Blättern der Klette auslegte. Mithilfe meiner Regenjacke holte ich mir vom nahe gelegenen Bach Wasser und gab es in meinen »Kochtopf«. Nun musste ich nur noch ein paar heiße Steine erhitzen und die in die Wassergrube geben – nach wenigen Minuten war das Wasser so heiß, dass ich den Finger zum Testen schnell wieder herauziehen musste. In die Grube kamen Brennnesselblätter, die auch nach wenigen Minuten gar waren. Eine Prise Asche (Salzersatz), und fertig war mein Abendessen. Ich esse sehr gerne Brennnessel, auch zu Hause mache ich mir des Öfteren Brennnesselsuppe oder -quiche. Das war gut! Endlich, das erste Mal so etwas wie satt an diesem Tag.

Doch eine kurze Hochrechnung verriet mir: Mit der Insektenjagd, dem Pflanzensammeln und der Zubereitung hatte ich mehr als vier Stunden zugebracht. Ich wollte die nächsten Tage abwarten, doch mein erstes Gefühl war: Ganztägig zu laufen und sich nebenbei mit Nahrung aus der Natur zu versorgen, ist nicht wirklich möglich.

Als ich halbwegs satt und zufrieden in meiner Laubhütte lag, überwältigte mich die Müdigkeit mit einem Schlag, und ich fiel in einen bleiernen Schlaf. Mitten in der Nacht wachte ich auf, nicht etwa, weil ich von Tieren geweckt wurde. Oder weil mir kalt war, nein, der Grund war ein ganz profaner: Ich musste pinkeln! Was erst mal nicht nach einem größeren Problem klingt, ist in Verbindung mit einer Nacht in der Laubhütte eine Qual: Man muss das »Laubtor« vor der Hütte einreißen, sich ganz vorsichtig aus der Hütte schlängeln – damit sie nicht einstürzt –, und wenn man vom Geschäft zurückkommt, ist die Laubhütte wieder ausgekühlt. Dann dämmerte mir, wieso sich meine Blase zu so ungewöhnlicher Uhrzeit gemeldet hatte: Brennnessel ist »diuretisch«, sprich harntreibend. Seitdem nehme ich dieses leckere und gesunde Wildgemüse nicht mehr abends zu mir, wenn ich die Nacht in meinem »Laubsarg« verbringen will. Doch das ist das Großartige draußen: Man lernt sehr schnell, die Natur ist ein harter, aber sehr guter Lehrer.

Die nächsten Tage verliefen ähnlich, ich ergänzte meinen Speiseplan durch Brombeeren, Nachtkerzenwurzeln, Haselnüsse, und ich fing sogar zwei Kamberkrebse. Diese Tiere stammen aus Nordamerika und übertragen auf unsere heimischen Arten die Krebspest, gegen die sie selbst immun sind. Wer diese Problemart fängt und verspeist, tut also zusätzlich etwas für den Naturschutz, außerdem sind sie ein echter Leckerbissen und reich an Energie und Protein.

Mein Fazit dieser Tour war: Es ist möglich, sich aus der Natur zu ernähren und gleichzeitig Strecke zurückzulegen. Jedoch sollte man bedenken, dass die Nahrungssuche und -zubereitung ohne Hilfsmittel sehr zeitaufwendig ist. Möchte man also zügig vorankommen und viel Strecke machen, empfehle ich, zumindest Kohlenhydrate mitzunehmen.

Als ich am vierten Tag die Frankfurter Innenstadt erreichte, musste ich erst mal den Großstadtschock überwinden. Wenn man mehrere Tage allein in der Natur unterwegs war, ist der Großstadtdschungel doch erst einmal gewöhnungsbedürftig. Schließlich stand ich sabbernd und geifernd vor einem Supermarkt, holte tief Luft und trat ein. Wenn man sich die Nahrung mühselig in der Natur erarbeiten musste, kommt einem ein Supermarkt wie das Schlaraffenland vor. In meiner Kindheit war das immer mein Lieblingsmärchen, doch jetzt hatte diese Szene für mich auch einen etwas bitteren Beigeschmack. Ich weiß nicht, ob diese riesige Auswahl unterschiedlich verarbeiteter und durchdesignter Lebensmittel oder meine besondere »Fastenkur« dafür verantwortlich war, aber mir wurde ein wenig übel. Aufgrund meiner Überforderung brauchte ich fast eine Dreiviertelstunde und saß anschließend mit einem prall gefüllten Beutel auf einer Parkbank. Ich aß drei Brötchen, eine ganze Packung Käse, drei Tomaten, eine Brezel, eine Banane, ein halbes Glas saure Gurken und eine halbe Tafel Schokolade, dazu trank ich Buttermilch. Wie es mir dann ging, kann man sich fast schon denken: Ich musste eine gute Stunde auf der Parkbank sitzen bleiben.

So gesehen, habe ich während der Deutschlandwanderung einen Großteil meines Energiebedarfes durch ortsansässige Lebensmittelhändler gedeckt – und den Speiseplan mit Kräutern, Beeren, Insekten und Krebsen bereichert. Man muss sich also nicht für ein Extrem entscheiden – auch eine Mischform der Ernährung kann ein intensives Naturerlebnis ermöglichen.

Prinzipiell kann man die Stoffe, die wir zum Leben brauchen, in Makro- und Mikronährstoffe einteilen.

Mikronährstoffe und Makronährstoffe

Mikronährstoffe

Zu den Mikronährstoffen gehören unter anderem Vitamine, Mineralien und Salze. Sie liefern keine Energie, sind aber dennoch sehr wichtig für die Körperfunktionen. Unser Körper hat meist mehr oder weniger große Reservoirs, und in der Regel können wir einen längeren Zeitraum davon zehren. Eine Ausnahme bildet hier Natriumchlorid (Kochsalz), das gerade bei hoher körperlicher Leistung und bei starkem Schwitzen regelmäßig zugeführt werden muss. Doch keine Panik, selbst wenn man keinen Salzstreuer dabeihat, kann man sich »draußen« mit den nötigen Salzen versorgen.

Es ist mittlerweile bekannt, dass wir in unserer Gesellschaft viel zu überversorgt mit Salz sind, ein Bruchteil unserer im Essen enthaltenen Menge würde ausreichen. Zum einen enthält pflanzliche und tierische Nahrung von Natur aus in unterschiedlichen Mengen Salz. Dem kannst du noch etwas hinzufügen, indem du Holz- und Pflanzenasche zum Würzen deiner Nahrung verwendest – diese enthält nämlich Natriumchlorid.

Die meisten Vitamine kann der Körper ziemlich lange speichern, Vitamin B12 zum Beispiel bis zu fünf Jahre. Eine Ausnahme bildet hier B1, das »Stimmungsvitamin«. Bei diesem sind die Reservoirs bereits nach zwei Wochen zur Hälfte aufgebraucht. Dieses ist jedoch zum Beispiel in recht hoher Konzentration in Löwenzahn und Brennnessel enthalten. Wer sich abseits der Zivilisation eine gewisse Zeit von der Natur (teil-)ernährt und auf frisches Grün, Nüsse und Insekten nicht verzichtet, braucht keine Angst vor einer Unterversorgung mit Mikronährstoffen zu haben. Ganz anders sieht es bei den Makronährstoffen aus.

Makronährstoffe

Proteine, Kohlenhydrate und Fette sind sogenannte Makronährstoffe. Zum einen liefern sie uns Energie, zum anderen bauen wir sie um und Teile davon in unseren Körper ein. Auch wenn die Reserven nicht ganz so groß sind wie bei den

Mikronährstoffen, verhungert man nicht gleich, wenn man mal eine Woche lang nichts isst.

Meine naturwissenschaftliche Neugier wollte es einmal wirklich wissen, und ich startete zu einem Selbstversuch, bei dem ich acht Tage lang knapp dreißig Kilometer am Tag lief und im Zusammenhang mit dem Lagerbau und allem, was dazugehört, einen hohen Kalorienbedarf hatte. In den acht Tagen aß ich bis auf ein paar Hände voll Beeren und ein paar Dutzend Insekten rein gar nichts. Erstaunlicherweise verschwand mein Hunger am dritten Tag komplett, und ich dachte auch kaum noch ans Essen. Das war für mich umso beachtenswerter, da ich eigentlich recht schnell bei Hunger unleidlich werde. Meine körperliche Leistungsfähigkeit nahm in den acht Tagen kaum ab, und die Auswirkungen waren viel geringer als zum Beispiel bei Schlafentzug. Am achten Tag bemerkte ich dann langsam ein Schwächegefühl, nun schienen sich meine Reserven so langsam dem Ende zuzuneigen.

Tatsächlich ist es im Survival-Kontext gar nicht so einfach, an Makronährstoffe zu gelangen. Wer erwartet, einfach nach leckeren, mit Stärke vollgepackten Wurzeln und Knollen graben zu können, wird schnell enttäuscht werden. Regelmäßig schaue ich in leicht enttäuschte und hungrige Gesichter, die auf eine erbärmlich dünne Wurzel der Wilden Möhre blicken – diese hat leider kaum etwas mit der dicken, fleischigen Karotte vom Markt gemein. Trotz alledem kann man auch »outdoors« satt werden, man muss nur wissen wie.

Tierische Naturnahrung:
von Proteinbomben und Wurmspaghetti

»Wovon ernährst du dich dann eigentlich da draußen, baust du dann Wildschweinfallen, oder wie?« Als mir eine Bekannte vor Kurzem diese Frage stellte, musste ich sie leider enttäuschen. Tatsächlich stellen sich die meisten Menschen bei dem Stichwort »Notnahrung« einen pirschenden Waldläufer mit selbst gebautem Bogen und Kohlestrichen im Gesicht vor, der sich auf der Fährte eines kapitalen Hirsches befindet. Die Praxis sieht da doch anders aus. Realistischerweise wird sich anderes im Kochtopf befinden als Wildschwein- oder Hirschfleisch: Würmer, Insekten, Schnecken und mit viel Glück ein Vogel oder ein Fisch. Das hat mehrere Gründe: Zum einen bezieht sich dieses Buch hauptsächlich auf Naturerlebnisse in Ländern, in denen es zu Recht strenge Gesetze zum Thema Jagd und Fallenbau gibt. Zum anderen benötigt man eine Menge Erfahrung, um mit einfachen Hilfsmitteln große Säugetiere zu erlegen. Unsere Vorfahren (und die wenigen heute verbliebenen indigenen Gruppen) waren dazu fähig, weil sie meistens in Gruppen jagten und die Techniken von Kindesbeinen an lernten. Sie waren/sind echte »Profis«. Außerdem ist es auch eine ethische Frage: Inwieweit sollte ich – in einer selbst gewählten Notlage – Qualen eines hoch entwickelten und leidensfähigen Tieres in Kauf nehmen, um »den wilden Mann« zu spielen? Von einem in kindlicher Naivität geschnitzten Pfeil in der Leber getroffen zu werden und zwei Tage später irgendwo elendig zugrunde gehen, ist wahrlich kein schöner Gedanke. Nun ist der Vergleich zur qualvollen Massentierhaltung gerechtfertigt – für mich ist sie ebenfalls ein absolutes No-Go. Ich bin Inhaber eines Jagdscheins und esse nur Fleisch von Tieren, dessen Tötung ich persönlich durchführe und zu verantworten habe. Dabei nehme ich ein mögliches Leiden meiner Beute in Kauf – jedoch ist die Wahrscheinlichkeit, dass das Tier leiden muss, mit einem großkalibrigen Gewehr viel geringer als mit einem selbst gebauten Flitzebogen. Davon ausnehmen möchte ich professionelle Bogenjäger, die mit ihren Waffen eine enorme Präzision und Durchschlagskraft erzielen.

Endoparasiten (Innenparasiten)

Jeder, der schon einmal mit Magen-Darm-Würmern zu kämpfen hatte, weiß, wie lästig diese Mitbewohner sein können. Auch wenn in den Tropen und in Entwicklungsländern die Wahrscheinlichkeit, sich einen Endoparasiten einzufangen, viel größer ist als in Mitteleuropa, sollte man auch hier Vorsicht walten lassen. Am sichersten ist es immer, tierische Nahrung sorgsam zu erhitzen, ob vom Säugetier, Fisch, Vogel oder von Gliedertieren (Insekten, Spinnen). Säugetiere können von unterschiedlichsten Magen-Darm-Würmern und Saugwürmern wie den Leberegeln befallen sein, und diese können auf den Menschen übergehen. Zudem kann man sich bei Nagetieren mit dem Hantavirus anstecken. Salmonellen gibt es nicht nur in der unhygienischen Eisdiele, sondern sie können auch im unvollständig durchgegarten Vogelfleisch oder deren rohen Eiern vorkommen. Ameisen und Schnecken können Zwischenwirte für Leberegel sein und sollten nicht roh verzehrt werden. Selbst der Regenwurm kann ein Wirt für verschiedene Parasiten sein und sollte möglichst gut durcherhitzt werden. In der Regel ist diese Prozedur bei Wildkräutern nicht nötig. Eine Ausnahme bilden hier Pflanzen an Gewässern oder Gräben im Wirkungsbereich von Wiederkäuern – am besten unterlässt man das Sammeln dort ganz. Es gibt einige Fälle von Ansteckungen mit Leberegeln durch den Verzehr von Brunnenkresse in Wiederkäuernähe. Vor dem Fuchsbandwurm braucht man sich übrigens nicht zu fürchten: Mittlerweile ist bekannt, dass die Eier eher über die Atemwege übertragen werden. Es gehört also wahrscheinlich ins Reich der Mythen, dass wir uns durch den Genuss von Beeren und Kräutern mit dem Fuchsbandwurm anstecken können. Zu den Risikogruppen gehören zum Beispiel Bauern, die mit dem Traktor kontaminierten Ackerstaub aufwirbeln.

Ektoparasiten (Außenparasiten)

Viele Warmblütler (Vögel und Säugetiere) sind von Außenparasiten befallen. Rehe sind nicht selten mit Zecken übersät, manch ein Dachs hat mit dem Dachsfloh zu kämpfen, und viele Tauben plagen sich mit Milben. Prinzipiell sollte man beim Kontakt mit erlegten Warmblütlern Vorsicht walten lassen und die Kleidung (Ärmel hochziehen) nicht in Kontakt mit dem Tier kommen lassen. Auch den Hund sollte man davon abhalten, am Tier zu schnuppern.

Säugetiere

Tiere sind gute Protein- und Fettlieferanten. Wie bereits erwähnt, spielen größere wildlebende Säugetiere allenfalls in einer Notlage bei einem Trip eine Rolle. Der Markt ist mittlerweile überhäuft von Survival-Handbüchern, in denen man nachlesen kann, wie man sich mit Säugetierfleisch versorgt, welche Fallen es gibt und wie man das Wildbret zerwirkt. Ich empfehle jedem, der sich mit dem Thema näher beschäftigen möchte, einen Jagdschein zu machen. Mittlerweile gibt es spezielle Ausbildungen, wie etwa die ökologische Jagd, in der das ganze Brauchtumsgedöns keine Rolle mehr spielt und man sich auf die wesentlichen Dinge fokussieren kann. Es ist sinnvoll, sich mit den unterschiedlichen Lebensweisen der wild lebenden Tiere vertraut zu machen, um Art und Umfang des Nachstellens anpassen zu können. Pflanzenfresser sind nun mal nicht für Innereien zu begeistern, und ein Räuber hat mit Sicherheit kein Interesse an ausgelegtem Körnerbrei.

Meine bevorzugte Säugetiergruppe sind hierbei Mäuse und Kaninchen, da sich diese mit Fallen recht einfach fangen lassen und teilweise sehr große Populationen bilden. Wie bereits im Kapitel »Rechtliche Fragen beim Wandern & Wildcampen« erwähnt, ist es mit unseren Mitteln und Fähigkeiten – insbesondere wenn wir allein unterwegs sind – viel realistischer, Kleinsäuger zu fangen. Kaninchen sind in Mitteleuropa (im Gegensatz zu den größeren und viel selteneren Feldhasen) nicht heimisch, sie stammen von der Iberischen Halbinsel und sind in Australien schon vor vielen Jahren zur Problemart geworden. Manchmal findet man Exemplare, die von einer Viruskrankheit namens Myxomatose befallen sind. Diese Tiere leiden stark unter entzündeten Augen und Geschlechtsteilen – man tut ihnen wahrscheinlich einen Gefallen, sie zu erlösen. Sie lassen sich leicht einfangen, und diese Krankheit ist für den Menschen ungefährlich.

Es gibt unterschiedlichste Arten von Schling-, Totschlag- und Lebendfallen, deren Behandlung den Rahmen dieses Buches sprengen würde.

Hier ein paar Tipps zum Fangen von Kleinsäugern:

- Halte einen Knüppel in der rechten Hand, während du morsche Äste und Stämme bewegst. Oft verharren die Mäuse darunter und laufen nicht davon – schlage nun blitzschnell zu.
- Gute Köder für eine Mäuse-Totschlagfalle sind gebratene Schnecken und Würmer oder Fischinnereien. Alles, was für einen Allesfresser interessant und stark riecht!
- Die meisten Wildtiere sind sehr misstrauisch – verändere die Umgebung beim Fallenbau nicht zu stark, sonst werden diese Orte gemieden.
- Bei Schlingfallen macht nur Draht wirklich Sinn – Materialien wie Schnur werden in null Komma nichts durchgebissen.
- Kontrolliere die Fallen regelmäßig, um die Leidensdauer so kurz wie möglich zu halten

Fische

Ich habe regelmäßig einen zweihundert Seiten starken Angelprospekt in meinem Briefkasten, und jedes Mal blättere ich ihn ungläubig durch. Es gibt Köder in allen erdenklichen Formen und Farben und so hoch technisiertes Equipment, dass man sich schon einmal fragen kann, ob die Besitzer dieser Ausrüstung überhaupt noch rausgehen müssen, um einen Fisch zu fangen. Neben dem Technikwahn von Männern hat dies sicherlich auch seinen Grund in der zunehmenden Vorsichtigkeit von Fischen in unseren stark beangelten Gewässern. Auch zeigen Erkenntnisse der Epigenetik, dass vorsichtigere Verhaltensweisen an Nachkommen weitergegeben werden können. Der Mensch muss sich also immer mehr Tricks einfallen lassen, um das Misstrauen der Fische zu überlisten. Doch das bedeutet im Umkehrschluss nicht, dass es kinderleicht wäre, in siedlungsfernen Gebieten beim Fischen immer erfolgreich zu sein. Vor allem ohne Angel. Doch der hohe Proteingehalt von Fischen macht sie in manchen Gebieten dennoch zur lohnenswerten Beute, und es kann sinnvoll sein, sich mit den Grundtechniken vertraut zu machen.

Angeln

Es gibt Teleskopangeln, die ein sehr kleines Packmaß haben und sich in jedem Rucksack verstauen lassen, ich selbst habe immer eine im Auto. Mache dich vor dem Trip mit der Angel vertraut, mach einen Angelschein oder lass es dir von einem Bekannten beibringen. Du solltest die Knoten in- und auswendig kennen, in der Lage sein, einen Fisch sachgerecht zu töten und auszunehmen. Möchtest du keine Angelrute mitnehmen, reicht es auch, ein paar Haken und eine Angelschnur mitzunehmen. Dann wird das Ganze wahrscheinlich auf das sogenannte Stipprutenangeln hinauslaufen. Das heißt, du hast keine Rolle, und durch die begrenzte Schnurlänge hast du nur eine ziemlich kurze Reichweite. Dabei wird die Schnur direkt an der Rutenspitze angebracht. Es empfiehlt sich ein drei Meter langer und stabiler, oben zunehmend flexibler werdender Ast oder ein junger Baum. In der Regel geht es dir in einer Survival-Situation nicht darum, eine spezielle

Art zu fangen, sondern überhaupt einen oder mehrere Fische. Beobachte die Fische im Gewässer und probiere die verschiedenen Techniken aus.

Über das Angeln und die Techniken kann man ganze Bücher schreiben (und das wird ja auch gemacht), und es empfiehlt sich, bei Interesse Spezialliteratur zu besorgen und Kurse zu besuchen. Drei nur mit Schnur und Haken durchführbare Techniken möchte ich dennoch kurz vorstellen.

Stippangeln

Beim Stippangeln wird ein Köder an den Haken angebracht und in Ruheposition den Fischen angeboten. Damit du den Köder auswerfen kannst und dieser unter Wasser verbleibt, musst du die Schnur etwas oberhalb mit einem Steinchen beschweren. Etwas darüber wiederum empfiehlt es sich, einen »Schwimmer« in Form eines Holzstöckchens anzubringen, damit du die Position im Auge hast und der Köder nicht auf den Grund absackt. Ein Absinken auf den Boden kann zwar gewollt sein, da manche Fischarten Nahrung vom Gewässerboden aufnehmen, die Gefahr eines »Hängers« und somit ein Verlust des Hakens ist meiner Meinung nach aber zu groß. Gute Köder sind Insektenlarven (Steinfliegen, Köcherfliegen), die du unter Steinen im Wasser finden kannst, ebenso wie Würmer, Insekten und Beeren.

Oberflächenangeln

Beim sehr anspruchsvollen Fliegenfischen werden Insekten imitiert, die unter oder auf der Wasseroberfläche hilflos umhertreiben. Gerade lachsartige Fische stehen voll auf Insekten und können so häufig gefangen werden. Suche Insekten

(Heuschrecken gehen besonders gut) in der Nähe des Gewässers und spieße sie auf den Haken. Da du ein Untergehen des Köders in der Regel verhindern möchtest, verbietet es sich, die Schnur zu beschweren. Nun liegt die Schwierigkeit darin, ohne der anspruchsvollen Technik des Fliegenfischens mächtig zu sein, den leichten Haken überhaupt weit genug auswerfen zu können. Im besten Fall weht ein leichter Wind weg vom Ufer, sodass dein Köder langsam weggetrieben wird.

Raubfischen

Eine besonders Erfolg versprechende Methode, um Raubfische zu fangen, ist das Arbeiten mit Köderfischen. Solltest du bereits einen kleinen Weißfisch gefangen haben, kannst du ihn (nachdem du ihn getötet hast) oder Teile davon unterhalb der Rückenflosse auf den Haken spießen und mit der Stippangel darbieten. Eine andere Möglichkeit ist, einen lebenden Fisch zu imitieren und den Jagdtrieb des Fisches zu reizen. Umso mehr dein künstlicher Fisch wie ein echter aussieht und sich so verhält, desto höher die Chancen. Während eines Skandinavientrips habe ich, gemeinsam mit einem Freund, nur mit einem geformten Stück Alufolie über dem Haken viele Barsche gefangen.

Treibangeln

Um die Wahrscheinlichkeit eines Fanges zu erhöhen, macht es unbedingt Sinn, mehrere Stellen simultan zu beangeln. Das ist zum Beispiel mit sogenannten Treibern möglich. Bei dieser Technik wird ein schwimmfähiges Stück Holz (ca. dreißig Zentimeter lang) mit Angelschnur umwickelt und mit Haken und Köder ausgestattet. Im Idealfall hat dieser einen kleinen Seitenast, welcher sich bei einem Biss durch den Zug nach oben stellt und dir den Erfolg anzeigt. Du kannst mehrere dieser Treiber aufstellen und während des Rutenangelns beobachten. Wenn der Wind in Seemitte weht, werden diese sogar von alleine treiben, und du musst sie nicht allzu weit werfen, denn dies birgt immer die Gefahr, den Köder zu verlieren. Solltest du genug Angelschnur dabeihaben, kannst du die Treiber in ausreichender Entfernung am Ufer befestigen, so musst du bei einem Biss nicht einmal ins Wasser, um den Fang einzuholen.

Hier noch ein paar Tipps fürs Angeln:

- Bewege dich in Gewässernähe so vorsichtig und so langsam wie möglich, mach dich klein und achte an der Böschung darauf, dass keine Steine ins Wasser rieseln.
- Fische mögen Unterstände, suche also nach umgestürzten Bäumen, deren Äste ins Wasser hängen. Auch in Ruhezonen in Fließgewässern, wie zum Beispiel hinter Brückenpfeilern, »stehen« gerne Fische.
- Auch andere auffällige Strukturen wie Buchten, Landzungen, Fluss- und Bachmündungen, Schilfgürtel und Seerosenflächen können Erfolg versprechend sein.
- Fische haben nicht nur Feinde im Wasser, sondern auch manche Vögel (Reiher, Seeadler, Kormorane etc.) haben es auf sie abgesehen. Wenn es etwas windig ist, sich die Wasseroberfläche kräuselt bzw. es zu leichten Wellen kommt, fühlen sich die Fische sicherer und kommen eher an die Oberfläche.
- Wenn die Sonne am Mittag auf das Wasser knallt, stehen

die Chancen schlechter als zu einer anderen Tages-/Nacht-zeit, und ein bewölkter Himmel ist von Vorteil.

- Wenn du spürst, dass sich etwas am Haken tut, »schlage an«, indem du die Rute ruckartig ein kleines Stück nach oben ziehst. Passiert das zu schwach, reicht es nicht für das Einhaken, bei einem zu starken Anschlag kann der Haken wieder herausreißen.

Reusen

Reusen sind Fischfallen, die man aus Ästen von Weichhölzern oder Binsen herstellen kann. Sie sind so konstruiert, dass die Fische zwar relativ leicht hinein-, aber nur sehr schwer wieder hinausfinden. Du brauchst einen Köder, der einerseits Fische von weiter weg in die Falle lockt, sich andererseits nicht zu schnell auflösen darf. Versuche es mit Regenwürmern und Bällen aus eingeweichten Grassamen. Lege die Reuse auf den Gewässerboden in einer stark frequentierten Zone eines Sees. Ich habe dieses System (aus Naturmaterialien) viele Male ausprobiert und muss sagen, die Erfolgsquote ist sehr gering. Die besten Erfolge erzielte ich in kleinen Bächen: Baue mithilfe von Steinen eine V-förmige Absperrung in einem Bach, in dessen Mitte die Reuse liegt. Dann kannst du die Fische mit der Fließrichtung in die Reuse treiben. Der Nachteil der Reuse ist der hohe Zeitaufwand für das Flechten, der Vorteil die Wiederverwendbarkeit.

Direktfang

Während eines Angeltrips erzählte mir ein guter Freund von seinen Kindheitserlebnissen an glasklaren Gebirgsbächen im Schwarzwald. Als Kind hatte er mit Freunden Dutzende Forellen von Hand gefangen und diese teilweise zurücksetzen müssen, weil die Kühltasche schon zum Bersten gefüllt war. Mit einer Methode, die, zugegeben, viel Übung erfordert, kann man sich die Verhaltensweisen von Salmoniden (Lachsartigen) in kleinen Bächen zunutze machen. Diese »stehen« oft hinter Steinen und an beruhigten Stellen mit dem Kopf entgegengesetzt der Strömung. Auch unter ausgewaschenen Böschungen halten sich vor allem in den Abend- und Nachtstunden gerne Fische auf. Man nähert sich dem Fisch ganz langsam und schiebt seine beiden Hände vorsichtig unter das Tier. Es klingt verrückt, aber oft lassen die Fische das mit sich machen. Ist man bei den Kiemen angekommen, packt man diese beherzt und schleudert das Tier an Land. Solltet ihr diese Technik üben wollen, tut es bitte, ohne das Tier an Land zu werfen. Dadurch fügt man ihm nur unnötig Schmerzen zu.

Speeren

Wasser hat eine physikalische Eigenschaft, die es einem nicht gerade leicht macht, Fische zu speeren. Licht verändert seine Ausbreitungsrichtung, sobald es in Wasser eindringt. Das führt dazu, dass ein Objekt (in unserem Fall ein Fisch) einen tieferen tatsächlichen Standort aufweist, als wir wahrnehmen. Es bedarf also einer Menge Übung, diese Brechung beim Herabstoßen des Speeres mit einzuberechnen. Theoretisch kann man den Speer auch vorher schon eintauchen, jedoch verschreckt man damit meist unnötigerweise die Fische. Ein Speer sollte mehrere Zacken mit eingekerbten Widerhaken besitzen und aus Hartholz bestehen. Entweder spaltet man einen dicken Ast oben vorsichtig auf und klemmt Holzstückchen dazwischen, oder die einzelnen

Zacken werden separat geschnitzt und angebunden. Wichtig ist, den Speer bis zum Boden zu drücken, den Fisch so zu fixieren und von Hand abzunehmen. Andernfalls kann dir der Fang schnell wieder verloren gehen. Du solltest unbedingt mit Styroporzielen üben, bevor du dich an den ersten Fisch wagst.

Vögel fangen

In vielen Survival-Handbüchern wird beschrieben, wie man Fallen für Singvögel baut. Mal den rechtlichen und den Naturschutzaspekt außer Acht gelassen, ist an den meisten Singvögeln (von Rabenvögeln einmal abgesehen) fast nichts dran. Lieber lasse ich einen Baumläufer leben, als ihm später fünf Gramm Fleisch abzupulen. Der Aufwand des Rupfens und Zubereitens macht den winzigen Energiegewinn nicht wett. Sinn macht dies erst ab Taubengröße. Am ehesten eignen sich meiner Meinung nach Entenvögel, Gänse und deren Eier, doch sind diese in freier Wildbahn auch viel scheuer als unsere Parkenten, und man muss einiges an Erfahrung mitbringen, um sie zum Beispiel mit dem Bogen zu erlegen.

Rüdiger Nehberg empfiehlt, sich einen Entenbalg zu präparieren, sich diesen auf den Kopf zu setzen und langsam in Richtung Enten zu schwimmen. Ich kann dazu wenig sagen, ich selbst habe diese Technik noch nicht ausprobiert. Vielversprechender finde ich hingegen das Anlocken der Enten mithilfe eines präparierten Balges, während man in Deckung mit einem Knüppel oder Netz lauert.

Eine andere Möglichkeit, mit der ich schon erfolgreich Tauben und Krähen gefangen habe, ist der Bau einer Lebendfalle. Man knüpft sich etwa aus Binsen einen Korb, unter den man einen Köder platziert. Mit dem einen Ende einer Schnur in der Hand lauert man in Deckung und kann damit ein kleines Stöckchen, das den Fangkorb aufstellt, blitzartig wegziehen.

»Krabbeltiere« – Gliederfüßer und Würmer

»Igitt, das isst du jetzt wirklich?« Janine, die fünfundzwanzigjährige Jurastudentin und Teilnehmerin eines meiner Survival-Kurse, schaute mich mit einer Mischung aus Neugier und Entsetzen an, als ich mir einen gerösteten und klein geschnittenen Regenwurm in den Mund schob. »Und das schmeckt dir?«, fragte sie ungläubig.

Nein, es schmeckte mir nicht. Regenwürmer haben einen recht strengen Geschmack, haben Sand und Erde im Darm und eine unangenehme Konsistenz. Aber: Sie haben viel Protein, und wer essen will, darf da nicht kleinlich sein. Das Gute an den Regenwürmern ist, dass man sie, ohne zu kauen, schlucken kann.

Der Hauptteil meiner tierischen Nahrung, mit dem ich während der Deutschlandwanderung meine Speisen aufgewertet habe, waren Insekten. Sie schmecken geröstet oft ziemlich lecker – eine Mischung aus Chips, Nüssen und Hühnchen. Klingt nicht schlecht, oder? Wer erst einmal die gesellschaftlich angelernte Abscheu vor Insekten als Nahrungsmittel überwunden hat, ist meist erstaunt, wie gut die »Krabbelviecher« eigentlich schmecken.

Viele Insekten und Spinnen haben an ihren Beinen Widerhaken, diese können einem im »Halse stecken bleiben«

und sollten, ebenso wie Flügeldecken und Köpfe, entfernt werden. Als Erstes wird der Kopf abgedreht, dann ist das Tier auch sofort tot. Mit den Beinen und den eventuell vorhandenen Flügeldecken wird genauso verfahren, bis man nur noch den Rumpf vor sich hat. (Insektenlarven kann man zumeist einfach so, als Ganzes, verwenden.) Das Rösten macht die Insekten besser verdaulich, fügt ihnen ein Röstaroma hinzu und tötet mögliche Parasiten ab. Meine Favoriten sind ganz klar Heuschrecken, dicht gefolgt von Schnellkäferlarven und Spinnen.

Dicke, fette »Engerlinge«, die Larven der Blatthornkäfer, sind wahre Proteinbomben und oft an Graswurzeln und in nicht zu feuchtem Totholz zu finden. Diese Tiere zersetzen mithilfe von Bakterien Zellulose und schmecken aufgrund der Abbauprodukte widerlich nach Lösungsmittel – am besten massiert man den Darminhalt vorsichtig heraus. Aufgrund ihrer Seltenheit sind sie aber auch teilweise geschützt.

Diese Tabelle verdeutlicht, wie reich an Protein Insekten und Würmer sind:

Nahrung	Protein auf 100 g (frisch, in g)	Energie auf 100 g (frisch, in kcal)
Grillen/Heimchen	21,6	462
Heuschrecken	24,2	525
Regenwürmer	25	57
Schnecken	17	38
Kaninchen	15	148
Hechte	10	190

Pflanzennahrung

Nach 10 000 Jahren Ackerbau hat der Mensch durch Zucht und Selektion eine riesige Bandbreite unterschiedlichster Nutzpflanzen geschaffen. Aus den dürren Wurzeln der Wilden Möhre wurden dickfleischige Karotten, aus dem hochwüchsigen und stachelbesetzten Kompass-Lattich unsere Gartensalate. Auch wenn Wildkräuter unsere Zuchtformen in der Regel an gesunden Inhaltsstoffen teils deutlich übertreffen, sollte man sich gut auskennen, möchte man seinen Teller damit bereichern. Wildpflanzen möchten nicht gegessen werden, und sie wissen sich zu schützen. Ob Bitterstoffe, Dornen, scharfkantige Kristalle in den Zellen oder tödliche Giftstoffe – das Arsenal ist breit gefächert. Mittlerweile gibt es deutschlandweit Kräuterseminare und Pflanzenführungen – ich empfehle dringlichst, sich ein paar Basics anzueignen.

Gefährliche Testverfahren

Vergiss sogenannte »Genießbarkeitstests«, zu denen in manchen Büchern geraten wird. Manchmal treten Vergiftungserscheinungen erst Tage später auf, und einige Pflanzen sind so toxisch, dass ein Blatt schon das Ende bedeuten kann.

Giftpflanzen sind auch in Mitteleuropa nicht selten – in den meisten Stadtparks könnte ich innerhalb einer halben Stunde ein tödliches Gebräu herstellen, das den stärksten Kerl niederstreckt. Abgesehen von der Gefahr, sich zu vergiften, solltest du dich auch mit dem Nährwert von Wildkräutern auseinandersetzen.

»Hätte ich als Veganerin in einer Survival-Situation eine Chance?« Diese Frage wurde mir im letzten Jahr von einer Teilnehmerin meiner Survival-Kurse gestellt. Sosehr ich diese klimaschonende Ernährungsform gutheiße – muss ich die Frage leider mit einem klaren Nein beantworten. Es gibt keinen einzigen Hinweis darauf, dass es in der Menschheitsgeschichte ein indigenes Volk mit veganer oder vegetarischer Lebensweise gegeben hätte, das keinen Ackerbau betrieb. Es gab und gibt also Jäger- und Sammlerkulturen, aber vermutlich keine reinen Sammlerkulturen. Das hat unter anderem einen ernährungsphysiologischen Grund.

Wie zu Beginn des Kapitels erwähnt, ist es nur mit dem Sammeln von Wildkräutern sehr schwierig, an energiehaltige Makronährstoffe wie Proteine und Kohlenhydrate zu gelangen. Einige Pflanzen speichern Kohlenhydrate in Form von Stärke oder Inulin in ihren Rhizomen und Früchten sowie Fette, Öle und Proteine in den Samen. Viele Samen werden durch Tiere verbreitet, deshalb sind diese oft von einer unverdaulichen Hülle umgeben, damit sie als Ganzes wieder ausgeschieden werden. Am besten verkocht man Samen zu einem Brei oder öffnet sie auf mechanischem Weg, durch Zerquetschen. Wildpflanzen bilden zum Schutz vor Fraßfeinden oft Bitterstoffe, die wir heutzutage nur noch von wenigen Kulturgemüsesorten kennen. Bitterstoffe sind in Maßen gesund und verdauungsfördernd, bei zu hoher Konzentration hat man nicht nur Probleme, »das Zeug herunterzukriegen«, sie können auch das Magen-Darm-System angreifen. Abhilfe verschafft hier ein dreißigminütiges Wässern des klein geschnittenen Kochguts. Im Folgenden werden einige gut nutzbare Wildpflanzen vorgestellt.

Brennnesseln (Urtica sp.)

Brennnesseln sind *die* Survival-Pflanzen schlechthin und kommen zudem fast weltweit vor. Die Samen liefern Öle, die Blätter können als leckerer Spinat verkocht werden, und aus dem Bast kann man eine hervorragende Schnur drillen. Den Germanen war diese Pflanze übrigens so nützlich, dass sie ganze Felder für ihre Kleidungsherstellung angelegt haben. Damit die Pflanze ihre namensgebende Eigenschaft verliert, reicht es, sie gründlich abzuwaschen. Auch durch Abkochen öffnen sich die glasartigen Brennhaare, und das Nesselgift kann unschädlich gemacht werden. Brennnesseln gehören übrigens zu den wenigen Wildkräutern, die eine annehmbare Menge an Protein beinhalten.

Schilf (Phragmites australis)

Diese Gattung kommt fast weltweit vor und wird im ausgewachsenen Zustand selbst vom Laien schnell erkannt. Schilf speichert in den Rhizomen (Wurzelstock) Stärke, die von uns aufbereitet werden kann. Dafür werden die verdickten Teile der Rhizome gesäubert, klein geschnitten und verkocht. Es dauert sehr lange, bis die Rhizome weich werden, auch sollte man das stärkereiche Kochwasser nicht wegschütten, sondern trinken. Im Frühjahr können die jungen Sprosstriebe gegessen werden.

Rohrkolben

Die sogenannten »Pfeifenputzer«, also die fruchtenden Blütenstände dieses wasserliebenden Grases, sind oft schon von Weitem zu erkennen und können uns draußen wertvolle Dienste leisten. Zum einen sind die Kolben zerpflückt ein hervorragender Primärzunder, zum anderen lassen sich die stärkereichen Wurzeln auskochen. Sie bleiben auch nach längerem Kochen noch zäh, jedoch geht die Stärke in das Kochwasser über, welches man einfach trinken kann. Die jungen Blätter und Triebe kann man roh oder wie Gemüselauch verarbeiten, und sie schmecken hervorragend. Während der Blüte kann man die Pollen des dünnen männlichen, oberen Teils des Blütenstands abkratzen und verspeisen oder im Riegel verbacken; sie sind sehr proteinreich.

Gerade die jungen Sprossen kann man leicht mit den giftigen Schwertlilienarten verwechseln, deshalb sollte man sich unbedingt mit den Bestimmungsmerkmalen vertraut machen. Wer sich unsicher ist, sammelt nur Pflanzen in blühendem Zustand, zu diesem Zeitpunkt ist ein Verwechseln ausgeschlossen.

Fuchsschwanzgewächse (Amaranthaceae)

Zu der Familie der Fuchsschwanzgewächse zählen viele heutige Kulturpflanzen wie Rote Bete, Spinat und Rhabarber. Da diese Pflanzen einen teils sehr hohen Oxalsäuregehalt haben und dadurch auf Dauer nierenschädigend sein können, sollte man sich nicht ausschließlich und über langen Zeitraum davon ernähren. Ansonsten ist dies aber eine sehr dankbare Familie – Amaranthe, Melden und Gänsefüße gibt es fast überall und liefern als ganze Pflanze eine gute Beilage. Auch die Samenstände sind gute Energielieferanten, auch wenn diese oft sehr bitter schmecken. Diese Familie hat bei uns keine giftigen Vertreter, und man kann sie kaum verwechseln.

Wildgräser

Jungsteinzeitliche Funde aus Mitteleuropa zeigen, dass die Menschen vor der Verbreitung des Ackerbaus unter anderem Samen von Wildgräsern gesammelt haben. Das mag angesichts der winzigen Samen wie eine Sisyphusarbeit erscheinen, doch bei größeren Beständen kann sich das Sammeln durchaus lohnen. Das Problem bei Wildarten ist, dass die Samen bei Erreichen der Vollreife abfallen und im Mikrokosmos der Bodenschicht verschwinden. Man muss also einen günstigen Zeitpunkt kurz vor der Reife im Spätsommer abpassen, wenn die Samen noch etwas grün sind.

Um die Körner von den Spelzen zu trennen, kann man die Samen auf einen flachen Stein geben und mit einem Mahlstein zerreiben, die starren Spelzen kann man vorsichtig wegpusten. Meide Individuen mit kleinen schwarzen Samen, denn diese können vom Mutterkornpilz befallen und dadurch hochgiftig sein.

Kletten **(Arctium sp.)**

Die Arten dieser Pflanzengattung sind Allrounder. Die Samen enthalten energiereiche Öle, die »Fallschirmchen« liefern nach der Blüte einen perfekten Zunder, und die riesigen Blätter kann man zum Einwickeln von Gargut, zum Auskleiden von Erdtöpfen und zum Abdecken von Behausungen verwenden. Die Wurzeln enthalten einen Speicherstoff namens Inulin, der erst im Darm von Bakterien aufgespalten werden kann, was zu einer erhöhten Gasproduktion führt. Das dürfte in einer Extremsituation aber kein Ausschlusskriterium sein. Wenn der Blütenstand bzw. die Früchte noch nicht vorhanden sind, gibt es einen Verwechslungspartner der großen Klette. Die Pestwurzarten haben ähnliche Blätter, nur sind diese im Gegensatz zur Klette am Rand »gesägt«, also mit feinen Zacken versehen. Diese Art steht im Verdacht, aufgrund der vorhandenen Pyrrolizidinalkaloide krebserregend und leberschädigend zu sein, somit sollte man sichergehen, wirklich die Klette vor sich zu haben.

Vogelmiere (Stellaria media)

Die Vogelmiere kann man leicht mit anderen Arten dieser Gattung sowie den Hornkräutern, Sandkräutern und Nabelmieren verwechseln. Das macht aber nichts, denn diese sind allesamt essbar, auch wenn die Vogelmiere die zarteste und schmackhafteste Art ist. Die Vogelmiere ist meine Lieblingssalatpflanze, sie schmeckt einfach so frisch und knackig wie kaum ein anderes Wildkraut. Sie hat zwar wenig Energie zu bieten, ist aber lecker und füllt den Magen. Gerade wenn man recht viele Insekten zu sich nimmt, ist es wichtig, genug Ballaststoffe in die Mahlzeit zu integrieren.

Topinambur (Helianthus tuberosus)

Dieser ursprünglich aus Nordamerika stammende Korbblütler ist nah mit der Sonnenblume verwandt und in vielen Regionen Europas aus Gärten und Parks »ausgebüchst«. Von dort aus macht er sich vor allem an Ruderalstellen, Bahngleisen und trockenen Wegrändern breit. Für den einen oder anderen Ökologen ein Graus, ist sie für den hungrigen Knollensucher ein Geschenk. Die inulinhaltigen Sprossknollen sind lecker und bieten eine Menge Energie. Solltest du dir sicher sein, eine Topinamburpflanze vor dir zu haben, aber ganz enttäuscht feststellen, dass sie keine Sprossknollen trägt,

Die Planung

Mein vorläufiges Equipment für die vor mir liegenden sechs Wochen. Einiges davon habe ich später während der Wanderung noch aussortiert.

Schlafen in der Natur

Das waren für mich die schönsten Momente – vom morgendlichen Treiben der Natur geweckt zu werden.

Schlafen gehen, wenn die Sonne untergeht. Die Anpassung des Schlafrhythmus an die natürlichen Rhythmen von Tag und Nacht haben während der sechs Wochen zu einem langen, tiefen und erholsamen Schlaf geführt.

So baue ich eine Laubhütte

Schritt 1: Die Grasmatratze. Ob Gras oder Laub, solange es in größeren Mengen zu finden ist, sorgen beide Varianten für einen erholsamen Schlaf.

Schritt 2: Der Anfang ist gemacht – das Gerüst der Laubhütte steht.

Schritt 3: Über die Zeltplane schichte ich das gesammelte Laub auf. Damit es schön warm in der Hütte wird, muss sehr viel Laub her.

Schritt 4: Fertig! Der Blick aus dem Inneren der Laubhütte – viel Platz ist hier nicht.

Die Schrägdachhütte

Der Vorteil der Schrägdachhütte: Man kann davor ein wärmendes Feuer unterhalten. Bei Wind und Regen von der Seite empfiehlt sich die geschlossene Variante.

In kalten Nächten

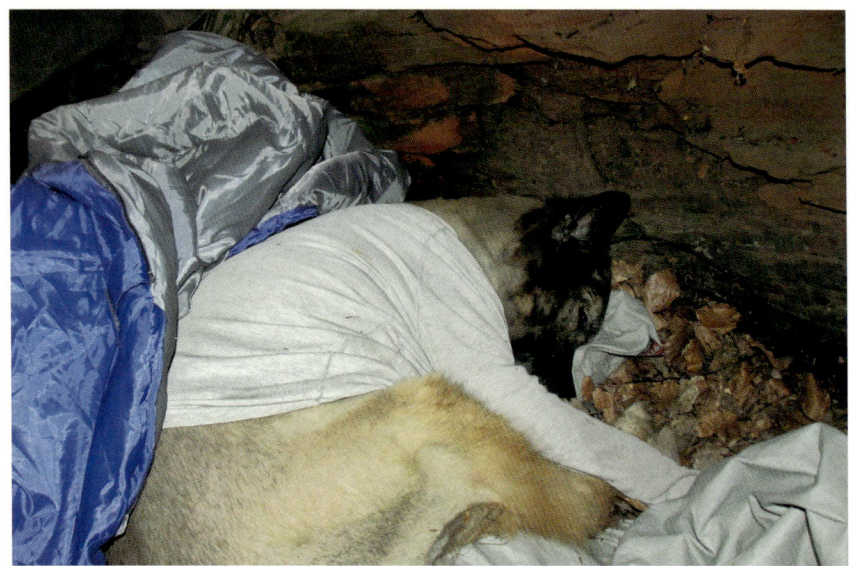

Rocko, nachdem ich ihm mein Shirt für die Nacht angezogen habe. Daneben der Schlafsack für ihn, auf den ich selbst verzichtet hatte.

Völlig durchnässt lagen wir manchmal in der klatschnassen Laubhütte.

Birkenrinde ist draußen ein wertvoller Rohstoff, mit dessen Hilfe sich selbst im Regen problemlos ein Feuer entfachen lässt.

Wie durch Bohren ein Feuer entsteht

Schritt 1: Die Wichtigkeit von gutem Zunder ist kaum zu unterschätzen. Trockenes Gras und die Blütenstände des Rohrkolbens eignen sich besonders gut.

Schritt 2: das Feuerbohren. Wenn die Technik und die Ausrüstung stimmt, braucht man keine zehn Sekunden.

Schritt 3: Das Überführen der Glut in das Zundernest darf nicht zu hektisch geschehen, sonst ist alle Mühe umsonst.

Schritt 4: Das Anpusten der Glut zur Entzündung des trockenen Grases ist manchmal nicht so ganz einfach, vor allem, wenn man noch vom Bohrvorgang außer Puste ist.

Was mir im Wald begegnet

Leider kein Steinpilz, sondern der ungenießbare Doppelgänger: der Gallenröhrling.

Während der Wanderung hatte ich viele einprägsame Begegnungen mit unserer heimischen Tierwelt. Dies hier ist keine Schlange, sondern eine beinlose Echse, die Blindschleiche.

Auch Wildschweine liefen mir über den Weg. Ihre Spuren sind beinahe so groß wie meine Hand.

Der Stumpfblättrige Ampfer (rumex obtusifolius) ist aufgrund der großen und reißfesten Blätter eine meiner Lieblingsklopapierpflanzen.

Der beste Wanderpartner

Auf der Wanderung waren Rocko und ich ein eingespieltes Team – ich hätte mir keinen besseren Begleiter vorstellen können.

lass dir gesagt sein: Es gibt auch knollenfreie Züchtungen. Diese »Nieten« kommen aber eher selten vor.

Sauerampfer (Rumex acetosa und Rumex acetosella)

Es gibt den großen und den kleinen Sauerampfer, beide können verwendet werden. Diese säuerlich schmeckenden Knöterichgewächse sind reich an Vitamin C und können einen Wildkräutersalat oder Spinat bereichern. Die Blätter kann man auch roh beim Laufen knabbern, und sie sind durstlindernd. Wie die meisten Knöterichgewächse (dazu zählt auch Rhabarber) enthält diese Art einen recht hohen Anteil an Oxalsäure. Um die Nieren nicht zu schädigen, sollte man sie deshalb nicht über Wochen hinweg kilogrammweise verspeisen. Ich bezweifle jedoch, dass man das auch ohne dieses Wissen tun würde. Sauerampfer kann man theoretisch mit anderen Ampferarten verwechseln, diese sind nicht besonders lecker (und auch nicht sauer), aber auch nicht giftig. Der Waldsauerklee, der übrigens nicht mit den »echten« Kleearten wie Rotklee etc. auf Wiese und in Parks verwandt ist, hat dieselben Eigenschaften wie der Sauerampfer.

Nachtkerzen (Oenothera biennis)

Die Nachtkerze sollte der Laie nur im blühenden Zustand verwenden, da man ihn ohne ausreichende Kenntnisse ohne Blüten theoretisch mit dem giftigen Fingerhut verwechseln könnte. Eine andere Verwechslungsart ist die Königskerze, welche zwar nicht giftig, aber durch Saponine, ohne zu wässern, ungenießbar ist. Königskerzen haben fünf Kronblätter und kugelige Samenstände, Nachtkerzen dagegen nur vier

Kronblätter und längliche Samenstände. Die Nachtkerze bildet eine große Pfahlwurzel, die lecker schmeckt und im Krieg als »Schinkenwurzel« aufgetischt wurde. Die noch jungen Samenstände kann man im Spätsommer knabbern, die älteren dann im Herbst ernten und zu Brei verkochen. Die Blätter lassen sich wie Spinat zubereiten. Alles in allem also eine vielseitige und energiereiche Survival-Pflanze.

Taubnessel (Lamium sp.)

Diese Gattung hat ein buntes Artenspektrum. Es gibt Arten mit weißen, roten, lilafarbenen und gelben Blüten. Man kann sie allesamt als ganze Pflanze als Spinat oder Wildsalat verwenden. Auch diese Pflanzen sind eher als »Beilagekraut« anzusehen, da sie selbst nicht besonders viel Energie liefern, aber gut schmecken und eine gute Ballaststoffquelle darstellen. Die Taubnesseln sind übrigens überhaupt nicht mit der Brennnessel verwandt, deshalb haben sie auch leider nicht dieselben »Superfood-Werte« wie diese. Dafür brennen sie auch nicht.

Beeren, Früchte und Nüsse

Die Wildnis als Garten Eden: Überall wachsen das ganze Jahr über üppige, wohlschmeckende und dem Auge wohlgefällige Früchte und Beeren… Leider ist dem in der Realität nicht ganz so. Die meisten Früchte sind nur während einer recht kurzen Periode zu finden, andere haben giftige Verwechslungspartner. Doch nichtsdestotrotz lohnt es sich,

sich mit ihnen zu beschäftigen und Ausschau zu halten: Viele Früchte stecken voller Zucker und sind nicht selten dazu in der Lage, die Moral erheblich zu verbessern! Nüsse sind reich an Energie in Form von Fetten und sollten keinesfalls unbeachtet gelassen werden.

Dass Brombeeren, Himbeeren und Heidelbeeren wild wachsen und essbar sind, weiß wohl jedes Kind. Wer aber kennt Vogelbeerenmarmelade, Eibengelee oder Hartriegelmus? Es gibt mehr essbare Früchte, als man denkt, und die Verwechslungsmöglichkeiten mit giftigen Arten sind größer, als man erhofft. Will man wilde Beeren und Früchte sammeln gehen, muss man sich mit den essbaren Arten und ihren giftigen Doppelgängern auskennen. Hier stellen wir häufig vorkommende Sträucher, Bäume und ihre Früchte vor:

Wilde Kirschen

Viele Menschen glauben, die verschiedenen Wildformen der Kirsche (zum Beispiel Vogelkirsche) sind giftig. Natürlich sind die Früchte bei Zuckergehalt und Größe nicht mit den Zuchtformen vergleichbar, doch liefern auch sie Energie in Form von Zucker. Die Früchte aller heimischen »Wildkirschen« sind im Gegensatz zu den Blättern und Samen essbar, denn diese enthalten giftige Cyanogene Glycoside.

Weißdorn

Der Weißdorn ist ein Strauch, der recht häufig vorkommt und gerne als Heckengehölz angepflanzt wird. Seine tönnchenförmigen roten Früchte haben ein etwas mehlig schmeckendes Fruchtfleisch und einen großen Kern. Im Zweiten Weltkrieg wurden die Früchte massenweise gesammelt, getrocknet, ge-

mahlen und zu Brot verbacken. Die Früchte haben erwie-
senermaßen eine herzstärkende Wirkung und sind Teil ver-
schiedenster Präparate. Sie sind roh essbar, schmecken aber
auch besonders gut im Wildnisriegel (»Müsliriegel«. S. 172).

Vogelbeeren

Die Früchte der Eberesche werden landläufig als Vogelbee-
ren bezeichnet und fälschlicherweise per se als giftig einge-
stuft. Richtig ist, dass man den Verzehr roher Beeren meiden
sollte. Zu einer Marmelade eingekocht oder zerstampft und
im Müsliriegel mitgebacken kann man von dem hohen Vi-
tamingehalt und seinem säuerlich-süßem Geschmack profi-
tieren.

Hartriegel (Cornus sp.)

Die beiden heimischen Cornusarten Roter Hartriegel und
Kornelkirsche sind bis zu fünf Meter hohe Sträucher, die ein
besonders hartes Holz bilden. Die säuerlich schmeckenden
Früchte sind roh zwar nicht giftig, aber ungenießbar und sollten daher erhitzt werden. Verwechslungspartner ist hierbei
theoretisch die Heckenkirsche.

Eicheln

Eicheln sind im rohen Zustand durch den hohen Gehalt an
Gerbstoffen ungenießbar, beim Verzehr größerer Mengen
können schwere Magen-Darm-Beschwerden und Vergiftungserscheinungen auftreten. Um Eicheln essen zu können,
ist eine sehr aufwendige Prozedur nötig, die sich »draußen«
nur lohnt, wenn man eine feste Basis in der Nähe eines fließenden Gewässers hat. Dazu werden die Eicheln geröstet,

geschält und in Scheiben geschnitten. Um die Gerbstoffe zu entfernen, muss man diese nun mehrere Tage in einen Bach hängen oder – falls man sich für ein Gefäß entscheidet – das Wasser täglich wechseln. Ist das Wasser klar und nicht mehr bräunlich, kann man sie zu Mehl verarbeiten und Fladen daraus backen.

Haselnüsse

Wer Haelsträucher findet, kann sich glücklich schätzen. Vor allem im September und Oktober, denn zu diesem Zeitpunkt kann man die fetten und energiereichen Nüsse sammeln. Die unreifen, noch grünlichen Haselnüsse kann man übrigens auch schon essen, sie schmecken sahnig und sind etwas weich. Als Wegproviant eignen sich aber eher die reifen Nüsse, sie sind sehr lange haltbar, wohingegen die unreifen Nüsse viel schneller verderben.

Rotbuche

Die Rotbuche ist in Deutschland neben Fichte und Kiefer die dritthäufigste Baumart und die häufigste Laubbaumart. Gerade deshalb sind ihre energiereichen Früchte, die Bucheckern, für uns besonders interessant. Wichtig zu wissen, ist jedoch, dass man diese nicht roh verzehren sollte. Ein hoher Gehalt an Oxalsäure, Blausäure und Fagin kann Vergiftungserscheinungen hervorrufen. Erhitzen in Form von Rösten oder Kochen »treibt« diese Stoffe aus bzw. deaktiviert sie, sodass man sie auch in größeren Mengen konsumieren kann. Man kann die Bucheckern rösten, mahlen und in Riegelform verbacken.

Kastanien

Die sogenannten Rosskastanien, die in vielen Parks und Städten zu sehen sind, bilden Früchte, die denen der Esskastanie auf den ersten Blick ähneln. Diese beiden Bäume sind jedoch überhaupt nicht miteinander verwandt, und es ist wichtig, den Unterschied zu kennen, will man diese nutzen. Während Esskastanien (Maronen) geröstet eine wahre Delikatesse sind, muss man die besonders saponinreichen Rosskastanien sehr aufwendig prozessieren, um sie essbar zu machen. Der Aufwand steht in der Wildnis in keinem Verhältnis zum Ertrag. Die Seifenstoffe kann man sich jedoch anderweitig zunutze machen: indem man sie zermahlt, trocknet und als Waschmittel für Kleidung verwendet.

Eibe

Eine Bekannte eines Freundes hatte sich – nachdem sie von der Essbarkeit von Fichtennadeln gelesen hatte – ein paar Nadeln davon in den Mund geschoben und beim Spazierengehen gekaut. Nach einer halben Stunde blendete sie die Sonne auf einmal sehr stark, ihr wurde schwindlig, und sie bekam Herzrasen. Eine halbe Stunde später lag sie auf der Intensivstation. Was war passiert? Die vermeintliche Fichte entpuppte sich als Eibe, und das in ihren Nadeln enthaltene Alkaloid erweiterte ihre Pupillen und verbreitete sich schnell im ganzen Körper.

Die Eibe zählt zu den giftigsten Baumarten in ganz Europa. Alle Teile dieses häufig als Schnittbusch in Parks und Gärten angepflanzten Nadelbaums sind hochgiftig. Bereits vierzig kleine Nadeln können bei einem Erwachsenen zum Tod führen. Es sind aber nicht alle Teile der Eibe giftig! Der rote Samenmantel ist nicht nur essbar, sondern zuckersüß und schmeckt außergewöhnlich gut. Die Gefahr, den hochgiftigen Samen dabei zu verschlucken, ist allerdings gar nicht so gering. Auch wenn der Samen ohne Aufbeißen den Magen-Darm-Trakt passiert, sollte man die Früchte niemals nebenbei genießen. Kindern sagt man sicherheitshalber auch, dass sie giftig sind, denn diese vergessen ganz gerne mal, den Kern auszuspucken.

Doldenblütler (Apiaceae)

Dieser großen Pflanzenfamilie gehören viele Gemüsesorten und Gewürze an, dazu zählen Möhren, Pastinaken, Dill, Kümmel und viele mehr. Dennoch ist sie gerade für Anfänger absolut tabu, denn einige Familienmitglieder sind ziemlich gefährliche Zeitgenossen. Für einen Anfänger sehen gefleckter Schierling und Wiesen-Kerbel auf den ersten Blick gleich aus – eine Verwechslung kann hier ziemlich schnell das Ende bedeuten. Das Gift der Schierlingsarten ist zum Beispiel so potent, dass man mit seiner Hilfe im Altertum Menschen zum Tode verurteilte. Dieser Hinrichtungsmethode ist unter anderem Sokrates (Schierlingsbecher) zum Opfer gefallen. Manchen Quellen zufolge sollen die Alkaloide sogar über die intakte Haut in die Blutbahn gelangen können. Die Folge: starke Schmerzen, Benommenheit, Atemnot, Tod.

Borretschgewächse (Boraginaceaen)

Diese Familie führt immer wieder zu heftigen Diskussionen zwischen Ernährungswissenschaftlern und Naturheilkundlern. Hildegard von Bingen, ihrerzeit eine begnadete Botanikerin, empfahl viele Arten dieser Familie zu Heilzwecken. Heutzutage gibt es jedoch etwas, das es früher so nicht gab:

Spätfolgen. Zum einen wurden die Menschen einfach nicht alt genug, und zum anderen hat man Organschädigungen damals auf ganz andere Dinge zurückgeführt; man konnte nur direkte Vergiftungserscheinungen erkennen. Die Übeltäter sind hier sogenannte Pyrrolizidinalkaloide, die bei Säugetieren leberschädigend und karzinogen wirken können. Zwar sind diese Folgen nur an Labormäusen beobachtet worden, und dies ist nicht unbedingt auf den Menschen übertragbar. Es gab jedoch vor ein paar Jahren den Fall einer Mutter, die während der Schwangerschaft täglich Beinwelltee trank und deren Kind nach der Geburt nachweislich an Leberversagen starb. Wie immer macht auch hier die Dosis das Gift: Unregelmäßiger Verzehr von Borretschgewächsen sollte unbedenklich sein. Zu dieser Familie gehören unter anderem Vergissmeinnicht und Beinwell. Letzterer hat bei geschlossenen Wunden, Quetschungen und Prellungen äußerlich angewandt eine unumstrittene Heilwirkung.

Pilze

Ich habe das Glück, einen passionierten Mykologen zum Freund zu haben, der mich im Herbst regelmäßig zum Pilzesammeln mitnimmt. Ich liebe den Geschmack von Krauser Glucke und Steinpilz und bin immer wieder von diesen interessanten Lebewesen fasziniert. Rein ernährungsphysiologisch stehen die Arten des Pilzreiches allerdings weniger gut da. Hundert Gramm Wiesenchampignons enthalten weniger als drei Gramm Protein und weniger als fünfzehn Kilokalorien. In Anbetracht der Tatsache, dass es nicht wenige sehr giftige Pilzarten gibt und manche davon leicht mit essbaren Arten zu verwechseln sind, sollte man Pilze links liegen lassen, wenn man sich nicht sehr gut auskennt. Pilze werden meist in Röhrenpilze und Lamellenpilze unterschieden. Es gibt entgegen der landläufigen Meinung auch giftige Röhrlinge, jedoch sind die Gifte dieser Arten in Mitteleuropa nicht so potent, dass tödliche Vergiftungen zu erwarten sind.

Zubereitungsmethoden

Rösten

Fisch, Fleisch und Krebstiere lassen sich am besten auf einem improvisierten Rost grillen. Wichtig ist dabei, dass man das Grillgut nicht über die offene Flamme hängt, sondern über dem heißen Glutbett platziert. Dafür wird erst ein Feuer in Gang gebracht, das man herunterbrennen lässt. Die Glutschicht sollte aber nicht zu dünn sein, sodass eine ausreichende Hitzeentwicklung und ein Durchgaren gewährleistet sind. Den Rost kann man aus frisch geschnittenen Zweigen flechten.

Insekten und Spinnen lassen sich ab einer gewissen Größe auch auf eine dünne Rute spießen und durch Drehbewegungen gleichmäßig über der Glut grillen. Dabei wird der angespitzte Teil des Stockes durch den »harten« Vorderpart des Tieres gesteckt und somit fixiert.

Vorteile	Nachteile
sehr angenehmes Röstaroma	Flüssigkeit und Protein gehen über das Abtropfen verloren.
kein Gefäß oder flache Steine nötig	Grillgut verbrennt leicht.

Kochen mit Topf

Wer einen kleinen Kochtopf dabeihat, kann in der Regel auf einen Kocher verzichten – solange man in der Lage ist, ein Feuer zu unterhalten. Es gibt Dutzende Varianten, wie man den Topf drapieren kann, ohne das Feuer oder die Glut zu ersticken. Ein Klassiker sind da die ringförmig angeordneten Steine, welche die Auflagefläche für den Topf bilden und in deren Mitte das Feuer unterhalten wird. Nicht immer ist man in Regionen unterwegs, in denen man passende Steine findet – doch auch ohne diese muss man nicht auf eine warme Mahlzeit verzichten. Dicke, noch grüne Äste können einen Ersatz bieten – brennen sie doch meist erst dann durch, wenn das Gargut schon längst »durch« ist. Meiner Meinung nach braucht man sich da auch nicht groß zu verkünsteln: Zumeist reicht es aus, den Topf mitten in das Feuer bzw. in das dicke Glutbett oder an dessen Rand zu stellen. Wer sich austoben möchte, kann natürlich auch eine Dreibeinkonstruktion oder einen im Boden verankerten Stock als Aufhängepunkt nutzen, wichtig ist dabei nur, dass der Topf eine Aufhängevorrichtung bzw. einen Henkel besitzt.

Ich persönlich bin ein Freund von Töpfen mit Deckeln, da man zum einen das Verdampfen von Flüssigkeit verhindern und den Deckel als Pfanne nutzen kann.

Vorteile	Nachteile
Flüssigkeit und Protein bleiben erhalten.	Der Geschmack ist nicht so gut wie beim Rösten.
Kochgut verbrennt nicht, solange Flüssigkeit im Topf ist.	zusätzliches Gepäck

Kochen ohne Topf

Nudeln kochen ohne Topf?! Über neunzig Prozent meiner Kursteilnehmer haben zu Beginn des Kurses nicht den Hauch einer Ahnung, wie das funktionieren soll. Da gibt es Ideen von gerösteten Nudeln oder von mehrtägigem Einweichen in kaltem Wasser. Wenn ich die Technik dann erkläre, fragen sich die Teilnehmer, warum sie auf diese einfache Lösung nicht von selbst gekommen sind.

Man buddele ein Loch und lege es mehrlagig mit großen ungiftigen Blättern (Ampferarten, Klette etc.) oder mit Regenkleidung aus. Dann fülle man dasselbe mit Wasser. So weit, so gut. Aber wie bekommt man diesen »Erdtopf« nun heiß? Da man diesen Erdtopf nicht zur Hitze bringen kann, muss man die Hitze eben zu ihm bringen. Und genau das tut man mithilfe von Steinen. Man suche sich also mindestens faustgroße Steine und lege sie in ein stark geschürtes Feuer. Wenn diese so richtig heiß sind, kann man sie mithilfe einer improvisierten Zange vom Feuer in den Kochtopf bugsieren. Um den Topfboden – also die Pflanzendecke oder die Regenjacke – vor einem Durchglühen zu bewahren, solltest du ihn mit (kalten) Steinen auslegen. Es ist selbst für mich, der das schon Hunderte Male gemacht hat, immer wieder erstaunlich, wie gut es funktioniert. Während die Steine die Wärme an das Wasser abgeben, warten im Feuer die nächsten auf ihren Einsatz, und man kann sie austauschen. Innerhalb weniger Minuten beginnt das Wasser, leicht zu kochen. Nun nur noch das Kochgut hineintun und abwarten.

Vorteile	Nachteile
Flüssigkeit und Protein bleiben erhalten.	Der Geschmack ist nicht so gut wie beim Rösten.
Kochgut verbrennt nicht, solange Flüssigkeit vorhanden.	Man benötigt Steine und (ungiftige) große Blätter.
kein zusätzliches Gepäck	Sand und Dreck in Kochgut und Kochflüssigkeit

Garen auf heißen Steinen oder in Asche

Eine sehr einfache und unkomplizierte Methode, seine Nahrung zu garen, ist, sie entweder direkt auf die heiße Asche (nicht in die Glut) oder auf einen in die Glut gesetzten flachen Stein zu legen. Dafür eignen sich besonders kleinere Gliederfüßer, Schnecken, Samenriegel und Wurzeln. Da der Stein mitunter schnell heiß wird, sollte man das Gargut häufig wenden und nicht aus den Augen lassen.

Vorteile	Nachteile
sehr angenehmes Röstaroma	Flüssigkeit und Protein gehen über das Abtropfen verloren.
schnell und unkompliziert	Grillgut verbrennt leicht.

Müsliriegel

Beeren, Samen und Nüsse kann man auch gut zu einem Wildnisriegel verbacken. Dazu werden die Zutaten zerstampft, eventuell mit etwas Wasser versetzt und zu einer Paste verrührt. Diese kann man dann auf einen kleinen Holzscheit streichen und auf die heiße Asche oder Glut legen. Man muss etwas geduldig sein, doch nach ca. zwanzig Minuten wird man mit einem leckeren und energiereichen Riegel belohnt, den man zudem als Reiseproviant mitführen kann.

Proviant

Nicht jeder, der einen Naturtrip plant, möchte sich von Würmern, Schnecken und Brennnesseln ernähren. Je nachdem, welcher Art das Naturerlebnis sein soll, kann man sich zwischendurch in Dörfern und Städten mit Nachschub versorgen oder von Anfang an genug mitnehmen. Genau so habe ich es während der Deutschlandwanderung ja auch gemacht, und diese Form schließt auch nicht aus, seinen gekauften Proviant durch frische Kräuter, Beeren und Insekten während der Tour »aufzupimpen«. Wichtig ist dabei ein gutes Gewicht-Nährwert-Verhältnis. Der Trick dabei ist, Nahrungsmittel einzupacken, die einen sehr geringen Wassergehalt haben – unterwegs kann man dann vor Ort gesammeltes Wasser zufügen. Es leuchtet ein, dass Kartoffeln mit einem recht hohen Wassergehalt weniger geeignet sind als trockener Reis.

*Hier eine Liste mit Nahrungsmitteln,
die sich für eine Tour besonders gut eignen:*

- Reis
- Nudeln
- Vollkornbrot
- Tütensuppe (Geschmack und Salz)
- Dörrobst

- Dörrfleisch
- Hartkäse
- Nüsse

Es ist sinnvoll, die Lebensmittel aus ihrer Verpackung zu nehmen und in eine verschließbare Box zu tun. Zum einen ist man so schon ohne Plastikmüll unterwegs, zum anderen zerstreut sich sonst der Inhalt aus den Tüten meistens nach dem erstmaligen Öffnen im ganzen Rucksack.

5 Wasser:
Lebenselixier & Gefahrenzone

Tag 22

Am Vormittag erhielt ich unerwartet einen Anruf aus Gemünden am Main, dem nächsten Ort, in dem ich Proviant einkaufen wollte. Ein Reporter der dortigen Lokalpresse hatte meine Tour anhand meiner Tagebuchaufzeichnungen auf unserer Projektwebsite von Waldsamkeit verfolgt und wusste nun, dass ich demnächst vor Ort sein würde. Er lud mich für ein kurzes Interview zu Gulasch und Bier in einen kleinen, unscheinbaren, aber mehr als authentischen Imbiss ein, der in der Gegend wohl Kultstatus erlangt hat. Es war kein klassisches Interview, sondern wir unterhielten uns gut, und dabei machte er sich zwischendurch Notizen. Am Ende gab es noch ein Foto mit Hund, und ich zog weiter den Main entlang.

Aus den Kronen der Eschen und Pappeln, die ich dabei überschritt, kam ein ohrenbetäubender Lärm. Hunderte von Wacholderdrosseln saßen in den Ästen und zwitscherten und tirilierten, als gäbe es kein Morgen. Die Sonne schien, ich hatte gut gegessen und war bester Laune. Seit meiner Abreise telefonierte ich heute das erste Mal mit Isabel. Tatsächlich erst jetzt, ich wollte ganz bewusst mal eine Zeit lang nicht

»connected«, sondern ganz bei mir selbst sein. Für sie schien das in ihrer Vorstellung vor der Tour kein Problem zu sein, doch jetzt merkte sie langsam, dass sie damit nicht gut umgehen konnte. Wir tauschten uns aus, sagten uns, wie sehr wir uns vermissten und uns auf ein Wiedersehen freuten. Zum Schluss gab ich nach, und wir einigten uns auf den Kompromiss, dass ich mich einmal in der Woche meldete.

Was Gemünden anging, hatte ich hier eine ziemlich malerische und mit ihren Fachwerkhäusern und Mauern und Brücken aus Feldsteinen eine sehr mittelalterlich anmutende Kleinstadt vor mir. Die Sonne spiegelte sich im Main, und ich überlegte, kurz hineinzuhüpfen.

Es gibt für mich wenig Schöneres, als nach einer Wanderung im Sommer in einen kalten Fluss zu springen und Schweiß und Dreck abzuwaschen. Dass ich das nackt neben einer recht stark befahrenen Brücke tat, auf der die Leute zum Glotzen langsamer fuhren, störte mich überhaupt nicht. Ich wusch außerdem meine Wechselunterwäsche und hängte sie an einen Ast. Ich aß (dann wieder angezogen) mein Mittagessen und sah meiner Wäsche beim Trocknen zu. Es war schon irgendwie verrückt, hier kam ich mit so wenig aus, und es fehlte mir nicht wirklich etwas. Natürlich vermisste ich meine Freundin, dachte nicht selten an Freunde, eine warme Dusche, ein weiches Bett oder an Musik. Aber ich dachte einfach selten daran, so sehr war ich im Hier und Jetzt unterwegs. Das tat einfach nur gut und zeigte mir, wie wichtig diese Entscheidung gewesen war.

Meine Wasserreserven neigten sich dem Ende zu, und ich schaute auf den halbwegs klaren Fluss, der sich unter der Brücke hindurchzwängte. Der Main ist nicht gerade be-

kannt für seine Wasserqualität, und ich vermeide es, wenn
möglich, von größeren Gewässern in der Nähe von menschlichen Ansiedlungen Wasser zu nehmen. (In dünn besiedelten Gegenden Skandinaviens zum Beispiel kann man aus vielen Gewässern bedenkenlos trinken.) Durch Abkochen kann
man einen Großteil der Keime zwar unschädlich machen –
industrielle Rückstände, Schwermetalle und Nitrate bleiben aber im Wasser. Das Praktische an dem Zusammenhang
Siedlung/Wasserqualität ist, dass man in dichter besiedelten
Gebieten gleichzeitig immer an Trinkwasser kommt – man
muss nur fragen. Ich klopfte an einer willkürlich gewählten
Tür, und auf eine höfliche Bitte hin wurden mir wie selbst-
verständlich meine leeren Flaschen gefüllt. Ich bin noch nie
davongeschickt worden, wenn ich nach Wasser gefragt habe.

Rocko und ich saßen auf einem gemähten Stück Wiese,
die von einer Grünlandfläche mit hohem Gras umgeben
war. Es dämmerte bereits, und ich schaute verträumt in der
Gegend herum, als sich das hohe Gras plötzlich teilte und
erst zwei, dann drei, letztlich insgesamt fünf kleine braune
Wesen herauspurzelten. Ich brauchte einen Moment, um zu
erkennen, dass es sich dabei um Fuchswelpen handelte, die
zu ihrer abendlichen Spielrunde herauskamen. Mein Hund
und ich saßen keine zehn Meter von ihnen entfernt, doch sie
schienen uns nicht zu bemerken. Rocko, der keinerlei Anstalten macht, aufzustehen oder sich bemerkbar zu machen,
und ich, der es ihm gleichtat, schauten den Welpen eine gute
Stunde beim Balgen, Jagen, Beißen, Quieken und Tollen zu.
Ich konnte mich gar nicht sattsehen an diesem Naturschauspiel, an dieser puren Lebensfreude. Die Mutter sollte ich
nicht mehr zu sehen bekommen, scheinbar zog sie die schüt-

zende Grasfläche vor. Als es schon fast dunkel war, hörte ich
ein kurzes, prägnantes Bellen, und innerhalb eines Wimpern-
schlags rafften sich die Kleinen auf und sprangen gehorsam
zurück in die kleine Lücke, aus der sie gekommen waren.

Tag 23

Ich hatte am Vorabend meine Laubhütte in der Nähe von ein
paar kleineren Einfamilienhäusern aufgebaut, die aussahen,
als hätten sie sich heimlich aus der Stadt geschlichen und hier
am Waldrand neu positioniert. Obwohl die Nächte langsam
wärmer wurden, wollte ich nicht auf meine Laubhütte verzichten, ich weiß nicht genau, ob aus Gewohnheit oder aus
der tief sitzenden Angst vor einer durchfrorenen Nacht.

Ich fand eine gute Stelle, die Bedingungen dafür waren
geradezu paradiesisch. Unmengen an trockenem Laub, viel
Totholz am Boden und sehr ebene Flächen. Ich beobachtete mich dabei, wie ich mich seit einiger Zeit immer häufiger über solche »Kleinigkeiten« – die ja im Grunde gar keine
sind – freute und diese fast schon als Geschenk wahrnahm.
In den ersten Morgenstunden begrüßten mich zwitschernde
Vögel und ein strahlend blauer Himmel, als ich schweigend
und ein wenig nachdenklich in mein Käsebrot biss.

Der Tag, der so schön begonnen hatte, wurde später von
einem leichten Nieselregen überzogen, und ich musste mir
Regenkleidung überziehen. Ich erahnte die Erhebungen der
Rhön in der Ferne, eine diesige Wand nahm den Kontrast heraus. Das Laufen hatte bis jetzt bei unangenehmer Wetterlage

immer geholfen und tat es jetzt auch wieder: Trotz schwerer Füße empfand ich die Pausen als unangenehm, da ich im Sitzen schnell auskühlte. Der Tag ging so dahin, grau in grau, und ich sehnte mich nach Sonne.

Meine Stimmung besserte sich ein wenig, als mich eine Freundin anrief, die ich während des Costa-Rica-Aufenthaltes für meine Bachelorarbeit kennengelernt hatte. Sie hatte schon vor der Wanderung versprochen, mich für zwei Tage zu begleiten, und sie hielt Wort. Morgen wollte sie anreisen und mich für eine Nacht begleiten. Das war eine gute Nachricht, ich fühlte mich zwischenzeitlich doch auch etwas einsam, und mir kam der Austausch sehr gelegen.

Am Abend baute ich meine Laubhütte auf dem Rücken eines Berges am Main auf und wunderte mich über den Lärm. Nach einiger Zeit erkannte ich, dass im Tal eine Eisenbahnstrecke verlief, auf der anscheinend bevorzugt Güterzüge fuhren. Der Schall wurde von den gegenüberliegenden Hängen zurückgeworfen und erzeugte eine Kakofonie des Lasttransports. Ich schlief in der Nacht so schlecht wie selten auf der Tour. Der Lärm war wirklich nicht zum Aushalten, vor allem, weil ich durch die vorherigen Nächte eine ruhige Umgebung gewohnt war. Dazu kam eine eklig-kalte Nässe, die sich durch die kleinsten Zwischenräume der Blätter meiner Laubhütte zwängte. Ich wälzte mich hin und her, stöhnte und grummelte die ganze Nacht. Rocko schnarchte und rannte im Schlaf.

Tag 24

Ich wachte auf und fühlte mich, als hätte ich gestern in einer kleinen Raucherkneipe acht Schwarzbier getrunken. Ich brauchte ewig, um aufzustehen, und wälzte mich lange Zeit von der einen auf die andere Seite. Die Güterzüge hatten auch spät in der Nacht kein Mitleid mit mir gehabt und hatten mich jedes Mal aufgeweckt. Als ich es dann doch endlich geschafft hatte, mich aus meiner Unterkunft herauszuzwängen, hatte ich einen Bärenhunger. Ein Blick in meinen Proviantbeutel ließ meine sich ohnehin schon nicht auf dem Höhepunkt befindende Laune noch weiter absacken. Einen Kanten Brot mit einem kanten Käse. Ich fühlte mich kurz wie ein entkommener Sträfling auf der Flucht, der von seinen letzten Knast-Rationen zehrte. Ich kannte die Entwicklung meiner Tageslaune nach schlechtem Schlaf ja mittlerweile nur zu gut und wusste genau: In einer Stunde habe ich meine grauen Gedanken »weggelaufen«, das half mir, meine Miesepetrigkeit nicht zu ernst zu nehmen.

Gegen Vormittag erreichte ich den Bahnhof, an dem Hanna ankommen sollte. Eine kleine ältere Frau mit einem beige-blau karierten Wollmantel schien nicht zu bemerken, dass ihr kleiner weißer Spitz ununterbrochen die Tauben auf dem Gleis anbellte. Vielleicht war es auch eine spezielle Erziehungsmaßnahme, wer weiß. Einige Wartende hofften mit ihren abfälligen und genervten Blicken, die Dame zum Einschreiten zu bewegen, doch niemand konnte sich überwinden, verbale Kommunikation einzusetzen. Als der Zug kam und Hanna ausstieg, konnten wir direkt dort anknüpfen, wo sich unsere Wege vor über einem Jahr getrennt hatten. Es war mir in diesem Moment sehr angenehm, dass die vorsichtige Annäherungsphase mancher Wiederbegegnungen wegfiel und wir uns sofort frei auf der freundschaftlichen Ebene bewegen konnten.

Am Abend fanden wir eine gute Stelle für unser Lager. Zuvor waren wir durch einige düstere Fichtenwälder gekommen, doch zu unserem Glück gesellten sich immer mehr Laubbäume hinzu, sodass dem Bau zweier Laubhütten nichts mehr im Wege stand. Wir bauten zuerst ihre Hütte gemeinsam auf, danach half sie mir. Als sie sagte, sie hätte eine kleine Überraschung für mich, wurde ich doch neugierig. Sie wollte mich bekochen, und ich hatte da keine Einwände. Als sie so vor dem Lagerfeuer kniete und ab und zu nach hinten sah, um sich zu vergewissern, dass ich bloß nicht heimlich linste, entströmte ein betörender Geruch vom Ort des Geschehens. Eine halbe Stunde später hielt sie mir mit einem »Tadaaaa« einen Teller mit Kartoffelbrei, Rotkraut und einer Bratwurst hin. Mir lief das Wasser im Munde zusammen. Die Tatsache, dass der Kartoffelbrei aus der Tüte stammte, schmälerte das kulinarische Erlebnis nicht im Geringsten. Es war einfach nur köstlich, und damit hätte ich nun auch wirklich nicht gerechnet.

Fast unsere gesamten Wasserrationen gingen für das Kochen drauf, und ich wollte unsere Flaschen vor dem Schlafengehen auffüllen. Unweit unserer Lagerstelle hatte ich einen kleinen Bach entdeckt. Ich schaute mir ihn und die umgebende Vegetation genau an, um die Wasserqualität einschätzen zu können. Am Ufer standen kaum Pflanzen, und der Bach hatte eine sehr schnelle Fließgeschwindigkeit. Ich griff in das Bachbett und holte eine Handvoll Sand und Steine hervor – auf diesen hatte sich weder eine organische Schicht abgelagert, noch roch das Wasser modrig. Als ich im Wasser eine Steinfliegenlarve fand, war das Bild für mich komplett: Dieses Wasser konnte ich getrost ohne Abkochen trinken.

Am Abend saßen wir noch am Feuer, weil ich es jedoch gewohnt war, auf der Tour immer früh schlafen zu gehen, war ich um neun bereits todmüde und musste mich in mein Blättergemach zurückziehen.

Tag 25

Am nächsten Morgen wachte ich als Erster auf und bereitete zum Frühstück einen Brombeerblättertee vor. Hannas Laubhütte begann zu wackeln, und ein Stöhnen verriet mir, dass sie aufgewacht war. Sie schälte sich vorsichtig aus der engen Hütte und musste draußen erst einmal durchatmen. »Und«, fragte ich neugierig, »wie haste geschlafen?«

Hanna erzählte mir, dass sie ein paarmal wach geworden war, sich im Grunde aber erstaunlich erholt fühlte. Und gefroren hatte sie auch nicht, das beruhigte mich. Zum Frühstück kredenzte sie uns Tübinger Käse, Brot und Knabbergemüse.

Nachdem wir uns den Bauch vollgeschlagen hatten, nahmen wir wieder unseren Kurs auf und brauchten einen Moment, um den Wanderweg wiederzufinden. Große Waldstücke wechselten nun mit extensiv beweideten Offenflächen, die eine atemberaubende Sicht auf die Rhön freigaben. Die Sonne schien, hatte aber noch nicht genug Kraft, gegen die scharfen Winde auf den Bergkuppen anzukommen. Wir mussten uns alles anziehen, was wir dabeihatten, so sehr kühlte uns der schneidende Wind aus. In weiter Ferne sahen wir, wie sich Motorsegler in den Himmel schraubten, und über uns stand ein rot-weiß gestreifter Heißluftballon – er war so nah, dass wir das Zünden des Brenners hören und die aufgeregten herabblickenden Gesichter erkennen konnten. Wir beobachteten den Ballon eine Zeit lang und hatten den Verdacht, dass er besorgniserregend an Höhe verlor, doch der Ballonfahrer verstand sein Handwerk, und ein paar Minuten später waren sie schon hinter den Baumwipfeln verschwunden und stiegen unaufhörlich in Richtung des wolkenlosen Himmels. Wir sahen bis auf ein paar rüstige Rentner in prospektfotoreifer Outdoor-Montur keine anderen Menschen, im Sommer sah es hier bestimmt anders aus.

Wir fanden eine kleine Berghütte und genehmigten uns ein Weizenbier, wobei wir die Einzigen waren, die es sich mit dem Glas draußen gemütlich machten. Als wir weitergingen, packte Hanna ihr Fernglas aus, und die begeisterte Ornithologin berichtete mir von Zeit zu Zeit von spannenden Vogelsichtungen. Wir sahen eine Wiesenweihe und einen Wespenbussard, zwei Raubvögel, von deren Existenz der Laie in der Regel nichts weiß, und sie erklärte mir die sichtbaren Unterscheidungsmerkmale zu den viel häufiger vorkommenden Mäusebussarden.

Am Abend fanden wir einen Lagerplatz mit öffentlicher Feuerstelle, und ich war froh, auf den Bau einer Laubhütte verzichten zu können. Das ewige Laubzusammentragen war auf Dauer ziemlich nervig, und eine Schrägdachhütte am Feuer war da eine willkommene Abwechslung. Mitten in der Nacht wachte ich auf, weil ich einen ungewöhnlichen Ruf vernahm. Er erinnerte mich entfernt an eine Eule, doch hatte ich ihn nie zuvor gehört. Hanna war hellwach, auch für sie war der Ruf höchst ungewöhnlich. Ohne viel Federlesens zogen wir uns an, schnappten unsere Kopflampen und stapften los, dem unbekannten Vogel entgegen. Nach ein paar Minuten hatten wir die Fichte lokalisiert, aus deren Wipfel das anklagende Krächzen zu kommen schien. Hannas geübter Blick hatte ihn schnell gefunden, und sie grinste, als unsere Lichtkegel den Rufer im Fokus hatten. »Ein Raufußkauz«, sagte sie mit leuchtenden Augen. »Für mich auch eine Neusichtung, sehr cool!«

Tag 26

Nach einem kurzen Frühstück packten wir unsere Sachen zusammen und liefen weiter. Hanna würde mich heute wieder verlassen, um nach Tübingen zurückzufahren, doch bis dahin hatten wir noch eine stramme Wanderung vor uns. Ich fand auf einem Trockenrasen ein paar wunderschöne Orchideen, und Hanna musste mich mehrmals an die Abfahrtszeit ihres Zuges erinnern, bevor ich mich von ihnen loseisen konnte. Ich machte noch schnell ein paar Fotos dieser streng geschützten und selten gewordenen Pflanzen, und wir sputeten uns. Gerade noch rechtzeitig kamen wir am Bahnhof an, der Abschied war kurz und bündig, da der Zug schon am Gleis stand. Ich winkte zum Abschied und sah dem Zug noch einen Moment nach.

Es war schön, etwas Gesellschaft zu haben, und doch

freute ich mich wieder auf eine Periode der Einsamkeit. Diese sollte jedoch nicht allzu lange andauern, denn kurz nachdem ich das Bahnhofsgelände verlassen hatte, bekam ich einen Anruf. Katja, die *Spiegel*-Reporterin, teilte mir mit, dass sie mich morgen mit einem Kameramann im Schlepptau besuchen und zwei Tage begleiten würde. »Was sollen wir denn mitbringen?«, fragte sie, und ich nannte ihr ein paar nützliche Ausrüstungsgegenstände.

»Ich empfehle euch, nicht den allerbilligsten Schlafsack mitzunehmen, falls ihr zelten wollt. Denn die Nächte sind hier zum Teil immer noch sehr frisch«, gab ich ihr mit, und sie war guter Dinge.

Ich nahm die ursprüngliche Route wieder auf und konnte mich an der Landschaft hier nicht sattsehen. Märchenhafte Wälder wurden von rauen, mit Schlehenhecken und Holundersträuchern durchzogenen Offenlandschaften unterbrochen. Ich schlug mein Lager in der Nähe des »Roten Moores« auf und nahm mir vor, im Dunkeln eine Nachtwanderung durch den Sumpf zu unternehmen. Mit der Kopflampe ausgerüstet, lief ich die Holzbohlen entlang, die für Besucher errichtet worden sind, und konnte mich der magischen Stimmung dieses Ortes nicht entziehen. Ich stellte mir vor, wie Deutschland vor zweitausend Jahren großflächig so ausgesehen haben muss. Dabei stellte ich mir die bemitleidenswerten römischen Soldaten vor, die aus dem sonnigen Italien abgezogen wurden, um sich hier mit unwegsamem Gelände, Mückenschwärmen und halb nackten, von Fliegenpilzen berauschten Germanen herumschlagen zu müssen. Witzigerweise dachte ich gerade daran, dass sich der Bohlenweg wie eine hellbraune Schlange durch das dunkle Moor wand, als ich eine leibhaftige entdeckte. Die Kreuzotter lag halb auf einem Stein und halb auf einem vermoderten Baumstumpf und bewegte sich nicht. Ich weiß nicht, warum ich sie überhaupt entdecken konnte, so gut getarnt war sie. Ich trat etwas näher heran und begutachtete das wunderschöne Tier eine Zeit lang.

Die kurze, aber kompakt gebaute Schlange züngelte kurz, um zu riechen, wer oder was sich da vor ihr aufgetürmt hatte, blieb aber ansonsten ganz ruhig liegen. Ich ließ die Schlange Schlange sein und ging weiter. Die Bohlen knarrten bei jedem Schritt, und einzelne Dielen waren schon durchgefault. Der Weg führte zu einem gut zwanzig Meter hohen Beobachtungsturm, Rocko und ich stiegen die Wendeltreppe mit den flachen Stufen empor, und oben angekommen, lehnte ich mich über die Brüstung. Im Schein meiner Lampe sah ich, dass das Moor ziemlich ausgetrocknet war und die Heidekräuter sich langsam, aber sicher das ganze Terrain eroberten. Ich hoffte, noch das ein oder andere Tier zu sehen, verlor dann aber doch die Geduld. Gerade als ich gehen wollte, hörte ich den typischen Schauermärchenruf des Waldkauzes, und ich sah noch einmal zurück. Der Kauz vollendete die Gruselfilmstimmung des vom Vollmond beleuchteten Moores, und ich begann, langsam wieder herabzusteigen. Nach dieser kleinen Nachtexkursion kroch ich glücklich und um einige Eindrücke reicher in meine enge und kalte Laubhütte zurück.

Tag 27

Etwas fröstelnd wachte ich auf. Rocko hatte sich in der Nacht mal wieder ziemlich breitgemacht, und wir hatten um jeden Zentimeter Platz gerangelt, ich fühlte mich dementsprechend gerädert. Das Problem war, dass Rocko bei mir in der Hütte schlafen musste – es ging nicht anders. Wenn er draußen schlief, bellte er die ganze Nacht wegen der Tiere, die er hörte und sah, sodass an eine erholsame Nacht nicht zu denken war. Ich hatte also die Wahl zwischen einem haarigen (zugegeben kuscheligen) und schlecht riechenden Mitbewohner in der Hütte oder einer kläffenden Alarmanlage davor. Ich sah auf die Uhr, und mir wurde klar, dass ich mich beeilen musste, wenn ich die Reporterin nicht warten lassen wollte. Also verzichtete ich auf mein Frühstück und lief direkt los. Am Bahnhof angekommen, sah ich, dass der Zug Verspätung hatte, so konnte ich noch in Ruhe ein Brot essen.

Als Katja und ihr Kameramann Roman aus dem Zug stiegen, verstanden wir uns auf Anhieb gut. Wir machten gleich ein paar Standardscherze über die Bahn und ihre Pünktlichkeit und begannen, den schmalen Weg in Richtung Anhöhe hinaufzukraxeln. Dann ging es gleich zur Sache, die Kamera wurde ausgepackt, und ich sollte noch einmal hinunterlaufen und von oben gefilmt erneut hinaufsteigen. Zu Beginn war dieses »Stellen« einzelner Szenen sehr gewöhnungsbedürftig, vor allem, wenn manche Momente drei- oder viermal gedreht werden mussten, weil der Kameramann mit dem Bild nicht zufrieden war. Ich sollte dann jedes Mal neu anfangen und dabei so tun, als machte ich es nun zum ersten Mal. Seitdem habe ich auf Dokumentationen einen etwas anderen Blick, denn die meisten »natürlich« wirkenden Szenen sind mehr oder weniger gestellt. Andererseits ist es sonst auch schwer durchzuführen. Alles in allem fühlte ich mich mit den beiden aber sehr wohl, wir konnten uns auch abseits des Drehs gut und entspannt unterhalten.

Gegen Nachmittag fanden wir eine öffentliche Feuerstelle, an der ich unser am Vormittag gesammeltes Wasser abkochen konnte. Ich hatte einen langsam fließenden Bach gefunden, dessen Wasser ganz leicht modrig roch. Ich hatte früher schon öfter aus nicht ganz so klaren Bächen getrunken, und mein Immunsystem kommt damit mittlerweile relativ gut zurecht – ich wollte jedoch dem Besuch aus Berlin mehrstündige Buschsitzungen ersparen und das Wasser an geeigneter Stelle durch Abkochen aufbereiten. Als wir am Abend eine gute Stelle zum Lagern gefunden hatten, packten die beiden ihr Equipment aus. Als Katja sagte: »Du, so 'ne Campingausrüstung ist ja gar nicht teuer – ich hab für Zelt, Isomatte und Schlafsack zusammen nur sechzig Euro gezahlt«, wurde ich etwas skeptisch.

Katja war von Anfang an Feuer und Flamme für das Projekt gewesen und wollte die Laubhütte unbedingt ausprobieren. Ich empfahl dem Kameramann, auch eine Laubhütte zu bauen, und zwar nicht nur aus Gründen des Erfahrungssammelns. Die sehr günstige Ausrüstung ließ mich daran zweifeln, dass er die Nacht gut überstehen würde. Er jedoch war unter keinen Umständen dazu zu bewegen, sich in so ein »Laubgrab«, wie er es nannte, zu legen, und ich sagte nichts mehr dazu. Stolz stand Roman nach einer halben Stunde neben seinem aufgebauten Zelt, während Katja und ich noch an unseren Hütten herumwerkelten. Roman machte Scherze, und still dachte ich mir, dass wir es noch sein werden, die zuletzt lachen. Katja war müde vom Aufstieg und legte sich nach dem Abendbrot bereitwillig in ihre Laubkoje. Als ich zehn Minuten später bei ihr nachfragte, ob alles okay sei, schlief sie bereits tief und fest. Zufrieden legte ich mich in meine, in der Rocko schon längst schnarchte.

Mitten in der Nacht wachte ich auf, weil mir viel zu warm war. Ich hatte es aufgrund der letzten kalten Nächte sehr gut gemeint mit dem Laub und lag schweißgebadet auf dem Rücken. Vorsichtig drückte ich von innen gegen das Dach, sodass das Laub an den Seiten herabrutschte. Zusätzlich öffnete ich die Laubhütten-»Tür«, sodass kalte Luft eindringen konnte. Etwas abgekühlt fiel ich schnell wieder in einen tiefen Schlaf.

Praxistipps

Gutes von schlechtem Wasser unterscheiden

»Durst ist schlimmer als Heimweh«, sagt ein altes hessisches Sprichwort. Doch Durst ist nicht nur sehr unangenehm, sondern Wassermangel kann unter Umständen schnell lebensgefährlich werden. Während meines Survival-Trips im costaricanischen Regenwald im Jahr 2016 wurde ich nah an meine körperliche Grenze geführt. Mein großes Ziel war eine Rangerstation im Nationalpark Corcovado, einem der größten und artenreichsten Schutzgebiete Mittelamerikas. Um zu dieser Station zu gelangen, muss man einen neunstündigen Gewaltmarsch auf sich nehmen (letztes Jahr habe ich erfahren, dass der Weg aufgrund mehrerer Todesfälle nur noch in Begleitung eines Guides begangen werden darf). Da es in diesem Reservat unter anderem nachtaktive Jaguare gibt und man die spärlich markierten Wege im Dunkeln noch schlechter findet als bei Sonnenschein, empfiehlt es sich dringlichst, nur tagsüber unterwegs zu sein – das bedeutet, dass man früh starten muss, um vor Sonnenuntergang anzukommen. In dem Ort Karate machte ich die Bekanntschaft mit zwei polnischen Reisenden, die dasselbe Ziel hatten wie ich. Wir waren uns auf Anhieb sympathisch und beschlossen, am nächsten Morgen gemeinsam zu starten. Jeder packte seinen Rucksack – und schon da machten wir einen entscheidenden Fehler: Jeder hatte zwar eine kleine Wasserflasche dabei, jedoch packten wir die fünf großen 1,5-Liter-Wasserflaschen in den Rucksack des dritten Mannes, da dieser noch viel Platz hatte. Auch wenn die Geschichte letztendlich gut ausgegangen ist, empfehle ich heute: Wasserreserven gleichmäßig auf alle Mitwanderer aufteilen! Denn was kommen musste, ist geschehen: Der Rucksack mit den Wasserflaschen ging verloren. Als wir über eine überhängende Klippe klettern mussten, verlor der dritte Mann das Gleichgewicht und wäre beinahe von drei Metern Höhe in das mit Felsen gespickte Meer gefallen. Zum Glück ist ihm nichts passiert, doch während des Sturzes lösten sich die Tragegurte, und unsere Trinkwasservorräte fielen allesamt in den Pazifik. Das war insofern gefährlich, als der Großteil des Weges am schattenlosen Strand entlangführte und die Sonne uns sprichwörtlich ins Schwitzen brachte.

An diesem Tag habe ich das erste Mal erfahren, was es wirklich bedeutet, durstig zu sein. Nach relativ kurzer Zeit wurde mein Mund trocken, das Schlucken fiel mir schwer, und mein Körper gab mir das Signal: Wassermangel. Bitte H_2O zuführen. Soweit war mir das bekannt, doch nach etwa vier Stunden kamen noch ganz andere Begleiterscheinungen hinzu: Mein Gehirn verlor massiv an Leistungsfähigkeit. Ich wollte den anderen etwas Wichtiges mitteilen, doch im nächsten Moment hatte ich komplett vergessen, was ich sagen wollte. So ging das gut eine Stunde lang, und auch den anderen erging es nicht anders. Nach etwa sechs Stunden gingen bei mir alle Alarmglocken an, denn: Der Durst hörte auf. Ich hatte schlagartig kein Durstgefühl mehr, im Gegenteil, mir ging es richtig gut. Ich fing grundlos an zu lachen und hatte den Drang, mich einfach nur hinzusetzen und abzuwarten, was passiert. Bei starkem Stress, Schmerzen und Unterversorgung lebenswichtiger Stoffe wird der Körper in den Alarmmodus versetzt. Die Ausschüttung von Glückshormonen soll dabei Angst und Stress reduzieren, sodass man in Gefahrensituationen besonnener reagieren kann. Doch ist das Ganze nur ein Trugschluss, denn mein Körper war ja weiterhin stark dehydriert. Wären die anrückende Dunkelheit und der damit verbundene Zeitdruck nicht gewesen, hätten wir im schattigen Regenwald den Nachmittag abgewartet und wären am Abend weitergelaufen. Doch so entschieden wir uns, weiterzugehen und die Rangerstation so früh wie möglich zu erreichen, was uns dann letztlich auch gelungen ist …

Trinkwasser

Der Wassergehalt von über siebzig Prozent unseres Körpers zeigt, wie sehr wir auf die Verbindung H_2O angewiesen sind. Wasser ist Löse- und Transportmittel, ist körpereigenes »Kühlmittel« und in vielen chemischen Reaktionen im Körper involviert. Während man ohne Essen mehrere Wochen auskommt, wird es je nach Wasserverlust bereits innerhalb weniger Tage kritisch. Die Wasserversorgung eines Trips ist abhängig von mehreren Faktoren und sollte auch in dicht besiedelten Erdteilen wie Europa nicht unterschätzt werden. Gerade in den trockenen Ländern im Süden Europas ist die

Wasserversorgung abseits der Zivilisation nicht immer einfach – die nimmersatte Landwirtschaft und die globale Erderwärmung tragen immer mehr zu einer Austrocknung der Landschaft bei, und es ist mitunter nicht leicht, Bäche und Seen zu finden. Viel einfacher und entspannter ist es hingegen in den wasserreichen nördlichen Ländern, hier hatte ich noch nie Probleme, an Trinkwasser zu kommen. Auch wenn ein Teil des Wasserbedarfs zum Teil durch wasserreiche Nahrungsbestandteile wie Pflanzen und Früchte gedeckt werden kann, darf nicht außer Acht gelassen werden, dass die Verdauung in der Regel auch Wasser bindet. Deshalb ist es umso wichtiger, bei anstehendem Wassermangel auf wasserbindende Speisen wie Proteine und Kohlenhydrate zu verzichten.

Aber warum kann ich nicht einfach aus einer Pfütze trinken? Mein Hund macht das doch auch! Hunde besitzen eine sehr hoch konzentrierte Magensäure, die selbst Knochen auflösen kann. Auch wenn diese Vierbeiner Aas fressen und aus Pfützen trinken können, sind sie nicht vor Infektionen gefeit – regelmäßig kommt es zu Leptospirose-Infektionen. Zudem ist das Immunsystem des modernen Menschen schlichtweg untertrainiert.

Gefahren im Wasser

Erreger

In vielen tropischen Ländern lauern mitunter tödliche Gefahren im Wasser, nicht nur in Form von Krokodilen, Nilpferden und Wasserschlangen. Schätzungen zufolge sterben jedes Jahr eine Million Menschen an den Folgen von verschmutztem Trinkwasser, dabei spielen zum einen Erreger wie Bakterien, Viren, einzellige Parasiten und Würmer eine Rolle. Viele Erreger fühlen sich bei Temperaturen zwischen zwanzig und vierzig Grad besonders wohl und vermehren sich dann besonders rasch. Diese Tatsache – gepaart mit allgemeinen hygienischen Verhältnissen – führt dazu, dass eine Infektionsgefahr in wärmeren Ländern in der Regel größer ist als in kälteren. Auch in Mitteleuropa gibt es eine Vielzahl von krank machenden Erregern, wenn auch nicht im selben Ausmaß wie in südlicheren Ländern.

Viren

Einige Viren, wie das Polio-Virus oder die Erreger von Hepatitis-A, können in unseren Gewässern vorkommen und über Monate hinweg überdauern. Viele Wasserdesinfektionsmittel und Filter sind bei Viren unwirksam, hier ist man mit Abkochen auf der sicheren Seite. Insgesamt passiert es aber selten, dass es zu Viruserkrankungen aufgrund von Kontakt mit heimischen Gewässern kommt.

Bakterien

Noch bis ins letzte Jahrhundert hinein suchten Cholera und Ruhr die Menschen in Europa regelmäßig heim, ausgelöst durch kontaminiertes Trinkwasser. Diese beiden durch Bakterien verursachten Krankheiten kommen hierzulande nur noch extrem selten vor. Andere, ebenfalls durch Fäkalien übertragene Erreger sind Bakterien wie E.coli, welche teils blutige Durchfälle auslösen können. Auch scheint es, dass multiresistente Keime immer häufiger in unseren Gewässern zu finden sind. Gegen die meisten Bakterien helfen neben dem Abkochen auch Filter und Wasserdesinfektionsmittel.

Cyanobakterien

»Blaualgenalarm im Badesee«, diese und andere Zeitungsüberschriften verunsichern jeden Sommer viele Badegäste der stadtnahen Seen. Tatsächlich ist der Name irreführend und wird in den Naturwissenschaften auch nicht mehr angewandt. Die roten oder grünen Schlieren im Wasser werden nicht von Algen, sondern von Fotosynthese betreibenden Bakterien verursacht, die in der Tat nicht ungefährlich sind. Sie selbst haben zwar keinerlei Interesse, den menschlichen Körper zu befallen, doch bilden sie hochgiftige Abbauprodukte. Wasser mit »Blaualgen«-Befall darf auf keinen Fall getrunken werden, selbst das Baden darin wird nicht empfohlen. Abkochen hilft hier nicht, da die Gifte die Bakterienzellen dadurch verlassen und im Wasser verbleiben.

Protozoen

Protozoen sind einzellige Lebewesen und sind – im Gegensatz zu den Bakterien – mit einem echten Zellkern ausgestattet; ein aus dem Biologieunterricht bekannter Vertreter ist das Pantoffeltierchen. Arten der Gattung Giardia und Cryptosporidium werden von Weidetieren und Wild ausgeschieden und können so in die Gewässer gelangen. Während viele Fil-

ter und das Abkochen das Wasser trinkbar machen können,
sind Wasserdesinfektionsmittel bei Protozoen wirkungslos.

Würmer

Gerade in Ländern der subtropischen und tropischen Klima-
zone gibt es ein bemerkenswertes Gruselkabinett an parasitären Würmern, die man sich unter anderem in Gewässern
einfangen kann. Davon bleiben wir in Europa weitestge-
hend verschont. Gelegentlich kommt es zur »Badederma-
titis«, wenn sich Larven von Saugwürmern (Schistosomen)
in die Haut bohren. Diese befallen nur die Haut, und ein
relativ milder und kurzer Krankheitsverlauf zeichnet diese
Tierchen im globalen Vergleich doch eher als harmlose Variante aus.

Chemikalien

Die zweite Gefahr geht von Chemikalien aus: Schwermetalle,
Nitrate und Pestizide können, je nach Intensität der Landwirtschaft, selbst große Wasserreservoirs belasten. Bundesmi-
nister Siegfried Balke sagte 1962: »Vater Rhein ist die größte
Kloake Europas«, und tatsächlich war der Grenzfluss noch bis
in die 80er-Jahre unter anderem durch die Industrie derma-
ßen belastet, dass Biologen zeitweise Probleme hatten, darin
Lebewesen zu finden. Die Wasserqualität unserer heimischen
Gewässer hat sich seit den 80er-Jahren zum Glück merklich verbessert, dennoch sollte man kein Wasser aus Gräben
oder Gewässern in der Nähe von bewirtschafteten Flächen
oder Industriegebieten abschöpfen. Das Problem an chemi-

schen Verschmutzungen in Rohwasser ist nämlich, dass sie geschmack-, farb- und geruchlos sein können.

Trinkwasser erkennen

Wir wissen nun, dass es Erreger und chemische Rückstände im Rohwasser geben kann. Doch muss ich Wasser wirklich immer aufbereiten? Muss ich das Wasser aus einem kristallklaren Bach wirklich noch mal abkochen?

Die meisten für Menschen gefährlichen Erreger werden von Menschen verbreitet, zudem wissen wir, dass viele Erreger sowohl warme Wassertemperaturen als auch eine erhöhte Nährstoffkonzentration bevorzugen. Letztendlich kann man daraus folgende Regeln ableiten:

Eher schlechte Qualität →	Eher gute Qualität →
dicht besiedelte Gegend	dünn besiedelte Gegend
viel Landwirtschaft	wenig Landwirtschaft
trübes Wasser	klares Wasser
unangenehmer Geruch	kein Geruch
viel Pflanzenbewuchs in und am Wasser	wenig Pflanzenbewuchs in und am Wasser
stehendes Gewässer	schnelles Fließgewässer
warmes Gewässer	kaltes Gewässer
viele Tiere: Fische, Wasserflöhe, Schnecken, Egel	wenige Tiere: Eintags-, Köcher-, Steinfliegenlarven
von der Quelle weit entfernt	quellnah
Faulschlamm, verkrauteter Boden	sandiger oder kiesiger Boden

Diese Tabelle soll lediglich zwei Extreme aufzeigen, die in der Realität einen fließenden Übergang bilden. Natürlicherweise kommen auch Gewässer mit lokal großen Mengen an Wasserflöhen vor, die gleichzeitig sehr klar sind und eine gute Wasserqualität aufweisen.

Insgesamt lässt sich da keine einheitliche Regel aufstellen, jedes Gewässer ist unterschiedlich und muss auf oben genannte Kriterien untersucht werden. Ich trinke direkt aus den meisten Gewässern Skandinaviens, was ich in Deutschland aufgrund der intensiven Landwirtschaft und deren Folgeerscheinung (Eutrophierung), der dichten Besiedelung und der mangelhaften Qualität unserer Gewässer nur an quellnahen Bereichen tue.

Wasser aufbereiten

Wenn ich Wasser gefunden und mich entschieden habe, es aufzubereiten, stehen mir diverse Methoden und Hilfsmittel zur Verfügung.

Abkochen

Durch das Abkochen werden so gut wie alle pathogenen (»krankmachenden«) Keime abgetötet, und es ist für mich in der Regel die erste Wahl. Man muss keine fragile Technik oder Chemikalien mit sich herumschleppen – sogar ein Topf ist nicht nötig –, und man macht alle Formen von Erregern unschädlich. Es ist eine Mär, dass das Wasser eine Viertelstunde lang kochen muss, um es zu desinfizieren, tatsächlich sterben die meisten für uns gefährlichen, oral aufgenommenen Keime zumeist bei über zweiundvierzig Grad. Es reicht völlig aus, das Wasser für fünf Minuten bei achtzig Grad zu erhitzen: Wer das noch überlebt, ist wahrscheinlich thermophil (»Hitze liebend«) und fühlt sich auch bei hundert Grad noch wohl. Mit diesem Wissen kann man nun auch getrost den Hinweis mancher Survival-Bücher vergessen, dass Wasser im Gebirge bereits bei achtzig Grad kocht (geringerer Luftdruck) und eine Wasserdesinfektion dadurch angeblich nicht möglich sei.

Filtern

Ich filtere trübes Wasser einmal kurz, bevor ich es abkoche – und zwar ganz einfach aus dem Grund, dass sich der Geschmack dadurch meiner Meinung nach erheblich verbessert. Sollte man nicht in der Lage sein, Wasser abzukochen, ist das Filtern oft die einzige Möglichkeit. Es gibt auf dem Markt diverse Trekkingfilter, und manche sind sogar in Strohhalmform, sodass man damit aus Pfützen trinken kann. Doch Vorsicht: Gaumenschmerzen sind vorprogrammiert. Möchte man einen Filter improvisieren, empfehle ich für das Gehäuse PET-Flaschen, andere Plastikgefäße (wie bereits erwähnt, sind sie weltweit zu finden) oder ausgehöhlte Holunderstämme/-äste. Abraten kann ich von »Sockenfiltern« oder Tüchern, das Wasser drückt sich durch den durchlässigen Sockenstoff, läuft einfach nur außen herab und passiert die Filterschichten nicht. Die Filterschichten müssen stark komprimiert werden, die Ausbeute sollte weniger als zwanzig Tropfen pro Minute sein. Eine einfache und leichte Lösung ist eine Plastikflasche, bei der der Flaschenboden herausgeschnitten wird. Die einzelnen Filterschichten sollten von oben nach unten immer feiner werden. Die oberste Schicht kann z.B. aus kleinen Steinchen bestehen, die nächste aus etwas gröberem Sand, dann eine Schicht zerstoßene Holzkohle (giftstoffbindend) und ganz unten eine Lage feinen Sandes. Die nach unten zeigende Flaschenöffnung kann mit einem Stück Stoff zugebunden werden, sodass das Filtermaterial in der Flasche bleibt.

Chemische Desinfektion

Benutzte man früher Kaliumpermanganat oder Jod, um Wasser trinkbar zu machen, so benutzt man heute meist chlorhaltige Präparate oder Silberionen. Allen gemein ist, dass das Wasser kaum Trübstoffe enthalten darf, da die Wirkung ansonsten stark eingeschränkt wird. Diese Mittel sind übrigens wenig wirksam gegen pathogene Einzeller, die aber im mitteleuropäischen Raum keine bedeutende Rolle einnehmen.

UV-Strahlung

Maximal leicht getrübtes Wasser kann man mithilfe der größten Energiequelle unseres Sonnensystems desinfizieren: der Sonne. Bei klarem Himmel lässt sich Rohwasser, in eine durchsichtige PET-Flasche gefüllt und in die pralle Sonne gelegt, innerhalb eines Tages desinfizieren. Zum einen erhitzt die Sonne das Wasser so auf über fünfzig Grad, zum anderen wird die DNA der Keime nachhaltig geschädigt.

Tipps & Tricks zum Thema Trinkwasser:

- Niemals (!) Salzwasser oder reinen Urin trinken, das Verdursten wird dadurch beschleunigt. Ist ein zeitnaher Wassermangel absehbar, kann man die Vorräte mit etwas Urin (solange er noch hell ist, nicht mehr während der Wasserknappheit) oder Salzwasser im Verhältnis 1:4 strecken.
- Immer reichlich Wasser dabeihaben! Lieber eine Flasche zu viel, als eine zu wenig. Wenn du nicht allein unterwegs bist, empfiehlt es sich, das Wasser aufzuteilen, um nach dem Verlust eines Rucksacks weitere Reserven zu haben.
- Eine Prise Asche im aufbereiteten Wasser vermindert den schlechten Geschmack.

6 Feuer: Moralheber & Wärmequelle

Tag 28

Als ich mich morgens aus meiner Laubhütte zog, war eine Kamera auf mich gerichtet. Roman war schon aufgestanden, um die »Geburt des Waldmenschen« zu filmen, und ich rieb mir irritiert die Augen.

»Guten Morgen«, sagte ich gähnend. »Wie war deine Nacht?«

»Nun ja, bis auf die Tatsache, dass ich die ganze Nacht kein Auge zugetan habe, weil mir in dem dünnen Schlafsack viel zu kalt war, eigentlich ganz gut.«

Ich verkniff mir ein »Hab ich doch gesagt« und war gespannt, was Katja sagen würde. Als Roman und ich sie weckten, kam sie etwas verquollen, aber bester Laune heraus. Sie erzählte von nächtlicher Platzangst und Hitzewallungen.

Daraufhin hatte sie, ähnlich wie ich, die Vorderfront eingerissen, um kalte Luft hineinzulassen. Das war wirklich bemerkenswert: Die Laubhütte isolierte besser als billiges Hightech-Equipment. Roman war den ganzen Tag sehr ruhig und erwähnte mehrmals, dass er sich auf sein Bett und seine Berliner Wohnung freute. Katja hingegen sagte, dass sie gerne noch ein paar Tage dabei gewesen wäre, sie aber in den kommenden Tagen viel zu tun hätte. Wir drehten noch ein paar Szenen, und ich zeigte den beiden essbare Wildkräuter und – nachdem die Rolle Charmin ausgegangen war – ein paar gute Klopapierpflanzen. So sympathisch die beiden mir auch waren, der Dreh wurde langsam anstrengend für mich. Schließlich war ich es gewohnt, zu rasten und weiterzugehen, wenn ich es wollte. Ich hatte es sehr genossen, nur für mich (und natürlich meinen Hund) verantwortlich zu sein. Ich brachte die beiden zum nächstgelegenen Bahnhof, und wir verabredeten uns für ein Abschlussinterview in Berlin Ende Juni.

Gegen Abend erreichte ich eine schöne Esche mit breiter Krone und bemerkenswertem Umfang. Ich wollte heute auf einen schönen heißen Wildkräutertee nicht verzichten und sammelte etwas Brennholz. Das Totholz auf dem Boden war immer noch ziemlich nass, also schaute ich nach abgestorbenen Ästen an den Bäumen. In einem kleinen Fichtenforst wurde ich fündig: Die abgestorbenen Äste im unteren Drittel waren sehr trocken, was ich an dem hellen Knacken beim Abbrechen erkannte. Ich nahm noch etwas Reisig und ein Stück Rinde einer toten Birke mit und entfachte damit in Windeseile ein kleines Feuer. Dann baute ich meine Laubhütte, röstete über dem Feuer etwas Brot, machte mir einen Tee aus Fichtennadeln und wildem Oregano, den ich tagsüber eingesammelt hatte, und aß das Brot und den Humus, den die beiden Reporter mir dagelassen hatten. Das Feuer knackte, und Funken sprangen davon, als kleine Harzkammern im Holz zerplatzten. Ich schlürfte meinen Tee und schaute in das niemals langweilig werdende Farbenspiel, dem ästhetischen Ringkampf aus Rot, Gelb und Orange, und ließ meine Gedanken an mir vorüberziehen.

Tag 29

Die Rhön ist wie eine Katze, die erst den Schoß wärmt, um einem dann mit ausgefahrenen Krallen ins Gesicht zu springen… Das Wetter kann so schnell umspringen, ist im ersten Moment noch schön und im nächsten total garstig.

Ich wachte morgens auf, weil mein Blätterdach wackelte, als wäre ein Schwerlasttransporter direkt an mir vorübergefahren. Tatsächlich war in der Nacht ein starker Wind aufgekommen, und ich war froh, mit der stabilen und standfesten Esche über mir eine Beschützerin vor niederfallenden Ästen zu haben. Die Esche hatte wenige, dafür sehr dicke und stabile Seitenäste, hier brauchte ich mir keine Sorgen zu machen. Der Wind hatte sich am Morgen etwas gelegt, dafür kam ein ekelhaft kalter Sprühregen hinzu. Es half alles nichts, ich musste mir Regenjacke und Hose anziehen und mich sprichwörtlich gegen den Wind stemmen. Hastig lief ich los – nach einem so schnellen Frühstück, dass ich Bauchschmerzen davon bekam –, als könnte ich dadurch dem Hundewetter entkommen.

Meine Laune sank drastisch, und ich hatte keinen Bock mehr. Ich setzte mich unter einen alten Hochsitz, der halbwegs den Regen abhielt, und bemitleidete mich selbst. Ich armer Tropf, kalt und nass, Füße tun weh, ich will nach Hause – das ganze Programm. Als ich mich dann so selbst beim Bemitleiden beobachtete, musste ich kurz lachen. Das wiederum hellte meine Stimmung ungemein auf, ich ging weiter und sang lauthals »I'm singing in the rain«, die Kapuze tief ins Gesicht gezogen. Das muss ein witziger Anblick gewesen sein, doch der triefnasse Mäusebussard auf der Ansitzstange am Wegesrand schien keinen Funken Humor im Leib zu haben, jedenfalls zeigte er so gar keine Reaktion. »Bleedes Viech«, rief ich in seine Richtung, um gegen den lauten Wind anzukommen, und ging weiter. Meine Laune schien sich ein Beispiel an der abwechslungsreichen Landschaft zu nehmen, die ich hier wie ein vom Teufel gejagter durchmaß. Solche Stimmungsschwankungen kannte ich gar nicht von mir, aber das Schöne an solchen Trips ist eben, dass man auch unbekannte Seiten am eigenen Ich kennenlernt. Das sage ich nun natürlich von einem trockenen, warmen Zuhause aus, in der Situation sah das anders aus. Ich verfluchte meinen Drang nach Erfahrung, nach Abwechslung und dem Ausloten von Grenzen. Warum konnte ich kein Zocker oder Briefmarkensammler sein? Warum nur musste ich mir das hier antun?

Ich glaube rückblickend, dass diese Momente genauso wichtig waren wie die guten. Denn zum einen ermöglichen ja eben erst die trübseligen Momente einen ausdrucksstarken Kontrast des erlebten Zeitraums. Außerdem hat man später immer etwas zu lachen.

Der Tag verflog so im Grau, und am Abend war ich heilfroh, als der Wind nachließ. Regen ist eine Sache, wenn einem der Wind die kalte Nässe aber unter die Kapuze pfeift, so ist das noch einmal eine andere Nummer. Die Kälte war mir bis ins Knochenmark gekrochen, ich fühlte meine Finger kaum, und meine Haut fühlte sich richtig aufgeweicht an. Das Feuer am Abend machte ich in erster Linie, um meine Moral zu heben, das Wärmen meiner kalten Glieder war da eher ein positiver Nebeneffekt. Feuer hat eine unbeschreiblich magische Wirkung, man muss nur eine Gruppe entnervter Menschen um ein Lagerfeuer setzen, und alle beginnen, sich ein wenig zu beruhigen. Ich fand nur nasses Holz, doch durch Schnitzen kam ich an das trockene Kernholz. Feuer lässt sich immer machen, selbst bei Starkregen – man muss nur wissen wie. Es ist einfach ein schönes Gefühl, bei jeder Witterung Feuer machen zu können – das gibt einem eine gewisse Grundsicherheit. In den letzten Jahren wurde ich beim Feuermachen immer routinierter, ich habe die Bedürfnisse eines stabilen Feuers nach Luft und Kontakt zur Glut beobachtet und habe gelernt, ohne Feuerzeug, nur durch Reibung von Hölzern ein Feuer zu entfachen. So habe ich das Feuer als ein Wesen begriffen, um das man sich kümmern muss.

Tag 30

Gegen Vormittag erreichte ich die Kurstadt Bad Salzungen mit ihrem prunkvollen Kurhaus. Ich ging in den erstbesten Supermarkt, denn ich wollte so schnell wie möglich wieder zurück in die Natur. Unter anderen Umständen hätte ich mir sicher etwas ansehen wollen, bei dieser Tour war ich aber voll und ganz auf Wald und Wiese gepolt. Der Wechsel von Natur zu Kultur war auf Dauer einfach anstrengend. Als ich so vor dem Supermarkt (mittlerweile selbstbewusster) meine geschundenen Füße lüftete, die Socken auf dem warmen Betonabsatz zum Trocknen ausbreitete und irritierte Blicke ignorierte, schaute ich auf mein GPS-Gerät. Es gab Zeiten, da schaute ich nach, wie viele Kilometer ich noch vor mir hatte – und es gab Zeiten, da wollte ich wissen, wie viele bereits hinter mir lagen. Heute war ich gut gelaunt und erkannte, dass

ich knapp 600 Kilometer – also mehr als die Hälfte – gelaufen war. Komisch, nach so viel fühlt es sich gar nicht an,
dachte ich für einen Moment, die unschönen Reiseabschnitte
schon in ein Hinterzimmer des Bewusstseins verbannt. Ich
hatte die Rhön hinter mir gelassen, und nun lag ein Teil des
Thüringer Waldes vor mir. Ich wusste, dass der Thüringer
Wald im wörtlichen Sinne sagenumwoben war und fragte
mich, was er wohl für mich bereithielte. Es gibt einen Teil in
mir, der sehr empfänglich für Romantik ist, der sich im Zuge
der Wanderung wehmütig in eine andere Zeit wünschte, als
es noch keine Autos gab. Dann gibt es den Realisten, der
den Ersteren mit entromantisierenden Fakten über Gewalt,
Krankheiten und Verfolgung auf den Boden zurückholte und
froh war, in einem sicheren, freiheitlichen und friedlichen
Mitteleuropa umherzuwandern. Gegen Nachmittag rief mich
meine Schwester an, sie und mein Kumpel Louis, der gleichzeitig ihr Partner war, wollten mich für einen Abstecher in
den Nationalpark Hainich besuchen kommen. Wir verabredeten uns für den übernächsten Tag, und irgendwie rührte es
mich, dass mich Menschen aus allen Ecken besuchen kommen wollten.

Im Laufe des Tages war der Wanderweg immer mehr in
Richtung Ebene bergab gegangen, und den größten Teil der
wechselnden Höhenmeter hatte ich bereits hinter mir. Ich
fühlte mich fit und gut in Form, auch hatte ich überhaupt
keine Rückenschmerzen. Man könnte meinen, das ewige Liegen auf Stöcken und Laub würde zu Verspannungen führen,
doch das war bei mir gar nicht der Fall. Auch die Füße hatten
sich an die Dauerbelastung gewöhnt und schmerzten nicht
mehr. Lediglich eine zentimeterdicke Hornhaut konnte ich

verzeichnen – meine Füße sahen ein wenig aus wie rasierte Hobbitfüße. Es war am Abend noch ungewöhnlich warm, und ich wagte den Test, ohne Hütte oder Feuer einfach in einer kleinen Kuhle auf einer Kuhweide zu schlafen. Ich sammelte einige Wildgräser, allen voran mannshohes Landreitgras, und baute mir damit eine gemütliche Grasmatratze.

Tag 31

Ich wachte am Morgen auf, weil Rocko neben mir knurrte. Als ich den Kopf hob, schreckte ein großer quadratischer Schädel vor mir zurück. Eine Kuh hatte uns neugierig beschnuppert, und Rocko war dabei nicht sehr wohl. Ich gähnte, wünschte dem Wiederkäuer einen guten Morgen, welcher sich daraufhin umdrehte, einen riesigen braungrünen Fladen fallen ließ und zur restlichen Gruppe zurücktrottete. Den Elektrozaun hatte ich am Abend wohl bemerkt, doch es war kein Strom drauf, so dachte ich, die Weide sei nicht besetzt. Als ich frühstückte, weckten wir scheinbar das Interesse der anderen Mitglieder der Kuhherde, jedenfalls kamen sie uns immer näher. Am Ende saßen Rocko und ich in der Mitte eines schwarz-weiß gefleckten Kreises. Ich musste laut auflachen bei dem Blick, den Rocko mir zuwarf, als ein Jungbulle vorsichtig an seinem Hintern schnupperte. Ich packte zusammen und stand auf – die Kühe schreckten zurück und entfernten sich ein gutes Stück – und stieg über den Elektrozaun.

Zwar hatte es sich in der Nacht abgekühlt, jedoch nicht so sehr, dass ein Feuer nötig gewesen wäre. Gegen vier Uhr hatte es mich ein wenig gefröstelt, doch alles in allem hatte ich eine gute Nacht hinter mir. Der Himmel war leicht bewölkt, aber es sah nicht nach Regen aus. Das war gut, denn langsam, aber sicher hatte ich genug davon. Ich betrat einen wunderschönen lichten Eichenwald und ging etwas fernab der Wege. Abertausende Eicheln vom Vorjahr pflasterten den Boden und gaben unter meinen Schritten knackende Geräusche von sich. Ich blieb stehen, schloss die Augen und sog die sich langsam erwärmende Luft tief ein. Als ich meine Augen wieder öffnete, fiel mein Blick auf zwei tiefschwarze Kolkraben, die auf einer eindrücklichen alten Eiche mit rissiger Borke saßen und mich zu beobachten schienen. Ich dachte sofort an Hugin und Munin, die beiden Vogelbeobachter des Gottes Odin in der nordischen Mythologie, die den Gedanken und die Erinnerung symbolisieren. Wir schauten uns eine Weile lang an, und urplötzlich flogen die beiden Raben mit ihren typischen »Kolkrufen« über das Kronendach und waren nicht mehr zu sehen.

Der Wald wurde stellenweise etwas lichter, und ich kam zu einer kleinen Lichtung. Sie lag in einer kleinen Senke, in der sich der Vegetation zufolge Regenwasser zu sammeln schien. Am Rande standen ein paar Zitterpappeln, die volle Samenreife erreicht hatten und mit ihren weißen Wattebauschen die halbe Lichtung bedeckten. Da sie einen hervorragenden Zunder liefern, sammelte ich ein paar Handvoll davon ein und ging wieder zurück in Richtung Rhön-Höhen-Weg. Am Abend zwängten sich die grauen Türme der Wartburg durch die Lücken zwischen den Baumkronen, und ich stand schließlich vor einer Mauer, die Menschen vor fast eintausend Jahren gebaut hatten. Nicht ohne eine Spur Ehrfurcht baute ich meine Laubhütte an diesem geschichtsträchtigen Ort und fragte mich später, als ich unter und auf Eichenlaub lag, wie viele Menschen wohl vor mir genau an diesem Ort bereits geschlafen und gerastet hatten.

Tag 32

Gegen Vormittag traf ich meine Schwester und Louis am Bahnhof in Eisenach. Wir hatten uns seit Weihnachten nicht mehr gesehen und freuten uns, die nächsten zwei Tage miteinander in der Natur verbringen zu können. Wir wollten den ganzen Tag über im Nationalpark Hainich wandern und am Abend ein Lager außerhalb des Schutzgebiets aufschlagen. Die Sonne schien, und wir waren nicht die Einzigen, die auf diese Idee gekommen waren, zumal es Wochenende war. Gerade auf den Hauptwegen fühlte ich mich eher wie in einem Freizeitpark, als in einem Schutzgebiet für Pflanzen und Tiere, so viele Menschen waren hier unterwegs. Laut lachende Rentner, rennende Kinder, kreischende Mütter und langsam flanierende Pärchen bildeten eine Menschenmasse, die sich wie ein Tausendfüßler zwischen den großen glattstämmigen Rotbuchen hindurchschlängelte. Schließlich fanden wir doch einen abgelegenen Trampelpfad, den bis auf ein älteres und mit Ferngläsern ausgestattetes Ornithologenpaar niemand bemerkt hatte. Hier konnten wir ein wenig durchatmen und endlich die Ruhe und Schönheit dieses forstwirtschaftlich ungenutzten Buchenwaldes genießen.

Einerseits war dieser menschliche Ansturm für mich

ein gutes Zeichen, und es war schön, gerade Familien mit Kindern hier draußen zu sehen, andererseits war ich in den letzten Wochen bis auf ein paar Begegnungen und die kurzen Supermarktepisoden die meiste Zeit für mich allein. Ich hatte mich so sehr daran gewöhnt, dass diese Menschenansammlung mir sehr schnell ein gewisses Unbehagen bereitete. Meine Schwester bemerkte sofort, was in meinem Kopf los war, und sagte mit einem frechen Lächeln, wie es nur eine Schwester tun kann: »Na, du Eremit, draußen bei den Wildschweinen pennen, aber vor Kindern weglaufen?«

Wir fanden eine schöne, trockene Lichtung, und meine Schwester baute vor meinen hungrigen Augen ein wahres Büfett auf. Selbst gemachter Kochkäse (mit eingelegten Essigzwiebeln), gutes Brot, Camembert, Wildknacker, Gemüse, Obst, diverse Aufstriche, gekochte Eier und Mousse au Chocolat wurden sorgfältig auf einer Picknickdecke drapiert, und in meinem Mund bildeten sich regelrechte Sturzfluten. Die Sonne hatte ihren Zenit bereits überschritten und verlor langsam, aber sicher an Strahlkraft; es wehte eine ganz sanfte Brise. Wir genossen schweigend diese wundervollen Gaben und schauten einem Zitronenfalter bei seinem Taumelflug zu. Ich hatte es tatsächlich geschafft, mich nicht zu überfressen, sodass wir nach einer Stunde problemlos weiterlaufen konnten.

Am Abend hatten wir den Park verlassen und machten uns nun auf die Suche nach einer geeigneten Schlafstelle. Meine Schwester hatte für sich ein Zelt dabei, und Louis wollte ebenso wie ich in einer Schrägdachhütte nächtigen. Wir bauten die Schrägdachhütten gegenüber voneinander auf, und die Feuerstelle kam in die Mitte. So waren wir von zwei Seiten gegen Wind geschützt, konnten uns in der Nacht beide um das Feuer kümmern, und die Hütten dienten zusätzlich als Wärmereflektoren. Meine Schwester wollte dann doch nicht so ganz allein schlafen und nahm Rocko mit ins Zelt, der ihr etwas widerwillig folgte. Ihm schien diese moderne Konstruktion nicht zu behagen, ich war mir sicher, er vermisste seine Laubhütte.

Louis und ich haben schon einige Touren zusammen unternommen und sind ein gut eingespieltes Team. Wir mussten uns nicht absprechen, jeder wusste genau, was es nun zu tun gab. Ich sammelte etwas Birkenrinde, während Louis aus ein paar trockenen Buchenstämmchen kurzerhand ein paar Feathersticks schnitzte. Gemeinsam sammelten wir trockenes Holz für die Nacht, wobei wir beide eine ähnliche Menge als ausreichend empfanden. Wenn man bereits bei vergangenen Touren ein paarmal in der Nacht aufgewacht ist, aus seiner warmen Laubmatratze kriechen musste, um mit kalten Fingern und schlechter Laune das Feuerholzlager aufzufüllen, lernt man, die nötige Menge für eine Nacht nicht zu unterschätzen.

Später saßen wir noch ein wenig am Feuer, das Holz war ausschließlich Buche und sehr trocken, sodass kaum Rauch entstand. Wir sahen in die flackernden Flammen, besprachen unsere geplanten Touren im kommenden Jahr, und ich merkte gar nicht, wie ich eindämmerte.

Praxistipps

Die Kunst des Feuermachens

Die Zähmung des Feuers war in der Menschheitsgeschichte ein wichtiger Schritt zur Menschwerdung. Sehr wahrscheinlich wurden zunächst »Wildfeuer«, verursacht durch Blitzschläge oder natürliche Brände, genutzt. Das Feuer war in der Lage, den frühen Menschen wertvolle Dienste zu leisten. Nicht nur konnte gegartes Fleisch leichter verdaut werden, auch tötete das Feuer Bakterien und Parasiten in der Nahrung ab. Die Nahrung konnte zudem durch gezieltes Räuchern haltbar gemacht werden – ein sehr großer Vorteil bei unsteter Nahrungsverfügbarkeit. Doch der Nutzen war nicht nur auf die Nahrungsverwertung beschränkt, unsere Urahnen haben wahrscheinlich relativ schnell die weiteren Vorteile des Feuers für sich zu nutzen gewusst. Feuer hält warm, es bringt Licht in die Dunkelheit und bietet Schutz vor Raubtieren und Insekten, man konnte damit Werkzeuge und Waffen härten. Kurzum: Feuer war *die* Entdeckung.

Wenn ich Kindern erkläre, wie man ein Feuer am besten unterhält, benutze ich meist die Metapher eines lebendigen Wesens. Das ist nicht esoterisch gemeint, für mich hat das Feuer keine Seele. Es hilft aber ungemein, das Feuer besser zu verstehen und es so zu betreuen, dass wir es unter Kontrolle haben.

Ein (Lager-)Feuer braucht im Grunde drei Dinge: einen Brennstoff, Sauerstoff und eine sogenannte Zündenergie. Brennstoff ist draußen in der Regel Holz, das einen hohen Anteil an Kohlenstoff und zudem Wasserstoff enthält – ideale Reaktionspartner zu dem in der Luft enthaltenen Sauerstoff. Denn dieser ist für ein Feuer unbedingt notwendig – ist das Holz vor allem in der Anfangsphase zu dicht gepackt, »erstickt« das Feuer. Dem kann man durch ein lockeres Stapeln, Stochern oder das Anheben des Brennstoffs entgegenwirken. Die Zündenergie kann von einem Feuerzeug, einem Streichholz, bei Profis von heißem Bohrstaub durch das sogenannte »Feuerbohren« oder durch einen Funken durch das Feuerschlagen stammen.

Die Energie der Umgebung ist ebenfalls von Bedeutung – wenn es besonders warm ist, ist es viel einfacher, ein Feuer zu entfachen, als bei klirrender Kälte. Auch der Boden kann »Energie entziehen«, also solltest du besonders bei kalter oder nasser Witterung nicht auf eine Bodenisolation für das Feuer verzichten. Um einen ständigen Zugang zu Sauerstoff zu ermöglichen, sollte das Holz nicht zu dicht gepackt sein. Andererseits ist es auch nicht zuträglich, wenn gerade in der Anfangsphase zu große Lücken im Brennstoff vorhanden sind. Wenn die Glutschicht keinen Kontakt mehr zum Brennmaterial hat, wird das Feuer nur noch schwelen und nicht mehr richtig brennen.

Zunder

Als Zunder bezeichne ich im Folgenden alle Materialien, die imstande sind, eine Anfangsenergie (Funken, Feuerzeugflamme, heißen Holzstaub) aufzunehmen und anschließend an gröbere Materialien wie Holz weiterzugeben.

Primärzunder

Dieser ist extrem fein und hat dadurch eine sehr große Oberfläche. Primärzunder ist in der Lage, »warme Funken« aufzunehmen und die Energie meist durch Glimmen zu speichern. Durch Anpusten kann man dann den Sekundärzunder zum Brennen bringen. Zum Primärzunder zählen die Tramaschicht von Zunderpilzen und anderen Baumpilzen, die Pappus (fallschirmartiger Haarschopf) bei Rohrkolben-, Pappel- oder Löwenzahnsamen. Wenn man mit dem Feuerzeug oder Streichholz arbeitet, ist dieser meist unnötig, und man kann die nächste Ebene direkt entzünden.

Sekundärzunder

Dauerhafte Flammen werden beim Entzünden des Primärzunders nicht entstehen, dafür benötigen wir einen sogenannten Sekundärzunder. Dieser ist etwas gröber und brennt meist länger. Optimal ist hierbei die äußerste weiße Schicht der Birkenrinde – wichtig ist, dass der Baum nicht schon zu lange tot ist, denn dann sind die brennbaren ätherischen Öle oft bereits verdampft. Andere gute Sekundärzunder sind trockene Gräser, trockene Nadelblätter und Fichtenreisig (oft in abgestorbenem und trockenem Zustand im unteren Drittel des Baumes zu finden). Sogenannte Feathersticks sind eingekerbte trockene Holzstöckchen, die durch das Auffedern eine große Oberfläche besitzen und ebenfalls sehr gut brennen.

Holz

Auch wenn jede Baum- und Strauchart unterschiedliche Heizwerte hat, lässt sich im Prinzip jedes Holz verfeuern, das nicht zu nass ist. Den besten Heizwert haben Harthölzer wie Eiche, Rotbuche, Hainbuche und Esche. Nadelhölzer wie Fichte und Kiefer haben nicht nur einen schlechteren Brennwert, auch explodieren die eingeschlossenen Harzblasen im Feuer regelmäßig, was sich durch lautes Knacken und starkes Funkenspucken äußert. Ich habe mir mit Nadelhölzern schon den ein oder anderen Schlafsack am Lagerfeuer durchlöchert.

Prinzipiell findet man immer trockenes Holz, selbst wenn es zuletzt viel geregnet hat. Schaue nach toten, unbelaubten Ästen an aufrecht stehenden Bäumen. Wenn das Holz beim Abbrechen laut und hell knackt und der Ast nicht mehr flexibel ist, ist es ideales Brennholz. Mitunter findet man auch trockenes Holz am Boden, solange es nicht dauerhaft in Kontakt mit dem nassen Erdreich stand. Doch selbst scheinbar durchnässtes Holz hat meist noch einen trockenen Kern: Schnitze die Borke ab, und du wirst höchstwahrscheinlich trockenes Holz zum Vorschein bringen. Hat man nur wenige Versuche, ein Feuer zu entzünden (etwa weil man mit Müh und Not ein wenig Glut mit dem Feuerbohrer gebohrt hat), macht es Sinn, das Feuer sehr sorgfältig vorzubereiten und sogar die kleinen Äste, die Kontakt zum Sekundärzunder haben, komplett von nasser Rinde zu befreien.

Bist du davon abhängig, dass dich das Feuer die gesamte Nacht über wärmt, brauchst du genug Vorrat. Unterschätze die Menge nicht, die dafür nötig ist! Es gibt in Bushcraft-Kreisen eine ganz amüsante Formel: geschätzte nötige Holzmenge für eine Nacht x 3 = tatsächlich nötige Holzmenge.

Ich empfehle, für ein nächtliches Wärmefeuer Stämme bis dreißig Zentimeter Durchmesser zu verwenden. Diese haben den Vorteil, bis zu zwei Stunden zu brennen, bei einem Wärmefeuer mit Stöckchen musst du alle fünfzehn Minuten nachlegen und kommst einfach nicht zum Schlafen. Suche ein totes, aufrecht stehendes Bäumchen, das noch nicht zu morsch ist, und fälle es durch Umschubsen, Sägen oder mit der Axt. Um es abzulängen, kannst du mit deinem verfügbaren Werkzeug Sollbruchstellen in Form von Keilen hineintreiben und den Stamm in die Lücke zwischen zwei dicht aneinanderstehenden Bäumen stecken. Wenn du jetzt diesen Hebel nutzt, wird der Stamm an der Sollbruchstelle brechen, und du kannst die nächste Sollbruchstelle vorbereiten.

Es ist mitunter ein Kraftakt; wenn du nach zwei Stunden dann aber genug dickes Holz für eine ganze Nacht aufweisen kannst, ist es den Aufwand allemal wert. Ist es dir nicht möglich, die Stämme abzulängen, kannst du sie auch hineinlegen und peu à peu hineinschieben.

Zusätzlich ist es sinnvoll, einen kleinen Vorrat an Zunder und kleineren bis mittleren Stöcken bereitzuhaben, falls dir in der Nacht das Feuer doch ganz ausgehen sollte.

Verschiedene Feuerarten

Wenn man sich den Themenbereich Feuer in den meisten Survival-Handbüchern ansieht, könnte man meinen, die Autoren hätten ein paar Semester Architektur studiert und sich letztlich dann doch für einen anderen Weg entschieden. Da ist die Rede von Maya-Pyramidenfeuern und Blockhausfeuern. Von Doppeltipis und Selbstnachlegefeuern. Ich persönlich glaube, dass ein gutes Gefühl dafür, was ein Feuer in einem gewissen Stadium gerade »braucht«, viel wichtiger ist, als abgefahrene Holzaufschichtungsmethoden. Mein Grundfeuer ist stets das prominente Tipifeuer, denn es ist unkompliziert und schnell aufzubauen. Man beginne damit, den Boden mit trockenen Stöckchen auszulegen und etwas Zunder darauf zu platzieren. Danach werden zeltartig immer dicker werdende Stöckchen aneinandergelehnt. Achte darauf, die Vorderseite nicht zu verschließen, damit du noch an den Zunder gelangen kannst und die Sauerstoffzufuhr nicht unterbunden wird.

Kochfeuer

Ich bediene mich beim Kochen über dem offenen Feuer gerne einer einfachen Technik. Dafür grabe ich eine handbreittiefe Mulde, in der ein Feuertipi entzündet wird. An den Rand der Mulde stelle ich Steine bzw. frische und dicke Äste, auf die ich den Topf stelle, sodass das Feuer diesen von unten beheizt. Die Steine dürfen nicht zu eng stehen, damit genug Luft rankommt und man stetig Holz nachlegen kann. Je nachdem, wie lange man das Gargut oder Wasser erhit-

zen möchte, reicht es manchmal auch einfach, den Topf zur
Hälfte in ein brennendes Feuer zu stellen. Wie man ohne
Topf kochen kann, wird auf S. 171 beschrieben.

Wärmefeuer

Auch hier beginne ich meist mit dem Tipifeuer bzw. wird das
Kochfeuer in der Regel sowieso zum Wärmefeuer umfunktioniert. Wenn ein stattliches Glutbett vorhanden ist, steige ich
meist auf querliegende Stämmchen mit bis zu handgroßem
Durchmesser um, damit ich in der Nacht nicht ständig nachlegen muss. Die Stämmchen bzw. dicken Äste werden von
Hand immer wieder in das dicke Glutbett hineingeschoben.
Hat man besonders viel Muße, kann man sich einen Wärme-
reflektor – eine Holzwand – bauen. Die Wand mag beeindruckend und romantisch aussehen, der tatsächliche Effekt ist
meiner Meinung nach aber nicht überragend. Natürlich dient
sie auch als Windschutz, wird das Ganze aber zu aufwendig,
kann man darauf verzichten.

Wie mache ich ein Feuer?

Equipment

Ich empfehle, immer wasserfeste Streichhölzer und einen
Striker dabeizuhaben. Letzterer arbeitet meist mit Magne-
sium oder Auermetall als Funken gebende Materialien, ist
quasi unzerstörbar und kann viele Hundert Mal verwendet
werden. Dabei reibt man etwas Späne vom Stab in den Pri-

märzunder und reibt mit der scharfkantigen Seite des Funkenlösers (zumeist Stahl) an dem Funkengeberstab, sodass große und langlebige Funken auf das Zundernest »geschossen« werden. Es bedarf zwar etwas Übung, jedoch überwiegen die oben genannten Vorteile ganz klar.

Feuerbohren und Feuerschlagen

Vor ein paar Jahren tanzte ich splitterfasernackt und himmelhoch jauchzend um ein brennendes Feuer. Wieso? Ich hatte es geschafft, nackt und ohne jegliches Equipment, ein Feuer zu erzeugen.

Möglich macht es eine uralte Technik, bei der die Tatsache ausgenutzt wird, dass Reibung Wärme erzeugt. In diesem Fall wird die Reibung durch eine Hartholzspindel an einem Weichholzbohrbrett erzeugt, wobei die Spindel durch einen Bogen in Rotation versetzt wird.

Diese Technik vermittle ich auch während meiner Kurse, und obwohl es immer wieder Naturtalente gibt, die beim ersten Mal den Dreh raushaben, handelt es sich durchaus um eine anspruchsvolle Technik, die lange geübt werden muss. Gerade wenn man mit Material direkt aus der Natur arbeitet, braucht man viele Anläufe. Statt einer Synthetikschnur kann man eine selbst gedrillte Naturfaserschnur nehmen, dadurch wird der Bohrvorgang aber um einiges schwieriger, da diese viel schneller reißt. Hast du Interesse, diese Technik zu lernen, besuche einen Kurs oder schaue dir zu diesem Thema Videos im Internet an – nur über die Beschreibung aus einem Buch wirst du sie nicht lernen können.

Oft werde ich gefragt, ob man nicht einfach mit Feuersteinen ein Feuer entzünden kann. Das kann man schon, und auch ist die Technik meiner Meinung nach viel schneller zu erlernen als das Feuerbohren. Das Problem sind hierbei die seltenen Rohstoffe, die dazu nötig sind. In der Steinzeit wurden für diese Methode meist Feuerstein und Markasit verwendet, und auch damals lief man nicht einfach umher, sammelte die Steine und machte direkt Feuer. Beide Steine waren wertvolle Handelsgüter, welche in ganz Europa im Umlauf waren. Findet man Feuersteine noch recht häufig an den norddeutschen Küsten, so sieht es mit seinem Gegenspieler, dem Markasit, schon anders aus. Mit einem Freund begab ich mich nach mehreren Insidertipps samt GPS-Daten eine Woche lang auf die Suche, und viele Stunden gipfelten in einem daumengroßen Stückchen dieses eisenhaltigen Steines. Man hat zudem selbst bei Mineralienhändlern oft Schwierigkeiten, an diesen Stein zu gelangen (in seiner schlagfesten Form – brüchiges Markasit oder kleines Pyrit gibt es en masse).

7 Potenzielle Gefahren & Erste Hilfe

Tag 33

Ich wachte als Erster auf und kletterte auf allen vieren eine schräg stehende Rotbuche hinauf, deren Krone sich beim Sturz in den starken Ästen eines Nachbarbaums verfangen hatte. Ich blickte hinunter auf unser kleines Lager. Die anderen schienen noch tief und fest zu schlafen, ich drehte mich, und mein Blick wanderte in dem Hallenwald umher, bis er auf einer kleinen Lichtung unweit von mir liegen blieb. Die Sonne beleuchtete das hellgrüne Gras, und durch den starken Kontrast zu dem dunklen Wald hatte die ganze Szenerie etwas Unwirkliches. Es war absolut still, nicht ein Vogel war zu hören – ich liebe diese Momente draußen in den frühen Morgenstunden, für mich gibt es keinen besseren Ort und keine bessere Tageszeit, um ganz bei mir zu sein.

Meine Meditation wurde jäh unterbrochen, als der Reißverschluss des Zeltes geöffnet wurde, und mein alter Knabe, steif vom Liegen, herausgehumpelt kam. Er hatte mich hier hoch oben auf dem Stamm nicht bemerkt, schaute neugierig in meine Schrägdachhütte und dann etwas verdutzt in der Gegend herum. Er hob sein Bein am nächsten Baum, lief zum Shelter von Louis und weckte ihn mit einer hohen Quietschtirade an Lauten der allerhöchsten Freude, sodass wenige Minuten später meine beiden Begleiter müde und etwas verschlafen in der Lagermitte saßen. Nachdem ich die beiden zum Bahnhof begleitet und verabschiedet hatte, kam die mittlerweile bekannte Mischung aus ambivalenten Gefühlen in mir hoch: einerseits froh über die nun folgende Einsamkeit und gleichzeitig etwas wehmütig zu sein in Bezug auf die fehlende Begleitung.

Gegen Vormittag fühlte ich einen Schmerz an einem kleinen Zeh meines rechten Fußes, die Art von Schmerz, dessen Existenz und Gestalt man schnell vergisst, die sich aber nach kürzester Zeit wieder vertraut anfühlt. Eine Blase. Ich fragte mich, wie das nach nun vier Wochen laufen passieren konnte, zog meinen Schuh aus und entdeckte den Übeltäter. Die Socke war an der Stelle des Zehs durchgescheuert, und durch das Loch drückte sich förmlich eine flüssigkeitsgefüllte Blase. Sie war zum Bersten gespannt, und ich zog vorsichtig den Löchersocken aus und kramte meinen Erste-Hilfe-Beutel heraus, welchen ich bis dahin zum Glück nur selten benötigt hatte. Ich erhitzte eine Nähnadel mit dem Feuerzeug, um sie zu desinfizieren, und stach in die Blase hinein. Die Flüssigkeit quoll durch das winzige Loch hervor und ich massierte den Rest heraus. Etwas Desinfektionsspray darauf, ein Druckpflaster darüber, und fertig war die Selbstbehandlung. Normalerweise bevorzuge ich es, Blasen zu belassen, aber in diesem Fall wäre sie sowieso geplatzt, und die Wunde hätte sich eventuell entzündet. Später kam ich in ein Dorf, dessen einzige Straße sich ewig in die Länge zog. Als ich auf dem Bürgersteig dieser Hauptstraße lief, fuhr mir ein etwas verträumt wirkender alter Mann mit dem Fahrrad entgegen. Als wir nur noch wenige Meter voneinander entfernt waren, riss er die Augen weit auf und blieb schlagartig stehen. »Herr

Wandersmann!«, rief er freudestrahlend und stieg etwas steif von seinem alten klapprigen *Vaterland.* »Na so was, das habe ich ja seit dreißig Jahren nicht mehr gesehen! Wo kommen Sie her? Wo gehts hin? Was erlebt?« Er schüttelte mir die Hand und wollte sie scheinbar gar nicht mehr loslassen.

Der Mann erzählte, dass er früher viel wandern war und den Anblick von echten Wandersmännern und -frauen vermisse, er habe in den letzten Jahren öfter gedacht, diese Spezies sei ausgestorben. Und mit Wandersleuten meine er keine Sonntagsspaziergänger, sondern Menschen, die wochenlang laufen, die Landschaften unterwegs einsammeln, um sie später zu Hause bei Bedarf auszupacken. »Wie gerne würde ich ein paar Tage mitlaufen, meine Knochen machen das aber nicht mehr mit«, sagte er etwas wehmütig.

Ich lauschte seinen alten Wandergeschichten, nicht aus Höflichkeit, sondern weil es mich tief berührte. Die Art und Weise, wie er sprach, wie er schwelgte und seine Augen dabei glänzten, ließen mich das erste Mal darüber nachdenken, dass ich irgendwann einmal vielleicht genauso von dieser Tour erzählen würde. Er drückte meine Hand ganz fest, wünschte mir alles Gute und bedankte sich bei mir, dass ich diese kurze Reise in seine »besten Jahre« ausgelöst hatte. Ich war gerührt und blickte ihm noch einen Moment lang nach, wie er sich mühsam mit dem alten Fahrrad die Straße hinaufquälte.

Tag 34

Ich wurde am Morgen durch einen starken Wind geweckt, der sich den gesamten Tag über nicht legen sollte. Nach einem kurzen Frühstück, welches ich liegend in der Laubhütte zu mir nahm, liefen Rocko und ich eilig den mit vielen Löchern unterschiedlichster Größe durchzogenen Waldweg entlang. Tatsächlich ist es nicht ungefährlich, bei starkem Sturm im Wald unterwegs zu sein, ein armdicker Ast aus zehn Metern Höhe kann einem schon die Schädeldecke knacken. Die Kronen der hohen Buchen wankten, Laub wirbelte durch die Luft, und kleinere Eschen bogen sich, als wären sie aus Gummi. Als ich in der Ferne einen Baum umfallen hörte, wusste ich, dass ich mir schnell etwas einfallen lassen musste. Ein Ende des Waldwegs war nicht in Sicht, und ich entschied mich, Deckung zu suchen. Direkt neben mir schlug ein oberschenkeldicker belaubter Ast auf dem weichen Waldboden auf und erzeugte dabei ein sehr dumpfes und basslastiges Geräusch. Jetzt wurde es ernst: Ich sah in gut fünfzig Metern Entfernung eine massive, vor einiger Zeit umgestürzte Buche, deren Wurzelteller eine schützende Erdhöhle bildete. Der Wind rauschte in meinen Ohren, wir rannten los, und ich schaute mir die Bäume in der Gegend an – hier standen nur Rotbuchen. Diese wurzeln mitunter relativ tief und sind nicht ganz so durch Windwurf gefährdet wie zum Beispiel Fichten. Zudem gab es hier weder stehendes Totholz noch große überhängende Äste – ich war also relativ sicher. Rocko schien die Gefahr ebenfalls zu spüren, jedenfalls kam er bereitwillig mit in die schützende Wurzelhöhle. Der Wind drehte nun noch einmal richtig auf, und ich hörte – nun etwas näher – einen weiteren Baum umfallen. Das Geräusch erinnerte mich an einen nahen Donnerschlag, und wir beide erschreckten uns gewaltig. Ich schützte meine Augen vor der aufgewirbelten Erde und schwankte zwischen ernster Sorge und großer Faszination für dieses Naturschauspiel. Ich mochte in diesem Moment das Gefühl, von der Natur Grenzen aufgezeigt zu bekommen, und genoss die Intensität dieser Urgewalt nicht ohne eine fatalistische Einfärbung.

Als der Wind etwas später nachließ – ich hatte keine Ahnung, wie viel Zeit vergangen war –, überkam mich dann doch ein Gefühl der Erleichterung. Ich weiß nicht, was sich irrealer anfühlte: der laut tobende Sturm, der tonnenschwere Bäume entwurzelte, oder die absolute Ruhe, die sich nun ohne Übergang eingestellt hatte. Ich saß noch einen Moment unter Erde und Wurzeln, als sich Sonnenstrahlen durch die Baumkronen kämpften und das bewegungslos daliegende Laub beschienen. Plötzlich musste ich an Isa denken, und mir fiel ein, dass sie mich eigentlich in den nächsten Tagen besuchen kommen wollte. Ich schaltete mein Handy an und bekam auch gleich mehrere SMS, die sie mir anscheinend in den letzten Tagen geschrieben hatte. Sie wollte mich morgen besuchen kommen. Ein kurzes Gefühl der Freude blitzte in mir auf, wurde dann aber direkt wieder gedämpft, denn eigentlich freute ich mich auf ein wenig Einsamkeit in den nächsten Tagen. Ich hatte mich in letzter Zeit etwas davor gedrückt, mich mit diesen ambivalenten Gefühlen auseinanderzusetzen. Bei unserem letzten Telefonat hatte Isabel mir vorgeworfen, sie allein gelassen zu haben, und wir waren etwas unschön auseinandergegangen. Natürlich vermisste ich sie –

andererseits tat es mir gerade sehr gut, im Hier und Jetzt, nur mit mir selbst zu sein und alles andere zeitweise außer Reichweite verstaut zu haben.

Rocko und ich krochen aus der Deckung hervor und gingen schnurstracks zum Ausgangspunkt zurück und eilig den Weg weiter. Auch wenn der Wind nachgelassen hatte, war es nun außerhalb des Waldes sicherer.

Nach einer Stunde wurde der Wald immer lichter, bis er sich plötzlich ganz öffnete und der Sandweg zwischen zwei Getreidefeldern hindurchführte. Am Abend hatte der Wind aufgegeben, und ich musste abwägen, ob eine Laubhütte im Wald dennoch sicher war. Letztlich nahm mir die stärker werdende Kälte die Entscheidung ab, und ich baute mir eine Laubhütte, wobei ich das Kronendach genau nach »Wackelkandidaten« untersuchte. Ich war so müde, dass ich auf das Abendbrot verzichtete und sofort in meiner kuscheligen Laubhöhle einschlief. Mitten in der Nacht wachte ich dann mit knurrendem Magen auf, den ich kurzerhand mit Brot, Käse und Gewürzgurken besänftigte; kurz darauf schlummerte ich mit vollem Wanst selig ein.

Tag 35

Ich wachte um sechs Uhr auf und fühlte mich etwas gerädert. Auch wenn die Nacht ruhig gewesen war, hatte ich eine gewisse Grundanspannung in mir und war der Einbildung anheimgefallen, in jedem nächtlichen Geräusch aufkommenden Wind, aufgewirbelte Blätter und knarzende Bäume zu hören. Ich wälzte mich noch ein paarmal hin und her, entschied mich dann aber dafür aufzustehen und loszulaufen.

Gegen Mittag stand ich an einem hässlichen Kleinstadtbahnhof und war ein wenig aufgeregt, auf meine Freundin zu treffen. Wäre ich Raucher gewesen, ich hätte jetzt eine nach der anderen gepafft. Als der Zug ankam, suchte ich nervös die aussteigenden Passagiere ab und dachte ganz kurz: »Vielleicht ist sie ja gar nicht dabei?«, doch sie war dabei. Wir standen uns eine Weile gegenüber, bis wir uns schließlich umarmten. Unsere Körper trennte ein Spalt, schmal, aber unüberwindbar, als ob unsere bisherigen Telefonate sie elektrisch aufgeladen hätten und meine und ihre Moleküle sich abstießen. Kein Kuss. Dann doch noch ein Kuss, ungelenk und steif, ein Pflichtkuss.

Es war zu merkwürdig: Ich war seit fast vier Jahren mit dieser Frau zusammen, und wir brauchten mehrere Stunden, um halbwegs miteinander warm zu werden, nur weil wir uns ein paar Wochen nicht gesehen hatten. Meine Vermutung, sie sei durch mein »Weggehen« verletzt, bestätigte sich, und wir redeten beim Laufen viele Stunden darüber, ohne dass sich der zwischenmenschliche Knoten wirklich gelöst hätte.

Es gab einen Teil in mir, der zu diesem Zeitpunkt weitaus stärker ausgeprägt war als heute, der mich schlecht fühlen ließ und meine Entscheidung bereute, losgelaufen zu sein. Heute ist Isabel nicht mehr Teil meines Lebens, und ich bin froh, diese Tour samt wundervoller Erfahrungen gemacht zu haben. Auch kann ich mir heute nicht mehr vorstellen, eine Partnerin zu haben, die mich nicht ermutigt und unterstützt, sondern mich zweifeln und schlecht fühlen lässt, wenn ich auf mich und meine Bedürfnisse höre. Doch das war damals so, und sie hat sich so verhalten, weil sie eben nicht anders konnte. Als ich sie am Abend zum Bahnhof irgendwo hinter Erfurt brachte, verabschiedeten wir uns, wie wir uns zu Beginn begrüßt hatten: unsicher und etwas ratlos.

Es hatte leicht zu regnen begonnen, und meine Stimmung war nicht gerade auf Höchstniveau. Der Regen war ungewohnt kalt, der Wind drückte ihn zusätzlich unter meine Kapuze, und auch das Laufen brachte nicht die erhoffte Wärme. Wieder einmal musste sich meine Laune bis zu jenem Kipppunkt verschlechtern, der mir während der Wanderung schon so oft ermöglicht hatte durchzuhalten. Ich war so übel gelaunt, dass ich begann, mich über diesen Umstand lustig zu machen. Lauthals begann ich zu singen, zu rufen und mir selbst schlechte Witze über meine Situation zu erzählen. Ich lachte, dass mir die Tränen kamen, und Rocko sah mich ein wenig besorgt an. Ich streichelte seinen Kopf, versicherte ihm, dass alles in Ordnung sei, und machte mich auf die Suche nach einer guten Stelle für die Laubhütte.

Der Regen hörte gegen Abend auf, doch dafür kamen fast zeitgleich die Mücken. Mir machen ein paar Mückenstiche nicht besonders viel aus, doch wenn ich in einer Wolke aus summenden Insekten liege und mit jedem Schlag fünfe auf einmal erwische, habe ich keine Lust mehr. Mückenspray hatte ich nicht dabei, und ich sah diesen Umstand als Möglichkeit an, eine Survival-Anti-Mückenstrategie auszuprobieren, von der ich schon öfter gelesen hatte. Ich suchte eine feuchte Stelle im Waldboden und rieb mir mit dem leicht faulig riechenden Schlamm Gesicht und frei liegende Extremitäten ein. Die vielen juckenden Mückenstiche am nächsten Morgen zeigten mir, dass meine Fähigkeiten auf diesem Gebiet noch ausbaufähig waren.

Tag 36

Ich reckte meinen Hals aus der Laubhütte, um den Himmel zu beäugen, und sah zwischen die Baumkronen in einen dichten grauen Schleier. Zwar sah es nach einem sonnenlosen Tag aus, aber zumindest würde es heute nicht stärker regnen. Ich packte meine Siebensachen, aß einen Löffel von den kalten Käsespätzle, die Isa mitgebracht hatte, und kraxelte den belaubten Hang hinunter.

Ich brauchte einen Moment, um auf den Wanderweg zurückzufinden, denn ich war am Abend auf der Lagerplatzsuche doch ein gutes Stück querwaldein gelaufen. Wie aus dem Nichts zuckte ich zusammen – ein schmerzhaftes Stechen im Unterbauch ließ mich kurz innehalten. Etwas gekrümmt stand ich da und hielt mir beide Hände vor den Bauch, was war da los? Ich hatte in den letzten Wochen Regenwürmer, Insekten und Wildkräuter gegessen. Hatte kiloweise Schokolade verdrückt und aus Quellen getrunken. Niemals hatte ich annähernd Probleme mit meiner Verdauung, doch die Käsespätzle aus der Tüte schienen meinen Organismus zu überfordern. Hektisch suchte ich den Wegesrand nach Pflanzen mit großen Blättern ab und fand zum Glück eine große Pestwurzpflanze. Ich riss die riesigen Blätter ab und verdrückte mich in das nächste Gebüsch. Nach einer guten Weile konnte ich meinen Weg erleichtert und befreit fortsetzen. Die Bauchschmerzen begleiteten mich den ganzen Tag, und ich suchte mehrmals die Naturtoilette auf – vorsorglich hatte ich mir einen großen Vorrat Klopapierpflanzen in den Rucksack gepackt.

Die waldreichen Abschnitte des Wanderwegs hatte ich nun hinter mir gelassen, vor mir lagen die weiten Ebenen und landwirtschaftlichen Flächen Ostthüringens und Süd-Sachsen-Anhalts. Ich kam gut voran, vor allem, weil es so gut wie keine Steigung mehr gab – von jetzt an war der Rest ein Kinderspiel. Noch hatte die Landschaft etwas Schönes an sich, die Agrarflächen waren von Weißdornhecken und Hundsrosenbüschen durchzogen, in denen es von Vögeln nur so wimmelte. Über den Feldern standen Feldlerchen hoch oben in der Luft und tirilierten aus Leibeskräften. Hier und da hörte ich einen Fasan tröten, und wenige Meter vor mir huschte ein auffällig heller Fuchs aus dem Gebüsch in die nächste Drainage.

Meine Bauchschmerzen hatten etwas nachgelassen, doch ich wollte nichts dem Zufall überlassen und suchte ein paar Heilkräuter zusammen. Ich sammelte Pflanzen mit hohem Gerbstoffanteil, diese helfen bei Durchfall besonders gut. Brombeerblätter, echte Nelkenwurz, echte Kamille und ein kleiner Streifen Eichenrinde sollten mir in Form eines Aufgusses am Abend etwas Linderung verschaffen. Die Sonne zeigte sich nun ab und zu, doch nie lange genug, um sie wirklich genießen zu können. Jedes Mal wenn ich meine Augen schloss und ihr mein Gesicht entgegenstreckte, wurde es wieder dunkler, und die Wolkendecke schob das kleine Fenster wieder zu.

Am Abend fand ich ein größeres Feldgehölz, an dessen Rand ich auf einer halbwegs trockenen Wiese ein Wärmefeuer entzünden konnte. Genug Laub für eine Hütte gab es in dem kleinen Wäldchen nicht, und ich wollte mir sowieso Tee kochen. Der Tee tat sehr gut, und als das Feuer ein wenig heruntergebrannt war, löste ich gegen den Durchfall zusätzlich etwas Holzkohle in Wasser auf und trank es. Die Schmerzen waren kaum noch zu spüren, und ich schlief erschöpft auf meiner Grasmatratze ein.

Tag 37

Meine Selbstbehandlung schien gewirkt zu haben, jedenfalls hatte ich am Morgen keine Beschwerden mehr. Ich hatte augenscheinlich lange geschlafen, denn als die Sonne mich weckte, stand sie schon auf halber Strecke zum Zenit. Wie schön dieses Gefühl ist, von der Sonne und ihrer Frühlingswärme geweckt zu werden, sich müde von der Nacht an ihr aufzuwärmen. Ich fragte mich einen Moment lang, wie ich den Großteil meines Lebens in geschlossenen Räumen hatte schlafen können, und konnte es mir nur schwer vorstellen, das nach meiner Rückkehr wieder zu tun. Nachdem ich die Feuerstelle zugescharrt und alle Spuren meines Lagers beseitigt hatte, machte ich mich wieder auf den Weg.

Ich schaute beim Laufen verträumt in die Wolken, die gerade die interessantesten Formen annahmen, als ich explosionsartig zurückgeholt wurde – keine zwei Meter von mir entfernt gab etwas einen unerträglich schrillen und nervenzerfetzenden Laut von sich, und zeitgleich rannten mehrere Tiere fast über meine Füße. Mein Gehirn brauchte einen

Moment, um die Situation einzuordnen: Rechts am Wegesrand hatten sich vier Frischlinge versteckt, die durch mich aufgeschreckt wurden und in Panik den Weg überquerten. In null Komma nichts waren sie in der Schlehenhecke auf der linken Seite verschwunden. Rocko war schon mindestens zehn Meter vorgelaufen und hatte sich witzigerweise auch so sehr erschreckt, dass er einfach nur stehen geblieben war und mich ungläubig ansah. Doch ich wusste: Wo Frischlinge sind, ist auch die Bache nicht weit. Auch wenn Rocko einen sehr unterentwickelten Jagdtrieb hatte, wollte ich auf Nummer sicher gehen und leinte ihn an. Mit einer Bache – einer wütenden, hundertfünfzig Kilogramm schweren und mit messerscharfen Zähnen bewaffneten Mutter samt Jungen – ist nicht zu spaßen. Von Natur aus sind Wildschweine eher scheue Tiere (wenn sie nicht gerade von Städtern angefüttert werden), doch wenn sie ihre Kleinen in Gefahr sehen und ein Hund im Spiel ist, kann das zumindest für den Hund auch mal schlecht ausgehen.

Wir gingen schnurstracks weiter, und mein Herz hämmerte noch wie wild gegen meine Brust. Nach ein paar Minuten hatte es sich beruhigt, und ein Gutes hatte der Moment gehabt: Nun war ich hellwach. Im Laufe des Tages wichen die kleinparzelligen Getreidefelder immer größeren Agrarwüsten, und ich sah auf dem GPS, dass ich nun die Grenze zu Sachsen-Anhalt überschritten hatte. Je besser der Boden, desto hässlicher und unattraktiver die Landschaft – und die Bodenwerte in dieser Gegend sind phänomenal gut. Zum Leidwesen der Biodiversität und eines jeden Wandersmanns sind die Agrarflächen teilweise so groß, dass man nicht nur sprichwörtlich kein Ende sieht. Es gibt auch keine Hecken, die Vögeln Schutz und Nistmöglichkeiten bieten, und keine Gehölzinseln, in denen sich Säugetiere verstecken können. Doch nicht nur für die Tierwelt ist dieser Ort unattraktiv – ich sah zudem kaum Wildpflanzen. Keine Kornblumen, die sich zusammen mit dem Getreide im Wind wiegen, kein orangerot leuchtender Acker-Gauchheil, nicht einmal Gänsefüße am Wegesrand. Nichts außer kulturloser Monokultur. Der fehlende Lebensraum sorgte für eine absolute Stille, kein Vogel war zu hören, und das Auge versuchte krampfhaft hüpfend, irgendwelche Strukturen zu greifen. Ich merkte richtig, wie mir das auf die Laune schlug, und als ich an dem ersten riesigen Hühnervernichtungslager vorbeikam, mit Stacheldraht, an dem nur noch die Wachtürme gefehlt hätten, dazu einen unsäglichen Gestank verbreitend, wurde mir richtiggehend übel. Ich musste bis spät in den Abend hinein laufen, um schließlich eine winzige Gehölzinsel von ein paar Metern Durchmesser zu finden, die in einer Kuhle lag und ihre Existenz wahrscheinlich nur dem Umstand verdankte, dass sie für die Maschinen unzugänglich war. Ich baute mir dort eine Grasmatratze, hatte aber den Geruch der Hühnerhalle noch in der Nase und große Probleme einzuschlafen.

Praxistipps

Wie erkenne ich Gefahren & wie handle ich in Notsituationen?

Gefahren in mitteleuropäischer Natur

»Hast du denn keine Angst, wenn du allein da draußen im Wald schläfst?« Diese Frage wird mir ziemlich häufig gestellt, und ich kann sie ganz klar und ohne zu zögern mit Nein beantworten. Das liegt nicht daran, dass ich ein besonders mutiger und furchtloser Mensch bin, sondern vielmehr an einem Erfahrungs- und Wissensschatz, der mir einen halbwegs objektiven Überblick verschafft. Ich bin der Meinung, dass ein Suffabend in Frankfurt oder eine Clubnacht in Berlin Gefahrenpotenziale mit sich bringen, die um ein Vielfaches höher sind als eine Nacht im Wald. Denn – ganz rational betrachtet – welche Gefahren »lauern« denn in unserer Natur? Es gibt weder tödlich giftige Schlangen, Spinnen oder Insekten noch Räuber wie Bären, und die Handvoll Wölfe haben es nicht auf Menschen abgesehen – die allerwenigsten von uns werden jemals in ihrem Leben einen zu Gesicht bekommen. Wenn ich dann auslote, wovor der Fragende/die Fragende sich selbst fürchten würde, wird einem schnell klar, dass es sich dabei um höchst irrationale Ängste handelt. Oft wird die Fantasie von schlechten Horrorfilmen beflügelt, in denen Geister, Psychopathen oder entflohene Riesenschlangen nur darauf warten, sich im Schutz des Waldes an einem zu vergehen. Es wäre Hohn, eine Existenz von Übergriffen in der Natur durch psychopathische Menschen (zumeist von Männern) zu leugnen, doch diese können genauso im städtischen Umfeld stattfinden und sind – ohne diese Problematik herunterspielen zu wollen – doch eher seltene Vorfälle. Auch anderweitig kann der nächtliche Wald bedrohlich wirken. Alte knorrige Eichen, deren Silhouetten sich gespenstisch vom Abendgrau abheben, Schleiereulenrufe, die an gequälte Säuglinge erinnern, lautes Geraschel und wildes Gegrunze in der dichten Schonung sowie hundeartiges Bellen von allen Seiten.

Der Wald kann aber auch ein Ort sein, der einem bei der Bewältigung von irrationalen Ängsten hilft, denn umso mehr man über ihn und seine Bewohner erfährt, desto besser lassen sich Geräusche, Formen und Gerüche einordnen. Gleichzeitig erfährt man eine Menge über sich und seine tief sitzenden Ängste. Wissen vertreibt die Angst.

Wenn ich eine Schleiereule höre, freue ich mich, und ein Bellen in meiner Nähe sagt mir, dass sich ein Rehbock in meiner Nähe befindet. Wir haben hier den Luxus, uns überall einfach so auf den Waldboden legen und ein Nickerchen abhalten zu können – in vielen Teilen der restlichen Welt ist das undenkbar, dort muss man ständig auf der Hut sein. So wunderschön der tropische Regenwald durch seine Diversität auch ist, so anstrengend ist es auch, sich in ihm zu bewegen. Ein Baum, an dem man sich kurz abstützen will, muss vorher auf giftige Baumschlangen untersucht werden, große und schmerzhaft beißende Ameisen sind schnell zur Stelle, wenn man ein Picknick auf dem Boden macht. In Alaska und Sibirien ist es nicht verkehrt, ein Gewehr zum Schutz vor Bären dabeizuhaben, und in manchen Teilen Afrikas braucht man unbedingt einen Führer, der weiß, wo Tellerminen vergraben sind. Auch wenn unsere Natur ein geringeres Gefahrenpotenzial aufweist, gibt es doch einige nicht ungefährliche Szenarien, die ich im Folgenden erläutern möchte.

Gefährliche Tiere

Die Zecke

Wie bereits erwähnt, müssen wir uns in Mitteleuropa keine Sorgen um Würgeschlangen und Raubkatzen machen. Die gefährlichsten Tiere sind hierzulande (mal abgesehen von der ewigen Nummer eins auf der Rangliste, dem *Homo sapiens*) klein und unscheinbar. Sie kriechen einem hinterlistig unter das Hosenbein, verstecken sich in der Kniekehle oder in der Achselhöhle und stehlen einem das kostbare Blut: Zecken. Diese kleinen Milben, die an krautigen Pflanzen auf den nächsten Wirt warten und sich nicht (wie Großväter gerne behaupten) von den Bäumen fallen lassen, gehören zu den Spinnentieren und können ernst zu nehmende Krankheiten übertragen. Jährlich erkranken in Deutschland rund dreihundert Menschen an Frühsommer-Meningoenzephalitis (FSME), was im schlimmsten Fall zu einer lebensbedrohlichen Hirnhautentzündung führen kann. Diese kann auch durch die zweite und um einiges häufiger von Zecken übertragene Krankheit, die Borreliose, entstehen. Die Symptomatik ist hierbei sehr vielseitig und kann sich in Gelenkentzündungen, Lähmungen oder typischen Rötungen äußern. Gegen die seltene FSME kann man sich impfen lassen, gegen die durch Bakterien verursachte Borreliose nicht. Das Tragen langer Hosen, das Verwenden von Zeckenschutzmitteln und das häufige Absuchen kann die Gefahr einer Übertragung drastisch minimieren. Ich hatte schon über hundert Zecken in meinem Leben und erfreue mich immer noch bester Gesundheit.

Das Wildschwein

Eine andere Tierart, die mit bis zu hundertachtzig Kilogramm Körpergewicht sehr Respekt einflößend sein kann, ist das Wildschwein. Dieser Urahne unseres Hausschweins besitzt einen ausgezeichneten Geruchssinn und sehr gute Ohren, während beim Gesichtssinn Mutter Natur etwas geizig war. Die feine Nase der Wildsau kann einen Menschen bei den richtigen Wildverhältnissen aus über hundert Metern riechen – in 99,9 Prozent der Fälle nimmt das Tier Reißaus. Denn schon lange vor Asterix und Obelix hat der Mensch Jagd auf Schweine gemacht – mit unserem Geruch verbindet das Tier also: »gefährliches Raubtier«. Mittlerweile haben wir die gesellschaftliche Arbeitsteilung so weit fortgeführt, dass nur noch einige wenige Individuen in der Lage sind, Tiere zu erlegen, die restlichen 99,5 Prozent haben es auf einen friedlichen Waldspaziergang abgesehen und nehmen beim Anblick des Schwarzkittels Reißaus. Aber das weiß die Sau ja nicht. Dass es doch ab und an zu Angriffen durch Wildschweine kommt, liegt entweder daran, dass Menschen fahrlässig Sauen anfüttern und ihre Scheu verloren geht oder Hunde mit im Spiel sind. Eine Bache verteidigt ihre Frischlinge bis aufs Blut, und ein Hund wird da nun mal als Gefahr angesehen. Die Eckzähne sind durch das ständige Aneinanderreiben messerscharf und können problemlos Hundebäuche aufschlitzen. Deshalb ist es wichtig, Hunde (vor allem Exemplare mit Jagdtrieb) im Wald immer anzuleinen. Zudem sollte man nicht geräuschlos durch Schonungen und Gebüsche pirschen, sondern sich durch lautes Sprechen oder Rufen bemerkbar machen, damit die Rotte eine Chance hat auszuweichen.

Der Wolf

Und was ist mit dem Wolf? Muss ich Angst haben, mit roter Mütze und Pilzkorb durch den Wald zu spazieren? Kaum ein Wildtier wird zurzeit so kontrovers diskutiert, wie der Urahne unserer Hunde. Dem einen eine blutrünstige Bestie, die sich an Nutztieren vergreift, ist er dem anderen ein selbstverständlicher Teil unserer Naturlandschaft. Ich persönlich hatte die große Ehre, dieses wundervolle Tier in unserer Natur beobachten zu dürfen, und das letzte Gefühl, dass ich dabei hatte, war Angst. Die allermeisten Tiere sind extrem menschenscheu und nehmen bei Witterung sofort die Beine in die Pfote. Meldungen über Angriffe in Deutschland entpuppten sich bei näherem Hinsehen als Missverständnisse oder Unwahrheiten und werden gezielt von kleinen Gruppen genutzt, um Stimmung zu machen und um persönliche Interessen durchzusetzen. Gleichzeitig ist der Wolf kein Kuscheltier, sondern ein wildes Raubtier und sollte als solches auch respektiert werden. Sollte der extrem unwahrscheinliche Fall eintreten, dass ein Wolf sich euch ohne Scheu nähert, erinnert ihn daran, wer ihr seid – das gefährlichste Tier dieses Planeten. Ruft laut, macht euch groß, werft etwas nach ihm und frischt seine genetisch verankerte Scheu auf. Solltet ihr einen Hund dabeihaben, haltet ihn ganz nah bei euch – ihr seid in diesem Fall seine Lebensversicherung.

Unwetter

Sturm

Auch wenn Stürme bei uns nicht so stark sind wie in anderen Ländern, wo Autos umgedreht und große Bäume meterweit geschleudert werden, kann ein Sturm im Wald durchaus lebensgefährlich sein. Die größte Gefahr geht dabei nicht einmal von umstürzenden Bäumen aus – diese bleiben häufig in stehenden Bäumen hängen –, sondern vielmehr von herunterfallenden Ästen. Ein zehn Kilogramm schwerer Ast, der aus drei Metern Höhe fällt, kann schon das Aus bedeuten, und meist geht das so schnell, dass man keine Chance hat auszuweichen. Wenn also Sturm angesagt ist, sollte man den Trip verschieben. Ist man aber nun, ähnlich wie in meinem Fall bei der Deutschlandwanderung, bereits im Wald und wird vom Sturm überrascht, sollte man sich schleunigst Deckung suchen. Ein großer umgestürzter Baum oder ein stabiler Wurzelteller können einen sicheren Schutz vor herabstürzenden Ästen bieten.

Es gibt gewisse Baumarten, sogenannte Flachwurzler, die dem Wind weniger entgegenzusetzen haben als andere – die Nähe zu diesen Arten sollte gemieden werden. Dazu gehören unter anderem: Weiden, Fichten, Douglasien und Hainbuchen. Auch nach dem Sturm solltet ihr euch sehr achtsam im Wald bewegen, manche abgebrochenen Äste könnten nur noch »am seidenen Faden« hängen und jeden Moment herunterfallen.

Blitze

Die Germanen glaubten, dass der Gott Thor (bzw. Donar) gleißende Blitze mit seinem mächtigen Hammer auf die Erde schleudert, wenn er mit seinem von Ziegenböcken gezogenen Himmelswagen durch höhere Sphären rast. Blitze und Donner haben nicht nur unsere Vorfahren beeindruckt und verängstigt, auch heute noch sind sie Respekt einflößende Naturerscheinungen. Wenn der Blitz in einen zwanzig Meter entfernten Baum einschlägt, meint man förmlich, die Druckwelle dieser Energieentladung zu spüren – mich hat es schon mal von den Füßen gefegt vor Schreck. Doch um diese Gefahr zu relativieren, hilft es, sich Statistiken anzusehen. Weniger als zehn Menschen sterben pro Jahr infolge eines Blitzschlags in Deutschland. Im Vergleich dazu sterben jährlich über tausend Menschen bei Treppenstürzen, und dennoch wurden Treppen aus unserem Alltag nicht verbannt. Vom Thema Autofahren ganz zu schweigen.

Um die Gefahren eines Blitzschlags zu minimieren, kann man sich ein paar Grundregeln merken. Auch wenn Blitze bevorzugt in höhere Strukturen einschlagen, sollte man den Aufenthalt im Wasser bei Unwetter vermeiden – wassernahe Bäume könnten den Stromfluss in den See ableiten. Die alte Bauernregel »Buchen sollst du suchen, Eichen sollt du weichen« ist leider Blödsinn – auch hier ist die Höhe entscheidend. Da Blitz und Donner meist mit starkem Wind einhergehen und wir gelernt haben, dass herabfallende Äste eine realistische Gefahr darstellen, sollte man Bäume ohnehin meiden. Ist man gerade im Wald unterwegs, ist es am sichersten, sich auf eine kleine Lichtung zu hocken (vorher metallhaltige Gegenstände ablegen), wobei der Abstand zum Waldrand ungefähr die Höhe des nächsten Baumes betragen sollte, und abzuwarten. Im Wald selbst sind Schonungen mit jungen Bäumen vorzuziehen, vor allem in jungen Fichtenschonungen besteht kaum Gefahr.

Erste Hilfe: problemorientiertes Handeln

Während man in abgelegenen Gebieten Nordamerikas oder in den Weiten des Amazonas bei einem Notfall schnell aufgeschmissen ist, sieht die Lage in Deutschland wesentlich entspannter aus. Gute Infrastruktur, hohe Bevölkerungsdichte und ein in der Regel gut funktionierender Rettungsdienst sorgen für eine recht hohe Überlebenswahrscheinlichkeit selbst bei schlimmen Unfällen. Eine gewisse Grundausbildung in Erster Hilfe, die bei Touren außerhalb Europas und im Alpenraum Pflicht sein sollte, kann einem auch hierzulande in brenzligen Situationen weiterhelfen. Zu guter Letzt gibt einem diese auch im Umgang mit Unfällen im städtischen

Umfeld eine gewisse Sicherheit und sollte immer wieder auf-
gefrischt werden. Das Schwierige ist meist nicht die Technik
an sich, sondern die Fähigkeit, in einer Extremsituation Ruhe
zu bewahren. Ein hoher Puls oder ein aufkommendes Panik-
gefühl bis hin zu Schnappatmung können ein besonnenes
und problemlösungsorientiertes Handeln erschweren oder
unmöglich machen. Es gibt spezielle Outdoor-Erste-Hilfe-
Kurse, in denen man lernt, aus dieser Ohnmachtslage heraus-
zutreten und fokussiert zu agieren. Erreicht wird das Ganze
durch den Einsatz von Schauspielern, die blutverschmiert um
Hilfe schreien und extrem realistische Simulationen ermöglichen. Zudem werden auf Outdoor-Trips abgestimmte Techniken wie Tragenbau mit Ästen etc. gelehrt – ich persönlich
frische den Kurs jedes Jahr auf.

Des Weiteren ist es angebracht, bei Outdoor-Touren
ein kleines Erste-Hilfe-Paket ständig am Körper zu tragen,
ich trage draußen immer eine kleine Packtasche am Gürtel.
Der Inhalt sollte auf die jeweilige Tour abgestimmt werden.
Es macht meiner Meinung nach keinen Sinn, hier zu erläutern, wie man einen Druckverband anlegt – ein nachhaltiger Lernprozess kann nur durch Ausprobieren unter erfahre-
ner Leitung stattfinden und sollte im Rahmen eines Kurses
durchgeführt werden. Folgende Handlungsabfolge ist aber in
den allermeisten Szenarien angebracht, wobei davon ausgegangen wird, dass du in einer Gruppe unterwegs bist. Solltest
du allein unterwegs sein, fallen die Schritte weg, die sich auf
andere beziehen, bzw. du musst sie alleine bewältigen.

1 Erste Handlungen

Abwehr weiteren Schadens

Noch bevor du einen Notruf absetzt oder Erste Hilfe einleitest, musst du die verletzte Person aus der Gefahrenzone bringen, sodass weiterer Schaden abgewendet werden kann. Ist ja eigentlich ganz klar: Rennt dein Begleiter panisch mit brennender Daunenjacke im Wald umher, rufst du nicht zuerst die Feuerwehr. Du wirfst die Person kurzerhand zu Boden und rollst sie so lange, bis die Flammen erstickt sind. Selbstschutz geht vor Fremdschutz – bringe dich nicht unbedacht in Lebensgefahr, schließlich bist du unter Umständen die letzte Hoffnung bzw. die einzige Person, die Hilfe holen kann.

Aufteilung

Gibt es neben dir noch einen anderen Ersthelfer, solltet ihr euch unbedingt aufteilen. Während sich eine Person um den Verletzten kümmert, muss die andere ganz bewusst aus der Situation heraustreten. Das funktioniert am besten, indem man das auch wörtlich genommen tut – rationale Entscheidungen sind schwer zu treffen, wenn man neben jemandem steht, der sich vor Schmerz die Seele aus dem Leib schreit. Der »Organisator« lässt »Betreuer« und Verletzten kurz allein und versucht, sich einen Überblick zu verschaffen. Im besten Fall spricht man vor einer Tour schon über diese Herangehensweise, damit die anderen Beteiligten nicht davon ausgehen, allein gelassen zu werden. Er überlegt und wägt situationsbezogen und rasch ab, es gibt da keine immer gleichbleibenden Handlungsmuster. Folgende Handlungsabfolgen kann man dennoch als Grundgerüst verinnerlichen.

2 Notruf tätigen

Schätzt du die Situation so ein, dass die Umstände lebensbedrohlich sind oder es in kurzer Zeit werden können, musst du sofort einen Notruf absetzen. Nun ist es so, dass es nicht nur im tiefsten Amazonas unter Umständen schwierig werden könnte, mit dem Handy Empfang zu haben – auch in der Industrienation Deutschland passiert das fernab der Städte nicht selten. Zwei Szenarien sind nun denkbar:

a) Empfang vorhanden

Sammle dich, atme tief durch und wähle den Notruf (europaweit 112). Die sogenannten fünf Ws bereiten dich im Vorhinein darauf vor, welche Informationen für die Rettungsdienste wichtig sind:

Wo?	(Hast du evtl. den nächsten Rettungspunkt parat?)
Wer	ruft an?
Was	ist passiert? (Kurz und knapp. Falls der Unfallort schwer passierbar ist, dies mitteilen.)
Wie viele?	
Warten	auf Rückfragen

Auch wenn du den Drang hast, so viele Informationen zu geben, wie möglich, ist das letzte W vielleicht sogar das wichtigste. Vertraue darauf, dass diese Spezialisten ihr Handwerk verstehen und dich genau das fragen werden, was sie wissen müssen. Du hast gar keine Ahnung, wo sich die Unfallstelle befindet? Der Rettungsdienst bzw. die Polizei kann über den

Mobilfunkanbieter die Funkzelle orten, in der du dich befindest. Unter Umständen ist dafür sogar nicht einmal ein richterlicher Beschluss nötig. Das Problem dabei: Die Funkzelle kann mehrere Quadratkilometer groß sein, eine genaue Ortung ist dann nicht möglich. Abhilfe verschafft ein GPS-Gerät oder ein Smartphone mit passender GPS-App – die angezeigten Koordinaten kann man dann im Notfall am Telefon durchgeben. Es gibt mittlerweile auch Apps, die ohne mobiles Internet die Koordinaten anzeigen können. Den Notruf kann man übrigens meist sogar dann absetzen, wenn man im eigenen Netz keinen Empfang hat: Wählt man die 112, wird der Notruf über vertragsfremde Netze umgeleitet.

b) Überhaupt kein Empfang

Unschöne Situation: Nach einem Unfall im Wald wählst du mit zitternden Händen den Notruf – »kein Empfang«, auch nicht über vertragsfremde Netze. Nun musst du ein paar Fakten zusammentragen und auf dieser Basis eine besonnene Entscheidung treffen; jede Situation ist anders, und es gibt hierbei keine Allround-Lösung. Folgende Dinge solltest du dich fragen:

- Wie stehen die Chancen, telefonieren zu können, wenn ich laufe und Empfang suche? Manchmal reicht es, sich nur wenige Meter zu bewegen. Andererseits muss ich vermutlich eine längere Wegstrecke einplanen, habe ich schon seit geraumer Zeit keinen Empfang. Im besten Fall ist man als Helfer nicht allein und kann jemanden losschicken.
- Wie schwer sind die Verletzungen, und macht es nicht vielleicht Sinn, zuerst Erste Hilfe zu leisten? Ein Druck-

verband, das Anlegen eines Tourniquets oder die stabile Seitenlage haben unter Umständen Vorrang.

- Gibt es eine stark befahrene Straße oder eine Siedlung in der Nähe, bei der ich Hilfe holen kann?
- Wenn ich Hilfe holen gehe – wie schätze ich die Chancen ein, die Unfallstelle wiederzufinden? Wegzeichen in Form von abgebrochenen Stöcken auf dem Boden können zum Beispiel die Stelle markieren, an der man einen Wanderweg verlassen hat. Schaue auch immer wieder zurück und präge dir Besonderheiten (besondere Bäume, Felsformationen etc.) ein.

Wie bereits erwähnt, macht es keinen Sinn, sich die Techniken der Ersten Hilfe aus einem Buch anzueignen – hier helfen nur praxisnahe Kurse.

Stark vereinfacht könnte man sich folgende Fälle vor Augen führen, die im Rahmen eines Naturtrips auftreten können:

Was tun bei Bissen, Vergiftungen, Unterkühlung, Brüchen & Co.?

Tierbiss

Zuerst einmal die gute Nachricht: In Europa gibt es keine Tiere, deren Biss für einen gesunden Erwachsenen sofort lebensgefährlich wird. Wenn es zu Todesfällen kommt, dann meist im Zusammenhang mit Allergien oder bei Herz-Kreislauf-Problemen. Solltest du von einem giftigen Tier wie einer

Viper oder einem Skorpion gebissen bzw. gestochen werden, ist es erstens nicht ratsam, den Biss auszusaugen. Du sorgst durch den Unterdruck dafür, dass das Gift vorher noch nicht erreichte Gewebsschichten durchdringt und sich verteilt. Zweitens nimmst du eine große Menge Gift durch deine Mundschleimhäute auf. Besser ist es, die betroffene Gliedmaße niedrig zu halten, einen Druckverband anzulegen und sich zu beruhigen: Denn umso schneller das Herz schlägt, desto rasanter verteilt sich das Gift im Körper.

Übrigens sind die allermeisten Bisse nur »Warnbisse«: Das Gift ist kostbar und wird für lohnende Beute aufgehoben. Problematischer sind meist die durch den Biss übertragenen Keime: Es kommt dadurch sehr häufig zu Entzündungen. Gerade Tiere, die Aas und Fleisch fressen, können einen wahren Bakterienherd im Maul spazieren tragen. Daher gilt: Eine durch ein Tier zugefügte Wunde muss gut gesäubert, desinfiziert und nicht vernäht oder anderweitig verschlossen werden. Man sollte sie lieber etwas ausbluten lassen, damit ein Großteil der Keime »ausgeschwemmt« wird. Eine sehr gefährliche, von Säugetieren (übrigens in Deutschland auch durch Fledermäuse) übertragbare und fast immer tödlich verlaufende Krankheit ist die Tollwut. Da ich einige Touren im Regenwald hinter mir habe, bin ich seit vielen Jahren schon dagegen geimpft.

Mückenstiche

Bis Ende der Vierzigerjahre gab es tatsächlich noch Gebiete in Deutschland, in denen man sich über Mücken mit Malaria (einer milderen Form) anstecken konnte. Heutzutage sind diese Blutsauger nicht mehr als lästig, es sei denn, man ist gegen Mückenstiche allergisch. Bei Touren nach Schweden habe ich immer »undurchstechliche« Kleidung und einen Hut mit Mückennetz bei mir – doch was macht man, wenn man kein Equipment dabeihat? Nach der Wanderung habe ich mich etwas intensiver mit der Abwendung von Mückenstichen beschäftigt, das Einreiben mit Schlamm hatte nicht die gewünschte Wirkung gezeigt. Mein derzeitiger Wohnort in Brandenburg war in den letzten Jahren ein idealer Trainingsplatz für Experimente: Zahlreiche Gewässer und sumpfige Wälder schaffen ideale Habitate für Mücken. Also rieb ich mich mit unterschiedlichen Erden ein und bot mich den Blutsaugern dar.

Das Problem beim Schlamm ist, dass er sich durch Schwitzen und Bewegung sehr leicht ablöst und oft keine wirkliche Barriere bietet. Die besten Ergebnisse hatte ich mit sehr tonhaltigen Erden wie Lehm: Hier bildet sich eine regelrechte Kruste, an der sich diese Zweiflügler den Rüssel krumm biegen. Um Lehm zu finden, schaut man sich am besten nach einem Regenguss um: Dort wo Pfützen besonders lange stehen bleiben, könnte es Lehm geben. Ansonsten können Lagerfeuerrauch und Rainfarn helfen. Diesen kann man mit in die Laubhütte nehmen oder ins Feuer werfen. Ansonsten werden offene, dem Wind ausgesetzte Stellen seltener besucht. Doch die Erfahrung zeigt auch: Haben die Mücken richtig großen Hunger, lassen sie sich von gar nichts (bis auf giftige, DEET-haltige Sprays) beeindrucken.

Vergiftungen mit Pflanzen und Pilzen

Wie bereits erwähnt, sollte man nur auf Pflanzen und Pilze zurückgreifen, bei denen man sich 101 Prozent sicher ist, keine giftige Art vor sich zu haben. Sollte es aber dennoch dazu kommen, bzw. solltet ihr jemanden mit einer Pflanzen- oder Pilzvergiftung auffinden, solltet ihr sofort Hilfe rufen. Des Weiteren ist es ratsam, Erbrechen herbeizuführen, um die noch unverdauten Toxine hinauszubefördern. Das kann zum Beispiel durch das Trinken größerer Mengen Salzwassers oder eines Glases voll Speiseöl geschehen. Vorsicht: Steckt niemals den eigenen Finger in fremde Hälse! Der Kaumuskel ist der stärkste Muskel in unserem Körper und versetzt das Gebiss in die Lage, bei einem Krampfanfall einen Finger mühelos durchzubeißen! Zudem sollte sehr viel Wasser getrunken werden, um die Giftmischung im Magen zu verdünnen. Doch, Achtung: Im urbanen Kontext sollte kein Erbrechen herbeigeführt werden, denn bei schäumenden Giften (z.B. Reiniger etc.) würde es evtl. zum Ersticken führen. Eventuell vorhandene Reste des Pilzes oder der Pflanze, die sich aus dem Erbrochenen herausfischen lassen, können dem Rettungsdienst mitgegeben werden und die Therapie erleichtern.

Unterkühlung

Wer glaubt, nur im tiefsten Winter unterkühlen zu können, liegt falsch. Auch in einer lauen Sommernacht fängt man schnell an zu frieren, wenn man sich nicht dagegen zu schützen weiß. Schließlich liegen selbst warme fünfundzwanzig Grad knapp zwölf Grad unter der Körperkerntemperatur. Sehr oft habe ich bei meinen Wanderungen Folgendes an mir beobachten müssen: Wenn man sich zum Schlafen hinlegt, fährt der Kreislauf herunter, und der Körper wird nicht mehr durch Muskelbewegungen gewärmt. Musste man beim Laufen vorher noch den Pulli ausziehen, weil es so warm war, beginnt man – nun in Ruhe – zu zittern. Dieses Kältegefühl führt meist zu einem unruhigen Schlaf und somit zu ungenügender Regeneration, was sich durch Abgeschlafftheit und Motivationslosigkeit am nächsten Tag bemerkbar macht. Lebensgefährlich wird das Ganze dann, wenn eine Unterkühlung eintritt. Diese ist gegeben, wenn der Körper die Kerntemperatur (die Temperatur im Rumpf) nicht mehr durch Muskelzittern etc. auf siebenunddreißig Grad halten kann. Man spricht von einer leichten Unterkühlung, wenn der Körperkern auf zweiunddreißig bis fünfunddreißig Grad absinkt, unter diesem Punkt stoppt das Muskelzittern, und das Bewusstsein wird stark getrübt. Spätestens jetzt wird es gefährlich, vor allem, weil man unter Umständen nicht mehr in der Lage ist, die richtigen Entscheidungen zu treffen. Unter achtundzwanzig Grad verliert man das Bewusstsein zur Gänze, und der Kreislauf versagt. Ich muss noch einmal betonen, dass es sich hierbei um die Temperaturangaben zu dem Körperkern (also die »Körpermitte« mit allen lebenswichtigen Organen) handelt, die Extremitäten können viel kälter sein. Der Körper beginnt nämlich durch Kontraktionen der Gefäße, das warme Blut im Inneren zu halten. Es macht also durchaus Sinn, sich um eine Wärmequelle (Feuer) oder eine Isolationsschicht (Laubhütte) zu kümmern, selbst wenn es tagsüber warm war. Tatsächlich ist die Unterkühlung eine der größten Gefahren bei zivilisationsfernem Reisen in Mittel- und Nordeuropa.

Folgende Tipps zum Thema Unterkühlung möchte ich dir nicht vorenthalten:

- Sorge für eine gute Bodenisolation, hier geht ein Großteil der Wärme verloren. Eine Rettungsdecke hilft hier übrigens nicht, denn sie reflektiert nur die Wärme und hat keinerlei Isolationswirkung.
- Schlafe nicht an einer windexponierten Stelle oder baue dir einen Windschutz.
- Wenn du aufwachst und dir sehr kalt ist, stehe auf und laufe ein paar Runden. Zur Not kannst du auch wach bleiben, dich bewegen und zu späterer Stunde – wenn die Sonne dich wärmt – weiterschlafen.
- Solltest du nasse Klamotten haben, musst du sie ausziehen und im besten Fall an einem Feuer trocknen – sie werden dich sonst stark auskühlen. Wenn es nicht anders geht, kannst du auch einzelne Klamottenschichten durch »Trockenlaufen« mit deiner Körperwärme trocknen.
- Gefahr Drop-down: Wenn ein unterkühlter Mensch zur Bewegung gezwungen wird oder durch Betreuung eines Laien einer Wärmequelle ausgesetzt wird, kann dies durch schlagartige Vermischung des kalten Extremitätenbluts mit dem wärmeren Kernblut zu einer Herabsetzung der Gesamtkörpertemperatur – und somit zum Tode – führen.
- Wärme dich an einem Feuer von außen und mit heißem Wasser oder Tee von innen.
- Wer fremdelt, der friert: Seid ihr zu mehreren, baut eure Scheu ab und kuschelt euch aneinander.

Schwere Unterkühlung

Ein unterkühlter Mensch zittert wie Espenlaub, hat oft blaue Lippen und Ohrläppchen und sehnt sich nach Wärme. Wirklich gefährlich wird es, wenn der Betroffene so stark auskühlt, dass er nicht mehr zittert: Hier ist von einer schweren Unterkühlung auszugehen. Ein stark unterkühlter Mensch hat eine Körperkerntemperatur von unter zweiunddreißig Grad und ist dem Tode recht nah. Das mag jetzt sehr verwundern, aber ein stark unterkühlter Mensch darf nicht bewegt oder von außen erwärmt werden! Das Blut in den Extremitäten kann auf unter zwanzig Grad abgefallen sein, eine Bewegung des meist bewusstlosen Menschen kann zu einer Durchmischung mit dem Körperkernblut kommen und die Kerntemperatur so stark senken, dass das Herz den Geist aufgibt (»Afterdrop«). Vorsichtig und »als wäre er ein rohes Ei« kann man dem stark Unterkühlten ein feuchtes, etwa vierzig Grad warmes Kleidungsstück vor das Herz legen.

»Wo bekomme ich denn so schnell lauwarmes Wasser her?«, wirst du dich jetzt vielleicht fragen. Wie wäre es mit einer zumindest siebenunddreißig Grad warmen Flüssigkeit, die du meist mit dir herumträgst? Lieber mit Fremd-Urin kuscheln als sterben. Danach wird der Körper ganz vorsichtig in Decken eingewickelt, und es sollte für ausreichend Bodenisolation gesorgt werden. Erst wenn der Betroffene wieder anfängt zu zittern, darf man ihn zu einer Wärmequelle tragen, ihn bewegen und aktiv aufwärmen.

Sonnenstich und Hitzschlag

Diese beiden Begriffe werden gerne mal verwechselt – zwar handelt es sich in beiden Fällen um Hitzeschäden, doch kann ein Hitzschlag im Gegensatz zum Sonnenstich schnell lebensgefährlich werden. Beim Sonnenstich kann durch hohe Sonnenexposition in Verbindung mit ungenügender Kopfbedeckung eine Irritation der Hirnhaut ausgelöst werden, und er kann im Extremfall zu einem Hirnödem übergehen. Begleiterscheinungen sind unter anderem Schwindel, Übelkeit und Kopfschmerzen. Der Hitzschlag hingegen wird oft durch eine zu dicke Kleidungsschicht in Verbindung mit körperlicher Belastung, feuchtwarmer Umgebungstemperatur und Flüssigkeitsmangel ausgelöst. Die Körpertemperatur steigt auf über vierzig Grad, mögliche Folgen sind: Schwindel, Übelkeit, Schock, Hirnödeme, Bewusstlosigkeit bis hin zum Herzstillstand.

Um diesen Hitzeschäden vorzubeugen, empfiehlt sich eine ausreichende Kopfbedeckung sowie die Vermeidung schwerer körperlicher Arbeiten wie Lagerbau etc. in den heißen Mittagsstunden. Außerdem solltest du immer auf eine ausreichende Wasserzufuhr achten. Sollten die Symptome schon auftreten, helfen kaltnasse Umschläge und Entkleiden. Beim Hitzschlag ist unbedingt die Alarmierung des Rettungsdienstes angebracht.

Verbrennung

Bei einer Outdoor-Tour kann es durchaus mal zu einer Verbrennung kommen, schließlich kommt man durch Kochen und Wärmefeuer in der Nacht häufig in direkten Kontakt mit offenem Feuer. Kleinere Verbrennungen heilen sehr schnell, und man muss sie gar nicht größer behandeln, meist hilft es, den betroffenen Finger kurz mit kaltem Wasser abzuspülen. Bei großflächigeren Verbrennungen sieht die Sache schon anders aus: Bei einer Brandwunde, die mehr als fünfzehn Prozent der Körperoberfläche bedeckt, besteht für Erwachsene akut Lebensgefahr. Bei Kindern reichen zehn Prozent schon aus. Um die prozentuale Fläche abschätzen zu können, kann man sich die Handinnenseite zu Hilfe nehmen: Diese nimmt ca. ein Prozent der Gesamtkörperoberfläche ein.

Eine Brandwunde wird luftig-leicht abgedeckt, und der Betroffene muss viel trinken, um den Wasserverlust zu ersetzen. Ansonsten kann es schnell zum Schock kommen. Paradoxerweise unterkühlen Betroffene schnell, weshalb das Einwickeln in die Rettungsdecke wichtig ist sowie eine gute Bodenisolation. Weitere Schritte sind in einer Notfallsituation in der Natur nicht möglich, hier kann nur das Krankenhaus weiterhelfen.

Gebrochene Gliedmaßen

Keine schöne Vorstellung: Man ist in einem wunderschönen Fleckchen Natur abseits der Zivilisation unterwegs – plötzlich rutscht man am Hang ab und bricht sich den Unterarm. So schmerzhaft Brüche auch sein können und so fatal sie zum Teil aussehen, schaffen es dennoch die meisten damit zurück in die Zivilisation. Prähistorische Knochenfunde belegen, dass Knochenbrüche im gefährlichen Alltag unserer Vorfahren an der Tagesordnung waren – und dass diese oft wieder verheilten. Lebensgefährlich wird ein Bruch dann, wenn durch die scharfkantige Bruchstelle Blutgefäße verletzt wurden oder die Wirbelsäule geschädigt ist. Um eine Verletzung von Gefäßen zu verhindern, ist es sinnvoll, die betroffene Gliedmaße zu schienen. Diese und andere mögliche Verletzungen »draußen in der Natur« erstzuversorgen, lernt man am besten in speziellen Outdoor-Erste-Hilfe-Kursen.

Stark blutende Wunde

Ein ausgewachsener Mensch verträgt einen Blutverlust von ein bis zwei Litern, bei mehr wird es schnell kritisch. Mögliche hygienische Zweifel müssen tunlichst hintenanstehen, es hat in diesem Fall oberste Priorität, den Blutverlust zu verlangsamen. Das kann durch starkes Aufpressen der Wunde (Druckverband) geschehen. Blutet die Wunde weiterhin stark, kann man mit einem Band oder Gürtel und einem Stock als Knebel ein Tourniquet rumpfnah am verletzten Glied anlegen.

Ein Tourniquet ist nicht unproblematisch, da Nervenschädigungen und Gerinnselbildung (Gefahr einer Thrombose beim wiederholten Öffnen) vorkommen können. Unter Umständen hat man aber etwas Zeit gewonnen und kann einen besseren Druckverband anlegen. Das Tourniquet ist nur eine Zwischenlösung und sollte nach erfolgreichem Anlegen des Druckverbands ganz langsam wieder geöffnet werden. Muss das Tourniquet für mehr als zwei Stunden verbleiben und sollte ärztliche Hilfe in absehbarer Zeit vorhanden sein, wird der Arzt vor dem Öffnen blutgerinnende Mittel spritzen.

Vergiss Scherze wie »die Wunde mit Feuer versengen« und andere filmreife Szenen: Wenn du aufgrund der Schmer-

zensschreie und des Geruchs von verbranntem Fleisch in
Ohnmacht fällst, ist keinem geholfen, zudem ist es selbst für
Chirurgen nicht einfach, eine Arterie zu verlöten. Eine stark
blutende Wunde kann zu einem Schock führen.

Schock

Es gibt kaum einen medizinischen Begriff, der so oft falsch
verwendet wird, wie der Schock. Da wird schon mal der
Schrecken über den Haarriss in der Windschutzscheibe um-
gangssprachlich als Schock bezeichnet. Allenfalls ein »Ner-
venzusammenbruch« oder besser eine »akute Belastungsre-
aktion« könnte man als psychischen Schock bezeichnen. Aus
medizinischer Sicht ist ein echter Schock eine schwere Kreis-
laufstörung, die mitunter tödlich enden kann. Lebenswich-
tige Organe wie das Gehirn erhalten dabei nicht die Menge
an sauerstoffreichem Blut, die sie eigentlich benötigen. Das
kann zum einen daran liegen, dass die Gesamtblutmenge ab-
nimmt, weil das System Körper ein »Leck«, also eine Wunde,
hat oder weil ein großer Wasserverlust durch Schwitzen oder
Durchfall das Gesamtblutvolumen stark verringert. Typische
Schockzeichen sind blasse, kaltschweißige Haut, kalte Hände
und Füße, Zittern, Angstzustände. Das Herz versucht, den
Volumenmangel auszugleichen, somit ist ein schwacher, aber
schneller Puls zu erkennen.

Menschen mit Schock sollten (sofern bei Bewusstsein und nicht am Oberkörper verletzt) hingelegt und beruhigt werden. Die Beine sollten hochgelagert werden, damit das Blut »aus den Beinen« in den Oberkörper drückt.
Die Gefahr dabei ist, den Schock mit einem Herzinfarkt oder

einem Schlaganfall zu verwechseln. In diesen Fällen würde ein Hochlagern der Beine das Schadensbild extrem erhöhen. Ein Herzinfarkt zeichnet sich oft durch ein Engegefühl, Schmerzausstrahlung in Arm und Rücken, Todesangst und Atemnot aus. Beim Schlaganfall sind nicht selten Teile einer Körperhälfte gelähmt, und der Betroffene ist oft verwirrt.

Rettungspunkte

Seit den 1990ern gibt es in Deutschland ein mehr oder weniger dichtes Netz an einmalig vergebenen Buchstaben-Zahlen-Kombinationen, die ein schnelles Zuordnen des Unfallortes ermöglichen. Diese Rettungspunkte sind meist erkennbar an einem grünen Schild mit weißem Punkt oder Kreuz, darunter steht eine Buchstaben- und/oder Zahlenkombination. Rettungskräfte wissen dann zumeist schon, wie sie diesen Punkt am schnellsten erreichen können, und bei einem Notfall kann jede Minute zählen. Sollte man bei einem Notfall im Wald nirgends ein solches Schild vorfinden, kann man Informationen zu den Rettungspunkten sowohl auf manchen Wanderkarten als auch online über spezielle Apps ermitteln.

Kleinere »Wehwehchen«

Blasen

Blasen an den Füßen sind nicht nur lästig, sondern können bei unsachgemäßer Behandlung zu einer mehrtägigen

Zwangspause bis hin zum Abbruch eines Trips führen. Blasen entstehen, wenn ein Material (z.B. Strumpf und Schuh) in Verbindung mit Wärme und Feuchtigkeit für längere Zeit an der Haut reibt. Der Körper schützt die tiefer liegenden Hautschichten, indem er die Hohlräume zwischen den Hautschichten mit Flüssigkeit füllt.

Die Blase sollte nur aufgestochen werden, wenn sie ohnehin platzen würde. Dabei sollte die Spitze des Messers oder der Nadel sterilisiert werden, indem man sie kurz in die Flamme hält oder sie in ein Desinfektionsmittel legt. Die Wunde wird kurzerhand desinfiziert und mit einem Druckpflaster abgeklebt. Vorbeugen kann man Blasen wie folgt:

- Schuhe vor einem Trip einlaufen, sie sollten perfekt sitzen.
- Socken regelmäßig wechseln, nicht mit nassen oder löchrigen Socken laufen.
- Bereits bei den ersten Anzeichen (Rötung, Schmerz) ein Druckpflaster anbringen.

Der Wolf

Nein, damit ist nicht der Urahne des beliebtesten Haustiers gemeint, sondern eine sehr unangenehme Folge von Reibungsenergie. Ich hatte mir während der Tour auch kurzzeitig einen Wolf gelaufen, zeitweise war es so unangenehm, dass ich darüber nachdachte, eine mehrtägige Pause einzulegen. Der Wolf kann an unterschiedlichen Stellen entstehen, Klassiker sind der Damm (zwischen Geschlechtsorgan und Anus gelegen) sowie die obersten Bereiche der Oberschenkelinnenseite. Ich kann neben häufigem Waschen unbedingt

Vaseline empfehlen. Am besten trägt man sie auf, wenn man erste Irritationen bemerkt, dann kann die Schmierung noch Schlimmstes verhindern. Doch auch wenn bereits wunde Stellen zu erfühlen sind, kann Vaseline noch aufgetragen werden (aber bitte immer mit sauberen Fingern).

Insektenstich im Hals

Mit der Bierflasche in der Hand steht er vor dem Grill, röchelnd und mit der Hand auf den Hals zeigend. Blitzschnell ziehst du deinen Kugelschreiber hervor, zielst – und rammst ihn in die Luftröhre. Aus mehreren Gründen ist dieses Szenario mehr als unrealistisch. Zuerst einmal ist ein sogenannter Luftröhrenschnitt ein sehr komplizierter Eingriff. Ein befreundeter Medizinstudent hat mal gesagt: »Das sieht im Film vielleicht gut aus, in der Realität wird das fast nie gemacht, da gibt es andere Mittel.« Die Gefahr ist einfach viel zu groß, lebensgefährliche Wunden zu verursachen oder die Stimmbänder durchzuschneiden.

Zumeist stechen Wespen und Bienen bereits in der Mundhöhle, da kommt es zwar zu einer Schwellung, diese ist jedoch selten lebensgefährlich. Sollte der Stich tatsächlich im Hals sitzen oder der Gestochene allergisch reagieren, muss umgehend der Notarzt gerufen werden. Hilfreich ist es, den Hals von außen und innen zu kühlen (kaltes Wasser trinken, Eis lutschen) und sich zu beruhigen, damit die Atmung etwas verlangsamt wird. Sollte es zu Atemnot kommen, kann man dem Betroffenen durch Mund-zu-Mund-Beatmung Sauerstoff durch die enger werdende Luftröhre pressen.

Insektenstich-Allergie

Für etwa fünfundneunzig Prozent aller Mitteleuropäer sind Insektenstiche nicht mehr als nervige Naturbegleiterscheinungen, die im schlimmsten Fall Schwellungen und stärkere Schmerzen verursachen können. Die restlichen fünf Prozent dagegen müssen bei einem Aufenthalt in der Natur besonders achtsam sein: Für Allergiker können ein oder mehrere Stiche bereits lebensgefährlich werden. Atembeschwerden, Übelkeit, Durchfall bis hin zu Kreislaufversagen sind mögliche Folgen. Betroffene führen meist ein Notfallset bei sich, auch kann man sich über mehrere Jahre hinweg unter ärztlicher Aufsicht immunisieren. Übrigens sind die Gifte so unterschiedlich, dass man gegen Bienenstiche, nicht aber gegen Wespenstiche allergisch sein kann und umgekehrt.

Ich habe auch schon jemanden kennengelernt, der gegen Mückenstiche allergisch ist: Bei ihm kommt es nicht zu kleinen juckenden Stichen, sondern zu großflächigen Schwellungen.

Es macht vor einer größeren Tour durchaus Sinn, sich mal auf die verschiedenen Gifte testen zu lassen, vor allem, wenn man noch nie von Wespe und Biene gestochen wurde, denn fernab der Zivilisation möchte man nur ungern diese neue Erfahrung machen.

Entzündung im Mund/Halsschmerzen

Wer eine entzündete Stelle im Mund hat oder eine Bakterieninfektion in Rachen und Hals kann sich wie folgt Linderung verschaffen, ohne gleich Tabletten nehmen zu müssen: Man nimmt eine der folgenden antibiotisch wirkenden Pflanzen, kocht Wasser auf und lässt sie mindestens zwanzig Minuten darin ziehen, sodass ein Auszug entsteht:

- Echte Nelkenwurz (klein geschnittene Wurzel)
- Dost
- Echte Kamille (die anderen Arten gehen auch, sind aber lange nicht so wirksam)
- Johanniskraut (Vorsicht, kann die Wirksamkeit der Antibabypille beeinflussen)
- Wiesen-Schafgarbe
- Lindenblüten
- Echtes Mädesüß

Mit diesem Auszug kannst du mehrmals täglich gurgeln. Viel hilft in diesem Fall viel: Ein Auszug ist immer viel potenter als ein Tee; da du ihn auch nicht trinkst, kannst du ruhig eine große Menge an Pflanzenmaterial nehmen.

Zecken

Zecken gehören systematisch gesehen zu der Klasse der Spinnentiere und können Krankheitsüberträger sein. Europaweit kann man sich durch den Biss einer Zecke mit einer Reihe von Bakterien verursachten Krankheiten wie Borreliose, Ehrlichiose, Tularämie und Fleckfieber anstecken. Antibiotika schlagen hier recht gut an, solange sie zeitnah verabreicht werden. Gegen FSME kann man sich impfen lassen, und das macht für Menschen, die viel draußen sind, durchaus Sinn. Die seltene Babesiose wird – ähnlich wie Malaria – von parasitären Einzellern verursacht und tritt überwiegend in Mittelmeerregionen auf. Die unterschiedlichen Krankheiten haben verschiedene Hotspots, im Internet gibt es detaillierte und aktuelle Karten.

Sobald Hautirritationen, länger andauerndes Jucken und Rötungen auftreten oder du dich in einem Risikogebiet befindest, ist ein Arztbesuch ratsam. Zeckensprays, lange Hosen und das häufige Absuchen können einem Zeckenbiss vorbeugen. Eine neue Studie von 2019 zeigt, dass Weidetiere wie Kühe eine gewisse Immunität gegen Borreliose-Erreger aufbauen und das Risiko, sich mit diesen zu infizieren, auf Weideflächen um ein Vielfaches geringer ist.

8 Orientierung & Wetter

Tag 38

Als ich aufwachte, lag die Müdigkeit wie eine bleierne Decke auf mir, und ich brauchte lange, um aufzustehen. Ich hatte sehr unruhig geschlafen, fühlte mich alles andere als erholt und wälzte mich so lange auf der Grasmatratze, dass sie sich vollends in ihre einzelnen Halme auflöste. Mir war immer noch leicht übel vom Gestank der Tiermastanlage, ich verzichtete auf das Frühstück und ging nach einem scheinbar endlosen Wasserlassen und mit etwas verquollenen Augen weiter.

Ich war immer noch auf dem Rhön-Höhen-Weg unterwegs, und auf diesem Abschnitt hatte ich Probleme, die Markierungen zu finden. Das war nicht verwunderlich, denn dieser Teil Deutschlands lud nicht gerade zum Wandern ein, und es gab wahrscheinlich keinen Ortsverband, der sie hier dauerhaft pflegte. Ich kam an mehreren Weggabelungen vorbei, bei denen kein Zeichen zu finden war, und ich musste mein GPS-Gerät auspacken. Die Batterieanzeige blinkte schon, und die Ersatzbatterien hatte ich bereits für die Digitalkamera aufgebraucht – in den nächsten Tagen musste ich also ohne auskommen. Als das GPS-Gerät seinen Geist aufgab, musste ich mir anders weiterhelfen. Anhand des Sonnenstands konnte ich in den meisten

Fällen den richtigen Weg ermitteln. Während man sich am Mittag schnell und einfach an der Sonne orientieren kann, nutzte ich am Nachmittag eine einfache, aber recht zuverlässige Methode. Ich steckte einen Stock in den Boden und markierte mit einem Steinchen den Endpunkt des Schattenwurfs. Nach einer guten Viertelstunde war dieser Punkt weitergewandert und konnte wiederum markiert werden. Wenn ich diese zwei Messpunkte nun verband, entstand eine Linie, die in Ost-West-Richtung verlief, und ich konnte mich an in ähnliche Richtungen verlaufenden Wegen orientieren. Ich kam auf diese Weise ganz gut zurecht, und ein Wanderschild mit einer Kilometeranzahl bis Halle/Saale bestätigte mich in meinem Vorgehen. Selbst wenn ich etwas von meinem Weg abkam, lief ich ja prinzipiell in die richtige Richtung: nach Nordosten.

Die Landschaft blieb öde und eintönig, und wieder einmal wurde mir bewusst, was für einen großen Einfluss die Landschaft auf den Gemütszustand haben kann. Ich lief an diesem Tag an die zehn Stunden, dazu schneller und mit kürzeren Pausen, als wollte ich diesem Ort entkommen. Am Abend hatte ich wieder dasselbe Problem wie am Vortag: Ich fand bis auf eine winzige Gehölzinsel keine Deckung. Als ich später auf meiner Grasmatratze lag, meine Nase zu laufen begann und ich schlecht Luft bekam, war ich doch sehr irritiert. Ich hatte als Jugendlicher eine Zeit lang Probleme mit Heuschnupfen gehabt, diese waren aber so schnell wieder verschwunden, wie sie gekommen waren. Nun, knapp zehn Jahre später, holte mich diese Form der allergischen Reaktion unverhofft und zu einem denkbar ungünstigen Zeitpunkt wieder ein. Ich lag direkt neben einem großen Roggenfeld, und gegen dieses Gras schien mein Immunsystem gerade zu reagieren. Wie konnte es sein, dass ich zehn Jahre lang keine Probleme gehabt hatte, und die Allergie nun schlagartig wiederkam? Es half alles nichts, ich musste weitergehen – an Schlaf war in diesem Zustand nicht zu denken. Meine Augen waren zugequollen, juckten wie die Pest, und der Rotz lief in Strömen. Hätte mich in diesem Zustand nun ein Jäger angetroffen, wie ich so durch das Gebüsch gebrochen wäre, er hätte wahrscheinlich auf Wildschwein mit Schweinepest getippt und geschossen.

Es war dunkel, aber der Mond war zu drei Vierteln gefüllt und spendete mir ausreichend Licht, sodass ich schnell auf den ursprünglichen Wanderweg zurückfand. Durch die Dunkelheit waren die ohnehin spärlich gesäten Wegzeichen noch schwieriger zu erkennen, und an jeder Weggabelung musste ich länger stehen bleiben, um mich zu verorten. Zum Glück war der Himmel klar, und ich konnte durch die Position des Polarsterns zumindest in die richtige Himmelsrichtung gehen. An einer Weggabelung irrte ich mich, da der Weg hinter einem hohen Gebüsch bereits nach kurzer Zeit einen Schlenker machte und wieder in Richtung Süden führte. Also lief ich den Weg wieder zurück bis zur Gabelung und wählte dann den anderen. Das erwies sich sofort als eine gute Entscheidung, denn auf einer in den Boden getriebenen Eisenstange war der rote liegende Tropfen zu sehen, das Zeichen für den Rhön-Höhen-Weg. Das Roggenfeld am Wegesrand schien kein Ende zu haben und begleitete mich noch eine Weile. Eine gute Stunde später sah ich die Silhouette eines Waldrandes vor mir und war etwas erleichtert. Mir war egal, dass es sich dabei um einen reinen Fichtenforst handelte – ich wollte einfach nur weg von dem Roggenfeld, suchte mir eine weiche, mit Moos gepolsterte Stelle, rollte mich genau wie Rocko zusammen und fiel sofort in einen tiefen Schlaf.

Tag 39

Als ich am Morgen aufwachte, bekam ich zwar wieder besser Luft, meine Nase war aber immer noch ziemlich verstopft. Ich war genervt und fragte mich, was dieser Mist hier jetzt sollte. Ich packte schlecht gelaunt meine Sachen zusammen und lief über den weichen, nadelbedeckten Boden zurück zum Waldweg. Der Fichtenforst war kleiner, als ich in der Nacht gedacht hatte, nach zehn Minuten öffnete er sich, und der Weg zog sich wieder geradewegs durch die altbekannte monotone Landschaft.

Gegen Mittag traf ich auf das erste Gehöft, ein liebloses Betonmonster aus den Siebzigern, keine Menschenseele war zu sehen. Für eine Weile durchzog der Sandweg Raps- und Weizenfelder, als ich mich einem etwas freundlicher aussehenden Gehöft – hohe Sonnenblumen vor der Einfahrt – näherte. Ein großer dunkelbrauner Rottweiler spielte in seinem winzigen Zwinger verrückt, als er mich und meinen Hund kommen sah, und sein lautstarkes Gebell machte es hinfällig zu klingeln. Sofort öffnete sich eine hellgraue Metalltür an der schmalen Hofseite, und ein misstrauisch dreinblickender älterer Frauenkopf lugte in meine Richtung.

»Äh... hätten Sie vielleicht etwas Wasser für mich?«,

fragte ich, während ich ihr meine Trinkflaschen entgegen-streckte.

Sie murmelte irgendetwas, nahm die Flaschen aber ent-gegen und ging wieder hinein. Nach kurzer Zeit ging die Tür wieder auf, sie streckte mir meine PET-Flaschen entgegen, und ich meinte, nach einem freundlichen »Dankeschön!« meinerseits, den Anflug eines zaghaften Lächelns in ihrem Gesicht zu entdecken.

Eine halbe Stunde später stand ich vor einer überra-schend großen Apotheke, leinte den Hund draußen an und ging hinein. »Oh, Allergie?«, fragte mich die Apothekerin direkt, ohne ein Hallo. Die für derartige Orte ungewohnte Indiskretion machte mich kurz stutzig und amüsierte mich im nächsten Moment. Natürlich, sie konnte mir ohne Rezept nur ein leichtes Mittel geben. Und natürlich, das mit dem Draußenschlafen sollte ich erst einmal lassen.

»Das haben Sie doch nicht etwa vor, oder?«, fragte sie mit sorgenvollem Blick.

Ich log ihr ins Gesicht, und sie war sichtlich erleichtert. Draußen setzte ich mich noch einen Moment zu Rocko auf den warmen Bordstein und tröpfelte mir die Augentropfen in den Bindegewebssack. Das nervtötende Jucken verschwand augenblicklich, und ich lobpreiste für einen Moment den ge-winnorientieren, börsennotierten Pharmakonzern, der mir diese Linderung ermöglichte. Das Nasenspray tat auch sei-nen Dienst, und ich war bester Dinge, nun so fabelhaft aus-gerüstet den Rest meines Weges antreten zu können. Sicher-heitshalber ging ich noch einmal in die Apotheke, um mir eine Rettungsdecke zu kaufen (meine letzte hatte ich vor einer Weile in einer Nacht ohne Laubhütte an einem Holun-

derstöckchen aufgerissen), und packte sie sorgfältig in meine
Erste-Hilfe-Tasche.

Ich machte zum tausendsten Mal den Fehler, ausge-
hungert in einen Supermarkt zu gehen, und kam mit prallem
Rucksack wieder heraus. Bergkäse, Dosenfisch, eingelegte
Gurken, eine Tüte Milch, ein Kreuzworträtselheft (»Was-
serführender Komponist mit vier Buchstaben?«) und Tomaten. Gekochte Eier, Kuchen, Schokolade und eine Packung
Magerquark. Zum Glück hatte ich auch an die Batterien gedacht, so konnte ich mein GPS-Gerät wieder mit Energie
füttern und im Notfall oder bei fehlenden Wegmarkierungen
einsetzen.

Die scheinbar endlosen Agrarwüsten hatten ein Ende
gefunden, und die Landschaft nahm Schritt für Schritt wei-
chere Züge an. Weißdornbüsche, Hundsrosen und manns-
hohe Wilde Karden säumten den Weg, und auch die Vo-
gelwelt schien sich hier wohler zu fühlen. Eine Goldammer
zilpte ihr »Wiehabichdichlieeeb« von der Krone einer
schmalen Linde, und ein großer Trupp Feldsperlinge machte
in einer Schlehenhecke mächtig Lärm. Der Himmel strahlte
in einem leuchtenden Blau – ich lief mittlerweile im T-Shirt.
Ab und zu zog eine Schönwetterwolke vor die Sonne und
brachte mich zum Frösteln, ich genoss das Wechselspiel von
Gänsehaut und wohltuender Wärme. Als ich am Abend an
einem kleinen Kochfeuer saß und mir der Duft von gebra-
tenen Nachtkerzenwurzeln mit Bergkäse in die Nase stieg,
schrieb ich die letzten Zeilen des kleinen Märchens und las
es einmal komplett. Das Schreiben hatte mir wirklich Spaß
gemacht, und ich war sogleich ein wenig traurig, dass es zu
Ende war. Ab jetzt würden Kreuzworträtsel meinen Man-

gel an geistiger Herausforderung beheben müssen – das war zwar kein vergleichbarer Ersatz, aber immerhin besser als nichts.

Tag 40

Am Vormittag war ich so überwältigt von der mich umgebenden Landschaft, dass ich vor Staunen den Mund nicht zubekam und das eine oder andere Insekt verschluckte. Das Biosphärenreservat Flusslandschaft Elbe war so ein starker Kontrast im Vergleich zur davor erlebten Umgebung in Sachsen-Anhalt, dass es fast schon unwirklich schien. Ich lief auf einem alten und erstaunlich breiten Pflasterweg, der sich zwischen kleine extensiv bewirtschaftete und von Auwäldern eingerahmte Wiesen hindurchschlängelte, und ich fragte mich, wie lange die Menschen wohl dafür gebraucht hatten, jeden Stein einzeln zu verlegen. Die hochgewachsenen Erlen am Waldrand wiegt sich langsam im Wind, und mein Blick wanderte zu den Wolken am Himmel. Bereits am Morgen hatte ich einige spazierstockartige Cirruswolken am Himmel gesehen, doch anstatt sich aufzulösen, verdichteten sie sich, was auf eine Wetterverschlechterung hinweisen konnte. Schade. Ich hatte mich so an den blauen Himmel gewöhnt.

Von Weitem hörte ich ein Auto und drehte mich um. Mit Schrittgeschwindigkeit kam der kleine Polo näher, und in mir kam die Frage auf, ob dieser Pflasterweg überhaupt für Autos gedacht sei. Ein Schild mit einer Geschwindigkeitsbegrenzung von zehn Kilometern pro Stunde beantwortete meine Frage, und ich freute mich über diese verordnete Entschleunigung auf diesem Teil meiner Wanderung. Das Auto juckelte gemächlich vor sich hin, überholte mich im Schneckentempo, und der Fahrer grüßte mich überschwänglich. Ich war mittlerweile auf dem Fernwanderweg E11 unterwegs, und die Wegmarkierung brachte mich von der Pflasterstraße weg zu einem Feldweg in Richtung des Auwaldes. Hier mäandrierte ein Seitenarm der Elbe zwischen hohen Schwarzerlen, und eine von der Sonne beschienene Sandbank hob sich aus dem Wasser. Ich setzte mich auf einen umgestürzten Baum, holte etwas Brot und Käse hervor und genoss die Idylle. Jetzt hätte nur noch ein Fischotter gefehlt, der vor mir im Wasser auf die Jagd ging, doch das wäre zu viel verlangt gewesen. Rocko lief ohne zu zögern auf das Wasser zu, unterschätzte die Tiefe und fiel kopfüber hinein. Sein nasser Kopf samt angelegten Ohren kam an die Oberfläche, und mit angestrengter Mimik paddelte er gegen die Strömung, um wieder an Land zu kommen. Sein tierischer ernsthafter Blick bei diesem urkomischen Schauspiel brachte mich so sehr zum Lachen, dass ich mich sprichwörtlich auf dem Boden kugelte, es liefen sogar ein paar Tränen. Rocko fand das gar nicht witzig, sondern legte sich etwas beleidigt an den Uferrand. Ich legte mich hin und döste in der mittlerweile immer seltener aufblitzenden Sonne. Als ich aufwachte, hatte ich das starke Bedürfnis, mich zu erfrischen, und sprang kurzerhand nackt in den Fluss. Er war erstaunlich kalt, und ein paar Schwimmzüge später war ich auch schon wieder draußen.

Ich ging weiter den Seitenarm entlang und konnte mich einfach nicht sattsehen. In den vielen kleinen Buchten des Ausläufers tummelten sich die kleinen Pfeifenten mit ihren braunen Köpfen und Löffelenten mit ihren markanten Schnäbeln. Zwergsäger flüchteten hektisch ins Schilf, und hoch oben am Himmel drehte ein majestätischer Seeadler seine Kreise. Ich machte Unmengen von Fotos von rosafarbenen Schwanenblumen und weiß blühender Brenndolde, bevor ich mich endlich losreißen konnte und weiterging. Auch wenn noch große blaue Flecken am Himmel zu sehen waren, verdichteten sich die Wolken immer weiter – ich hatte mit meiner Prognose leider richtiggelegen.

Am Abend erreichte ich die etwas verschlafene Stadt Coswig, schiffte über die Elbe und suchte mir am Rande der Niederung in einem kleinen Waldstück einen Lagerplatz. Auch wenn erst in den kommenden Tagen Regen zu befürchten war, baute ich mir eine halbwegs sichere Schrägdachhütte und legte mich früh schlafen. Das Gute an der dichter werdenden Wolkendecke war, dass die Nacht wohl mild werden würde und ich auf den Bau einer Laubhütte verzichten konnte.

Tag 41

Als ich am Morgen von den Rufen eines Graureihers geweckt wurde, sah ich als Erstes auf den Boden. Der vermeintliche Niederschlag auf dem Gras entpuppte sich als Morgentau, und ich war froh, nicht im Regen loslaufen zu müssen. Wenn man warm gelaufen ist und es dann zu regnen beginnt, ist es halb so schlimm. Richtig unangenehm ist es, müde und steif von der Nacht in den Regen zu starten. Ich aß ein knappes Frühstück, massierte mir ein wenig die geschundenen Füße und marschierte los. Ich kam an der Burg Rabenstein vorbei und entschied, sie mir näher anzusehen. Ich ging die Kuppe hoch und stieg den großen Wehrturm hinauf, wobei ich, wahrscheinlich aufgrund des unattraktiven Wetters, ganz allein zu sein schien. Hier hatte ich einen recht guten Ausblick: Ein großes goldenes Rapsfeld grenzte an einen kleineren hellgrünen Getreideacker und machte den Eindruck, ihn sich einverleiben zu wollen. Etwas weiter hinten zog sich ein breites blaugraues Band durch die Landschaft, von Weichhölzern gesäumt, als hätte die Elbe die Bäume einfach weggewischt. Es war merklich kühler geworden, der aufkommende Wind schob sich unter meine Kapuze, und ich betrachtete den Himmel. Die Federwolken hatten sich vollends zu Cirrostratuswolken verdichtet und schienen den Trend noch weiter fortführen zu wollen. Noch sah es nicht nach Regen aus, wenn es aber so weiterging, konnte sich daraus ein Altostratus mit länger anhaltendem Niederschlag entwickeln. Mein innerer Wetterfrosch lag erfahrungsgemäß zu siebzig Prozent richtig mit seinen Schätzungen, ich hoffte, nun war es Zeit für die dreißig Prozent.

Viel zu schnell führte mich der Wanderweg aus dem Biosphärenreservat heraus, auch wenn der kommende Abschnitt etwas für sich hatte. Insgesamt weitete sich das Terrain, und die Offenflächen gewannen die Oberhand. Ein Blick auf den Boden verriet mir: Ich war in Brandenburg angekommen. Der Boden in Brandenburg ist so sandig, dass das Bundesland nicht unberechtigt den Namen »Sandkasten Deutschlands« weghat. Hatten in der Elbniederung noch Pappeln, Erlen und Weiden das Bild bestimmt, kamen hier zunehmend Kiefern und Eichen hinzu, und der Harzgeruch führte bei mir unweigerlich zum Aufkommen von Kindheitserinnerungen an vergangene Urlaube in Portugal.

Als die ersten Tropfen fielen, war ich nicht darauf vorbereitet, und es dauerte eine Weile, bis ich den Regen wirklich ernst nahm. Mein Shirt war schon durchnässt, als ich endlich den Rucksack absetzte und meine Regenklamotten überzog. Das Wichtigste sind aber die Schuhe: Mit nassen Füßen zu laufen, geht nicht lange gut. Nach ein paar Stunden hat man unweigerlich Blasen und muss pausieren, deshalb hatte ich mich für die wasserdichten Gore-Tex-Schuhe entschieden und war während der Deutschlandwanderung nicht nur einmal sehr froh darüber gewesen.

Als ich so über den trockenen Sand stapfte, der das Regenwasser nicht aufnehmen wollte, sodass sich kleine Rinnsale bildeten, bekam ich den Anruf eines alten Freundes. Normalerweise lief ich mit ausgeschaltetem Handy, ich musste es seit der Burg aus Versehen angelassen haben und ging ran. Holger ist ein weiterer Outdoor-Kumpel von mir, und als er hörte, dass ich unweit seiner Heimatstadt Potsdam entfernt war und diese sogar als Zwischenetappe auf meiner Liste stand, gab es für ihn kein Halten mehr: Er wollte bis nach Potsdam mitlaufen. Mir war das nur recht, mit Holger konnte man draußen gut unterwegs sein: Wir hatten immer ähnliche Vorstellungen von Naturtrips, und man konnte auch gut gemeinsam schweigen, ohne dass es unangenehm war.

Gegen Abend holte ich ihn am Bahnhof ab, und Rocko kriegte sich kaum ein vor Freude. Er jaulte, sprang um Holger herum und nahm seine Hand vor lauter Entzücken vorsichtig ins Maul. Später lichtete sich die Wolkendecke etwas, und wir konnten am Abend sogar einige Sterne sehen: Das bedeutete, wir kämen wahrscheinlich mit einem Feuer aus und mussten keinen Regenschutz bauen. In den umliegenden Kiefernwäldern hätten wir auch Probleme gehabt, genügend Material für eine Schrägdachhütte, geschweige denn für eine Laubhütte zu finden. Wieder einmal fügte sich alles von selbst.

Tag 42

Ich wachte vor meinem Begleiter auf und brauchte einen kleinen Moment, um mich zu orientieren. Aus der von groben Feldsteinen umgebenen Feuerstelle zog sich ein dünner Rauchfaden in den Himmel, es war fast windstill. Ich fühlte mich erholt – das Feuer hatte uns gut durch die Nacht gebracht, und wenn man zu zweit ist, muss man selbst viel seltener nachlegen, man hat also längere Schlafintervalle. Ich sammelte etwas strahlenlose Kamille am Rande eines nahen Ackers, legte etwas Reisig auf die noch heiße Glut und entfachte das Feuer erneut. Dann machte ich Wasser für einen Tee heiß. Von alldem bekamen weder mein menschlicher noch mein tierischer Begleiter etwas mit – so tief schliefen beide noch. Später aßen wir ein reichhaltiges Frühstück, mein Besuch tischte uns allerlei Köstlichkeiten aus der Stadt auf. Es gab gutes Brot, Käse, Wildsalami, Gemüse, gekochte Eier, Nüsse, Energieriegel und Obst. Ich konnte mich gerade noch zurückhalten, mich nicht zu überfressen, das hätte ein zeitiges Weiterlaufen immens erschwert.

Nachdem wir die Restglut mit Wasser gelöscht und den

Lagerplatz aufgeräumt hatten, gingen wir weiter. Der Himmel war fast wolkenfrei, und es sah so aus, als würde es heute sehr warm werden, vor allem, weil fast kein Lüftchen ging. Die Sonne erwärmte die Nadeln auf dem Boden, und der Kiefernwald verströmte seinen typischen ätherischen Duft. Wir hatten uns eine Menge zu erzählen, Holger wollte alles von meiner bisherigen Tour erfahren, und auch ich hatte einen gewissen Nachholbedarf an sozialer Interaktion. Als ich von den ersten Tagen erzählte, wurde mir bewusst, wie lange ich schon unterwegs war. Seit fast sechs Wochen lief ich ohne einen Tag Pause, und ich hatte viel erlebt und so unterschiedliche Landschaften durchwandert. Als ich ihm im T-Shirt von den frostigen Mainächten erzählte und dabei in die Sonne blinzelte, kam mir das erste Kapitel meiner Tour wie eine halbe Ewigkeit vor.

Am Wegesrand sahen wir einen großen Haufen Müll, den wohl jemand im Wald verklappt hatte. Wir blieben stehen und schüttelten die Köpfe. Holger war fassungslos. »Wie kann man das nur machen?«, fragte er sich, holte tief Luft und seufzte. Er hatte natürlich recht, das Ganze war eine Sauerei. Doch um ehrlich zu sein: Das ist nicht der Grund für die großflächige Naturzerstörung. Natürlich, so etwas sagt viel aus über die Beziehung zwischen den Menschen und ihrer Umgebung, aber wirklich schlimm sind andere Dinge. Die riesigen Agrarwüsten in Sachsen-Anhalt zum Beispiel. Ich merkte, wie mir dieser Anblick immer noch in den Knochen saß. Die Auswirkungen des Kaufverhaltens vieler Menschen in Bezug auf die Ernährung, das allein durch den niedrigen Preis bestimmt wird, sind tausendmal schlimmer als der zerfetzte gelbe Sack im Wald oder der Autoreifen im Gebüsch.

Am Abend waren wir in einem schier endlosen Monokultur-Kiefernwald unterwegs, dessen Eintönigkeit an unserer guten Laune nagte. Wir hielten Ausschau nach einem guten Schlafplatz, doch wir wollten uns nicht irgendwo einfach zwischen die schnurgeraden Baumreihen legen. Als es schon langsam dämmerte und wir uns fast dann doch für Reihe 2523 entschieden hätten, thronte sie plötzlich vor uns. Eine gut zwanzig Meter hohe, knorrige Stieleiche stand inmitten der Spalier stehenden Kiefernarmee und breitete ihre Äste aus. Es wirkte, als hätten die anderen Bäume in gewisser Weise Respekt vor ihr, denn in einem bestimmten Radius um sie herum wuchs keine einzige Kiefer. Trotzig und selbstbewusst präsentierte sie ihre dicken, belaubten Äste und lud uns förmlich ein, unter ihr zu nächtigen. Wie konnten wir dieser Einladung entsagen? Das Laub unter ihr ermöglichte uns den Bau einer gemütlichen Matratze, und ihr Blattwerk sollte uns in der Nacht vor einem möglichen Schauer schützen. Wir waren sehr müde, aßen ein knappes Abendbrot und legten uns ohne viel Federlesens zum Schlafen hin.

Praxistipps

Wie orientiere ich mich & wie deute ich das Wetter?

»Hmmm… dieser Baum kommt mir irgendwie bekannt vor…« Die meisten von uns kennen das Gefühl, sich verlaufen zu haben. In der Großstadt oder beim Spaziergang im Stadtwald mag das bloß lästig sein, in zivilisationsferner Natur sind Orientierungs-Skills und die Fähigkeit, Wetterzeichen zu deuten, hingegen überlebenswichtig.

Doch auch bei einem Notfall im Stadtwald kann es durchaus hilfreich sein, sich schnell einen Überblick verschaffen zu können, wenn es darauf ankommt. Und die eine oder andere Entscheidung während eines Trips hätte man mit dem Wissen über die Auswirkungen einer herannahenden Warmfront vielleicht auch anders getroffen.

Grundlegende Wetterzeichen zu deuten, kann die Gefahr, vom Wetter überrascht zu werden, minimieren und somit manchmal verhindern, dass ein Trip »ins Wasser fällt«.

Sonne, Mond und Sterne

»Im Osten geht die Sonne auf, im Süden nimmt sie ihren Lauf, im Westen wird sie untergehn, im Norden ist sie nie zu sehn«, dieser alte Merkspruch für Kinder lässt sich – auf der Nordhalbkugel angewendet – auch für uns durchaus nutzen. Wichtig ist bei der Orientierung anhand des Sonnenstandes, dass sie nur genaue Angaben liefern kann, wenn man die Uhrzeit kennt. Denn die Sonne steht nur um zwölf Uhr mittags (im Sommer in einigen Ländern 13 Uhr wegen der Zeitumstellung) im Süden – um 15 Uhr ist sie schon ein gutes Stück weitergezogen. Für eine grobe Abschätzung der Himmelsrichtung mag dies ausreichen, ist man hingegen auf eine exaktere Messung angewiesen, kann man sich eines Tricks bedienen:

Bestimmung der Himmelsrichtung mithilfe einer Uhr

Wie auch bei vielen anderen Methoden, ist bei diesem Vorgehen die Sonne die Grundlage zur Bestimmung der Himmelsrichtung. Da unser Zeitsystem und somit auch eine Armbanduhr mit ihrem Ziffernblatt auf dem Stand der Sonne im Verhältnis zur Erde beruht, kann eben diese für die Bestimmung der Himmelsrichtung herangezogen werden. Ausgangspunkt dafür ist, dass die Sonne auf der Nordhalbkugel um 12 Uhr zur Winterzeit (letzter Sonntag im Oktober bis letzter Sonntag im März) und um 13 Uhr zur Sommerzeit ihren Höchststand am Himmel erreicht hat und dann genau im Süden steht.

Vorgehen in der nördlichen Hemisphäre:

1. Richte das Ziffernblatt parallel zum Boden so aus, dass der Stundenzeiger in Richtung der Sonne zeigt.
2. Stelle dir eine Linie durch den Mittelpunkt der Uhr bis zur 12-Uhr-Markierung auf dem Ziffernblatt vor.
3. Der kleinere Winkel, der zwischen dem Stundenzeiger und der 12 liegt, wird durch einen gedanklichen Strich halbiert. Die Winkelhalbierende zeigt immer genau Richtung Süden. Wählt man den falschen Winkel, erhält man genau die entgegengesetzte Richtung.

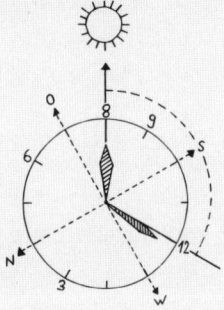

Auf der Südhalbkugel ist das Vorgehen entsprechend umgekehrt, d.h. die Sonne steht bei ihrem Höchststand genau im Norden. Solltest du nur eine digitale Uhr bei dir tragen, kannst du die digitale Uhrzeit auch auf Papier oder als Zeichnung auf dem Erdboden in eine Uhr mit Ziffernblatt übertragen und die beschriebene Methode gleichermaßen anwenden.

Auch ohne Uhrzeit, gibt es noch eine weitere Technik, sich zu orientieren:

Stecke einen ungefähr unterarmlangen Ast in den Boden und markiere die Spitze des auf den Boden geworfenen Schattens mit einem Stein oder einem Stöckchen. Nach einer halben Stunde wiederholst du das Ganze, die Schattenspitze ist nun ein gutes Stück weitergewandert. Wenn du die beiden Markierungen verbindest, erhältst du eine Linie, die in West-Ost-Richtung verläuft.

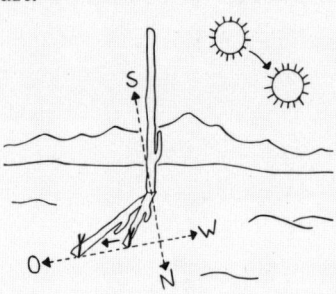

Doch auch in der Nacht gibt es Möglichkeiten, sich zu orientieren. Seefahrer vergangener Zeiten haben sich hauptsächlich auf diese Weise zurechtgefunden: mithilfe der Sterne. Prinzipiell reicht es, sich für die Nord- und Südhalbkugel jeweils eine Sternkonstellation zu merken, welche einen Hinweis auf die Himmelsrichtung gibt. Im Norden ist es der Polarstern oder Nordstern, der sich in der Nähe des Sternzeichens Großer Bär bzw. Großer Wagen befindet.

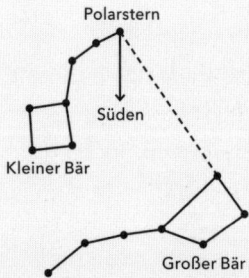

Auf der Südhalbkugel findet man hingegen das »Kreuz des Südens«, es ist unverkennbar und selbsterklärend.

In einigen Survival-Büchern wird beschrieben, wie man die Himmelsrichtung anhand des Mondes bestimmen kann. Dies ist meiner Meinung nach nicht besonders praxistauglich, da die Methode recht kompliziert ist und auf dem Einschätzen von »Segmenten« des Mondes beruht. Dadurch sind grobe Fehler vorprogrammiert.

Karte & Kompass

Sind Karte und Kompass Anachronismen, die von Menschen benutzt werden, deren Wurstfinger das Bedienen von Hightechgeräten unmöglich machen? Mitnichten. Jeder, der beruflich oder privat viel in Wildnis und Natur unterwegs ist, weiß genau, dass Karte und Kompass auch heute noch teilweise unentbehrlich sind. Zum einen ist es wichtig, diese verwenden zu können, falls die Technik einmal versagt. Dabei handelt es sich – wie selbst Technikversessene zugeben müssen – um ein nicht allzu unwahrscheinliches Szenario.

Die Wahl der richtigen Karte

Gängige Wanderkarten findet man im Maßstab 1:25 000 bis 1:50 000. Letzteres bedeutet, dass ein Zentimeter auf der Karte 50 000 Zentimeter, also 500 Meter in der Realität darstellt. Je kleiner also die Zahl, desto genauer ist die Karte. Bist du mehrere Wochen unterwegs und wirst ein großes Gebiet bewandern, musst du wahrscheinlich auf einen gröberen Maßstab wechseln, da du sonst zu viele Karten mitnehmen müsstest. Der Nachteil liegt auf der Hand: Viele Details sind so nur noch schwer zu erkennen.

Eine Wanderkarte sollte wetterfest beschichtet und reißfest sein, auch gibt es wasserdichte Ziphüllen, in denen zudem Stift und Kompass Platz finden.

Der Kompass

Der Outdoor-Markt ist riesig, es gibt Kompasse für ein paar Euro, und nach oben gibt es keine Grenze. Man muss keine dreihundert Euro für einen Kompass ausgeben, folgende Eigenschaften sind aber durchaus sinnvoll:

- Eine durchsichtige Grundplatte ermöglicht eine bessere Arbeit auf der Karte.
- Ein Spiegel ist kein Muss, ermöglicht aber das einfache Ablesen der Nadel während des Anpeilens.
- Robust sollte der Kompass sein und eine Fangleine besitzen.
- Eine fluoreszierende Nadel erleichtert die Arbeit zur Nachtzeit bzw. Dämmerung.
- An der Kompassdose sollte eine drehbare Nordmarkierung angebracht sein.

Norden ist nicht gleich Norden

Die als Deklination oder Missweisung bezeichnete Tatsache, dass der geografische und der magnetische Nordpol nur in wenigen Fällen übereinstimmen, kann je nach Aufenthaltsort zu großen Navigationsfehlern führen. Zu diesem Zweck gibt es Umrechnungstabellen, an manchen Kompassen kann man ihn auch manuell einstellen. In Europa ist die Missweisung in der Regel so gering, dass man sie für unsere Zwecke getrost vernachlässigen kann. Da die Magnetfeldlinien von Strukturen der Erdoberfläche (Gebirgen, Metalleinlagerungen etc.) beeinflusst werden, verlaufen sie nicht gerade zum Nordpol, sondern sind mitunter verzerrt. In der Regel hat man mit diesen Phänomenen in Mitteleuropa nur sehr selten wirklich Probleme.

Die Zeichen lesen

Der Kartenhersteller steht vor der Herausforderung, eine dreidimensionale Welt auf zwei Dimensionen abzubilden. Dies wird in der Regel durch Höhenlinien gelöst. Je enger die Höhenlinien aneinanderliegen, desto steiler ist der entsprechende Hang, je weiter auseinander, desto flacher das Gelände. Durch die Höhenzahlen kann man zudem den An- bzw. Abstieg einer Route abschätzen. Wälder, Dörfer, Sümpfe, Offenflächen und Gewässer sind durch Symbole und Farben markiert, die in der Legende beschrieben werden.

Standort bestimmen

Um deinen eigenen Standort auf der Karte zu bestimmen, kannst du dich der sogenannten Kreuzpeilung bedienen: Zunächst suchst du einen erhöhten Punkt auf, von dem du die Landschaft gut überblicken kannst. Dann legst du die Karte flach auf den Boden und richtest sie nach Norden aus. Nun schaust du dich nach markanten Landschaftsbestandteilen wie Gipfeln, Kirchtürmen oder Gewässern um und peilst einen davon an. Du stellst die Nordmarkierung der Dose genau auf die Nordmarkierung der Nadel, das geht besonders einfach, wenn dein Kompass einen Spiegel besitzt. Nun setzt du den Kompass auf die Karte, setzt eine der beiden oberen Ecken auf den angepeilten Punkt auf der Karte (z. B. den Berggipfel). Jetzt drehst du den Kompass, bis die Nordmarkierung der Kompassnadel mit der Nordseite der Karte übereinstimmt, wobei der angepeilte Punkt auf der Karte den Drehpunkt darstellt. Dann kannst du mit dem Bleistift die Linie an der langen Kompasskante nachziehen. Dasselbe Prozedere machst du nun mit dem zweiten markanten Punkt (z. B. dem Kirchturm), der Überschneidungspunkt der beiden Linien ist dein aktueller Standort.

Marschrichtung bestimmen

Wenn man sich für eine Marschrichtung entschieden hat, kann man den Kompass praktischerweise so einstellen, dass er immer in die »richtige« Richtung zeigt. Es gibt nun zwei Möglichkeiten, die Marschrichtung zu bestimmen. Die eine ist »auf dem Papier«, also auf der Wanderkarte. Die andere ist, sich durch das »Anpeilen« mit dem Kompass auf eine Richtung festzulegen.

Zuerst wird die Karte eingenordet. Dafür wird der Kompass an den Kartenrand gelegt, sodass die Seite des Kompasses mit dem Kartenrand abschließt. Nun dreht man die Karte samt Kompass so lange, bis die Karte nach Norden zeigt. Dann wird die eine Kompassecke mit der »Nullmarkierung« auf den Standort gesetzt. Danach drehst du den gesamten Kompass so lange (wobei der Dreh- und Angelpunkt der Standort bleibt), bis die verlängerte Anlegekante des Kompasses auf den Zielpunkt zeigt.

Ähnlich funktioniert es beim Anpeilen in der Landschaft – du hältst den peilfähigen Kompass vor eines deiner Augen und liest die Gradzahl deines Ziels ab. Je weiter du den Kompass dabei vom Auge weghältst, desto genauer das Ergebnis. Egal, welche Variante du wählst, wenn du nun den Drehring mit der Nordmarkierung drehst, bis sie über der Kompassnadel liegt, hast du immer die Marschrichtung parat. Du musst nur die Nordmarkierung mit der Kompassnadel in Einklang bringen, und schon zeigt dir der Pfeil der Bodenplatte bzw. die Anlegekante die richtige Richtung. Natürlich solltest du bei Anhöhen oder an markanten Stellen immer mal wieder deine Einstellung überprüfen.

GPS

Ich habe bei meinen Touren immer ein GPS-Gerät dabei. Tatsächlich verwende ich es nur sehr selten zur Orientierung, da mir die Arbeit mit der Karte einfach viel mehr Spaß macht. Ich trage das Gerät dennoch stets bei mir, weil ich im Notfall schnell Koordinaten durchgeben kann. Das können natürlich auch die allermeisten Smartphones, doch die Empfindlichkeit dieser Geräte sowie die kurze Akkulaufzeit machen sie zu einem nicht besonders zuverlässigen Begleiter. Ein weiterer Vorteil: Viele GPS-Geräte haben ein Barometer, sodass man zum einen die Höhe genau ablesen, zum anderen durch die Beobachtung des Luftdrucks Wetteränderungen frühzeitig erkennen kann.

Apps

Wie bereits erwähnt, gibt es einige Apps, die relativ sinnvoll sind. Zum einen empfehle ich Apps, die Rettungspunkte in der Nähe anzeigen können. Zudem gibt es eine Reihe von GPS-Apps, die die genauen Koordinaten anzeigen und diese bei Bedarf sogar gemeinsam mit einem Rettungsgesuch abschicken können. Es kann auch Sinn machen, sich eine Offline-Topokarte des Gebiets zu besorgen, denn wo hat man in Deutschland schon außerhalb der Städte Internetempfang?

Wetterzeichen

In einigen Outdoor-Büchern wird suggeriert, man könne das Wetter der nächsten Tage an den Wolkenformen ablesen. Über viele Jahre hinweg habe ich mithilfe dieser Bücher das Wetter und die damit von vielen Autoren verknüpften Wolkenbilder beobachtet, und meine Zweifel an der Vorhersagbarkeit wurden immer größer. Ich wollte es genauer wissen und befragte dazu ein paar Experten, unter anderem einen Mitarbeiter des Deutschen Wetterdienstes sowie einen erfahrenen österreichischen Bergführer. Wenn jemand darüber Bescheid weiß, so dachte ich mir, dann ja wohl diese beiden Herren. Für beide hat die Voraussagbarkeit des Wetters eine große Bedeutung, und so unterschiedlich die Beziehung dieser beiden zum Wetter auch ist, waren sie sich bei diesem Thema einig. Das Wetter ist von so vielen Faktoren und Variablen abhängig, dass sich annähernd unendlich viele mögliche Varianten ergeben. Selbst mit der modernsten Technik und jahrhundertelanger Erfahrung können Experten das Wetter vierundzwanzig bis maximal achtundvierzig Stunden vorhersagen. Und auch dann kann es lokal ganz anders kommen.

Natürlich werden Wolkenbilder zum Teil auch von Experten bei den komplizierten Berechnungen berücksichtigt, doch für uns Laien stellen Wolkenformationen alleine keine guten Indikatoren dar. Nichtsdestotrotz gibt es ein paar Wetterzeichen, die auf eine Verschlechterung hindeuten *können*:

- Die Wolken stehen »spazierstockartig« hoch oben am Himmel
- Schichtwolken ohne scharfe Konturen
- Wolken verdichten sich
- Kleinere Wolken ziehen schnell unter größeren hindurch
- Wind, vor allem aus Südwest und Nordwest
- Sinkender Luftdruck
- Aufsteigender Nebel, sommerliche Schwüle
- Schnell sinkende Temperatur
- »Halos«: Ringe um Sonne und Mond

Wetterzeichen, die auf eine Verbesserung hindeuten *können*:

- Schönwetterwolken
- Schäfchenwolken
- Kondensstreifen von Flugzeugen lösen sich auf
- Frühtau
- Hoch fliegende Schwalben
- Bienen sammeln fleißig Nektar
- Heiße Tage und kühle Nächte
- Schlechte Fernsicht, etwas dunstig

Und wie sieht es mit den Regeln »Abendrot-Schönwetter-bot« und »Morgenrot-Schlechtwetter droht« aus? An denen ist aus einem einfachen Grund etwas dran: Das mitteleuropäische Wetter »kommt« meist aus dem Westen. Morgens steht die Sonne im Osten und strahlt die ankommenden Wolken im Westen an. Das könnte ein Hinweis auf herannahende Wolken und Niederschlag aus dem Westen sein. Am Abend hingegen sehen wir die Sonne im Westen nur, wenn der Himmel dort wolkenfrei, also kein Aufkommen von Wolken zu erwarten ist. Der Experte vom Deutschen Wetterdienst hat mir übrigens augenzwinkernd eine einzige Wetterregel an die Hand gegeben, für deren Aussagekraft er bürgt: »Kräht der Hahn auf dem Mist, ändert sich das Wetter oder bleibt wie's ist.«

Von Moos und anderen Märchen

Ich möchte hier mit einem uralten Gerücht aufräumen, das gerne mal bei einem Gläschen Bier, fernab der Wälder, weitergegeben wird: »Einseitiger Moosbewuchs an Bäumen zeigt einem an, wo Norden liegt.« Das klingt auf den ersten Blick erst einmal logisch, schließlich mag Moos es gerne feucht, und da die Sonne nie von Norden aus scheint, sollte es demzufolge an der Nordseite von Bäumen und Felsen wachsen. Doch tatsächlich hängt der Umfang des Moosbewuchses von vielen Faktoren ab, die Sonneneinstrahlung ist nur einer davon. Je nach klimatischen Bedingungen in der Region können z. B. Westwinde mit hoher Luftfeuchtigkeit einen westwärts gerichteten Bewuchs fördern. Das regionale Mesoklima wird außerdem von Feuchtgebieten und Gewässern beeinflusst.

Eine ähnliche, gern zitierte Regel richtet sich an Waldameisen aus. Diese bauen ihre großen Hügel oft an sonnenexponierten Stellen, doch spielen auch hier mehrere Kriterien eine Rolle. Wenig Bewuchs in der Krautschicht und trockene Böden zum Beispiel. Ich habe schon einige Haufen in schattigen, nördlich ausgerichteten Ecken gefunden.

Eine weitere Orientierungshilfe, die gerne von Wildnisschulen vorgestellt wird, macht im ersten Moment wirklich was her: eine Pflanze namens Kompasslattich, die als Kompass dienen kann. Diese Wildform unseres Gartensalats stelle ich bei fast jeder Kräuterwanderung vor und sie ist tatsächlich ein interessantes Gewächs. Die Laubblätter stellen sich an sonnenexponierten Standorten hochkant in Nord-Süd-Richtung auf, sodass sie am Morgen und Abend die »volle Breitseite« an Licht erhalten. Mittags, wenn die starke Sonneneinstrahlung die Verdunstung zu stark vorantreiben würde, trifft das Licht nur auf die schmale Blattkante. Ich habe schon gut eintausend Individuen gesehen und muss sagen, dass die Quote an Pflanzen, die als Kompass dienen können, bei circa fünfzig Prozent liegt. Im Notfall würde ich mich also nicht darauf verlassen wollen. Außerdem weiß man im Zweifel nur, wo die Nord-Süd-Achse liegt, und kann keine Himmelsrichtung festmachen.

9 Notdurft & Hygiene

Tag 43

Es war schon hell, als Holger und ich durch das laute Gebell von Rocko geweckt wurden. Wir schreckten gleichzeitig hoch und sahen ein paar laut quiekende braune Flecken davonstürmen, die sich bei genauem Hinsehen als Mitglieder einer Wildschweinrotte entpuppten. Rocko nahm seine Aufgabe als Wächter sehr ernst und bellte den eigentlichen Bewohnern dieses Waldes ein paar Warnungen hinterher. Ich konnte ihn schnell beruhigen und musste mich erst einmal strecken. Ich hatte noch fest geschlafen und musste erst mal in dieser Welt ankommen. Wir überlegten, uns noch einmal kurz hinzulegen, entschieden uns dann aber doch für das Frühstück.

Nachdem wir weitergegangen waren, öffnete sich der Wald nach einer guten halben Stunde, und wir liefen durch eine offene Heidelandschaft. Der Weg war gesäumt von Ginster und Besenheide, von Weitem erkannte ich eine gelb blühende Blutwurz. Die Sonne gab ihr Bestes, wir schwitzten beim Laufen auf dem sandigen Untergrund und mussten häufiger anhalten, um zu trinken. Unsere Wasserreserven schrumpften in unglaublicher Geschwindigkeit, sodass wir einen Umweg über ein kleines Dorf nahmen. Ein etwas grummeliger alter Mann füllte unsere Wasserflaschen auf unsere Bitte hin auf, und wir kehrten auf den ursprünglichen

Wanderweg zurück. Die Wegmarkierungen des E11 waren hier gut gepflegt, und wir mussten nicht ein einziges Mal das GPS benutzen, so macht wandern Spaß. Holger fragte mich, wie ich mir die Zeit nach der Rückkehr vorstellte, und ich musste lange nachdenken, bevor ich antworten konnte. Tatsächlich hatte ich mir während der Tour nur selten Gedanken über die Zeit danach gemacht, so sehr war ich im Hier und Jetzt geblieben. Natürlich wusste ich, dass ich nach der Rückkehr das Studium halbherzig weiterführen und irgendwie an das Leben vor der Tour anknüpfen würde. Nur bildlich vorstellen, konkret fassen konnte ich es nicht. Oder wollte es nicht.

Nachdem wir in immer kürzeren Abständen an Häusern vorbeigelaufen waren, erreichten wir am Nachmittag einen wunderschönen Waldsee. Dieser war am Rand so flach, dass wir weit hineinrennen mussten, um komplett eintauchen zu können. Rocko rannte mit hinein, das Wasser spritzte umher, und wir brachen prustend und lachend die spiegelglatte Wasseroberfläche förmlich auf. Ich genoss es, den Schweiß und Staub dieses langen und heißen Sommertags von mir abzuwaschen, und die Kälte des Wassers tat meinen geschwollenen Füßen gut. Ich trieb rücklings auf dem See und schaute in den wolkenlosen Himmel, der von den Baumkronen der wassernahen Erlen umrahmt war. Ein intensives Glücksgefühl überkam mich, mir wurde warm in der Brust, und ich schloss lächelnd die Augen.

Später fanden wir einen guten Schlafplatz auf einer Anhöhe, von der wir bis zum munteren Treiben auf dem Schwielowsee blicken konnten. Dutzende Segelschiffe mit strahlend weißen Segeln flitzten umher und umkreuzten sich

gegenseitig. Am Abend packte Holger einen selbst gebrann-
ten serbischen Schnaps aus, und wir genossen ihn mit Spie-
gelei und Käsebrot.

Tag 44

Die Nacht war ungewöhnlich warm, und wir mussten bis auf
eine Laubmatratze keine Vorkehrungen treffen. Bereits um
neun Uhr waren es an die zwanzig Grad, das sah also wieder nach einem sehr heißen Sommertag aus. Ich war Alkohol
überhaupt nicht mehr gewohnt und merkte die zwei Kurzen
vom Vorabend in Magen und Kopf. Wir aßen den Rest unseres Proviants auf und wollten gerade loslaufen, als mich ein
natürliches Bedürfnis einholte. Mein Begleiter präsentierte
mir stolz eine Rolle Klopapier. Als ich mir etwas davon nahm,
fragte er mich, wie ich das die ganze Zeit gehandhabt hatte.
»Hast du dir dann immer Klopapier gekauft? Aber das gibts
doch meist nur in so Großpackungen?!« Ich erzählte ihm von
der Bushcraft-Methode und zählte ihm ein paar Pflanzen auf,
die sich besonders gut als Klopapierersatz eignen. Nach diesem Kurzvortrag verzog er etwas das Gesicht und sagte nur:
»Ne, das brauch ich nich. Da gönn ich mir doch lieber diese
Errungenschaft unserer Zivilisation.« Und genau das tat ich
jetzt auch, wenn sie schon mal da war.

Gegen Mittag war es unerträglich heiß, zum Glück
führte der Wanderweg größtenteils durch schattigen Buchenwald. Am Horizont sah man Gewitterwolken aufziehen, und
wenn man genau hinhörte, donnerte es auch in der Ferne.

Am Abend kamen wir in Potsdam an, und mich überforderte die Großstadt mit ihren Autos, den vielen Gesichtern, den Geschäften, Gerüchen und Großstadtgeräuschen. Ich war froh, als wir bei ihm zu Hause ankamen und die Tür hinter uns schlossen – nach sechs Wochen Natur pur kam mir die Stadt vor wie ein riesiger anstrengender Zirkus, in dem auch noch schlechte Musik gespielt wird.

Ich wurde von Holgers Frau Tamara herzlich begrüßt, und wir setzten uns in den Hof zum Grillen. Allein schon der Duft der gegrillten Speisen trieb mir derartig das Wasser in den Mund, dass ich ein Stückchen vom Grill wegrücken musste. Auch wenn ich auf der Tour hier und da gekocht hatte und mich ja auch mit allerlei Gesundem aus der Natur versorgt hatte, bekam ich gerade große Lust auf Zivilisationsessen. Am Abend gingen wir noch bei einem Kulturverein vorbei, es waren eine Menge junger Leute da, und es spielte sogar eine Band. Auch wenn ich mich auf Menschen und Austausch gefreut hatte, war diese Reizüberflutung doch recht schnell zu viel für mich, und ich verabschiedete mich wieder von Tamara und Holger. Sie konnten das gut verstehen, es war ja wirklich ein harter Kontrast zu meinem Lebensalltag der letzten sechs Wochen.

Tag 45

Ich war froh darüber, am Vortag durch Potsdam schon langsam wieder an die Welt »Großstadt« gewöhnt worden zu sein – sonst hätte ich in Berlin wahrscheinlich einen Nerven-

zusammenbruch erlitten. Ich habe keine grundlegende Abnei-
gung gegen diese Stadt, für ein bis zwei Tage kann ich mich für
gewöhnlich dort schon aufhalten und kann es zeitweise sogar
richtig genießen. Aber dieser Stress, überall hupende Autos, so
viele Düfte und Angebote, Menschen und Schicksale, Möglichkeiten und Zwänge – das war einfach zu viel nach der einsamen Zeit in den Wäldern. Meine Route verlief – so hatte ich
es geplant – an der Wohnung meiner Schwester Judith und
ihres Partners (meinem Kumpel) Louis vorbei, und wieder war
ich froh, als die Tür hinter mir zu war. Neben einer herzli-
chen Umarmung und einer weiteren familiären Aufforderung
zu einer Dusche wurde mir ein wahres Festmahl aufgetischt.
Ich weiß nicht mehr, welches Gefühl stärker war: die Rührung
oder der Appetit. Jedenfalls aß ich hemmungslos, was insbesondere meine Schwester zufrieden dreinblicken ließ. Später
spielten wir eine Runde »Siedler von Catan«, wobei ich mich
aufgrund meiner Scheinschwangerschaft nicht mehr imstande
fühlte zu sitzen, also musste ich die Figuren vom Liegesofa aus
bewegen. Ich nahm die Einladung an, bis zum nächsten Morgen auf dem Sofa liegen zu bleiben.

Genau wie damals bei Mutter überkam mich schnell ein
schlechtes Gewissen mir und meiner Aktion gegenüber, doch
ich konnte es schließlich mit folgendem Argument besänfti-
gen: Es war früher Abend, und bis ich aus dem Moloch Berlin wieder herausgelaufen wäre (Berlin hat einen Durchmesser von fünfundvierzig Kilometern!), hätte ich den Wald erst
in den frühen Morgenstunden erreicht. Ich war müde und
fühlte mich durch den Marsch in der Großstadt ausgelaugt
und auf merkwürdige Weise eines Teils meiner in der Natur
aufgeladenen Energie beraubt.

Ich wachte mehrmals auf in der Nacht, Menschen schrien sich auf der Straße an, Polizeisirenen heulten in der Ferne, ein Hubschrauber zog irgendwo seine Kreise, und irgendein Nachbar hatte seinen Fernseher noch an. Außerdem war das Sofa unangenehm weich, und die Luft war trotz offenen Fensters nicht gut. Ich musste mich erst einmal wieder an diese Bedingungen gewöhnen.

Tag 46

Am Morgen frühstückten wir gemeinsam, und die beiden verabschiedeten einen müden, vollbärtigen und etwas ruhelosen jungen Mann, der den letzten Teil seiner Wanderung angehen wollte. Ich lief wie mit Scheuklappen durch die Stadt und hatte Probleme, mich zu orientieren. Die letzten sechs Wochen war ich fast zur Gänze ohne GPS ausgekommen, doch hier kam ich ohne nicht klar. Ich weiß nicht mehr, was ich mir bei der Planung meiner Wegstrecke dabei gedacht hatte, jedenfalls verfluchte ich mich, als mich diese über den Alexanderplatz führte. Zugegeben, die meisten Großstädte haben ihre ganz eigenen »Unorte«, der Alex gehört für mich aber zur Crème de la Crème der »non-lieux«, und das konsequente Fehlen jeglichen Charmes fasziniert mich immer wieder.

Als ich so am Rand des großen Betonplatzes mit seinem obszönen Funkturm stand, fühlte ich mich wie ein Außerirdischer, der auf dem falschen Planeten zwischengelandet war. Ich holte tief Luft, schnürte meine Brustgurte etwas straffer und stürzte mich in den kapitalistischen Mahlstrom. Je näher ich dem Stadtrand kam, desto entspannter wurde das Laufen. Die Menschen schienen weiter weg vom Epizentrum langsamer zu laufen und häufiger zu lächeln. Hier präsentierte sich die Stadt von ihrer Schokoladenseite: kleine vegane Cafés, ein Geschäft für nachhaltige Sexartikel, die Geschäftsstelle des Vereins für den Schutz des Dodo – und ich konnte wieder nachvollziehen, warum diese Stadt auch anziehen und nicht nur abstoßen kann.

Der Übergang zwischen Stadt und Land war sanft, und ich konnte den Punkt nicht ausmachen, wo die Stadt aufhörte und das Dorf begann. Am Abend schlug ich mein Lager bei Altlandsberg auf, wobei ich mir eine nette Feldhecke mit Holunder und Weißdorn suchte. Der Himmel sah nicht nach Regen aus, und die Nächte waren mittlerweile so mild, dass ich ohne Feuer oder Laubhütte auskam. Welch ein Luxus: einfach schnell eine Grasmatratze bauen und schlafen gehen. Kein stundenlanges Laubhäufeln, keine Suche nach passenden Stöcken für das Gerüst. Ich atmete tief ein, als ich so auf meinen Grasbüscheln lag, und genoss die frisch-feuchte Abendluft. Die Natur hatte mich wieder.

Tag 47

Als ich erholt und munter erwachte, lagen noch genau fünfzig Kilometer zwischen mir und meinem Wohnort. Am nächsten Abend sollte ich in meinem kleinen Zimmerchen mit all den Dingen, die ich in den letzten sechs Wochen nicht vermisst hatte, stehen und meine Freundin Isabel sowie meine Freunde wiedersehen. In meinem Körper hüpfte etwas, so wie wenn man in der Achterbahn einen kurzen Moment des freien Falles erhascht. Gegen Nachmittag machte ich Pause und konnte auf dem GPS-Gerät erkennen, dass ich sehr schnell gelaufen war, mehr als dreißig Kilometer in sechs Stunden. Als ich mir so meine mittlerweile zum Vollbart herangewucherte Gesichtsbehaarung kraulte, formte sich in mir ein Entschluss. Ja, natürlich. Wieso eigentlich nicht? Ich musste nur noch drei bis vier Stunden strammen Schrittes durchmarschieren, und ich war da! Ich war zu Hause! Fast schon wie in Panik, packte ich die Essenssachen ein, der Brotkanten fiel zu Boden, und ich stolperte über die Hundeleine. Ich lief mit der Eile eines Verfolgten, und am Abend erreichte ich tatsächlich den schönen Buchenwald, der südlich von Eberswalde liegt.

Die Dämmerung hatte bereits eingesetzt, und gerade als ich mir die Kopflampe aufgesetzt hatte, hielt ich plötzlich inne. Was war das eben für ein Geräusch? Und da war es wieder. Wolfsgeheul. In das lang gezogene, hohe Heulen stimmte ein weiterer, tiefer klingender Wolf ein. Dann noch einer. Und noch einer. Rocko sah mich an und gab einen undefinierbaren Laut von sich, der nur schwer zu dechiffrieren war. Wölfe, hier? Es gab in Brandenburg schon ein paar Rudel, doch zu diesem Zeitpunkt noch kein bestätigtes in Barnim. Und da musste ich über mich selbst lachen. Ich schüttelte mich und hielt mir den schmerzenden Bauch. Der Zoo! Der Eberswalder Zoo beherbergt ein Rudel Wölfe, das in trauter Eintracht mit einem Braunbären lebt. Und diese hatte ich gerade gehört. Ich fühlte mich geehrt, so einen schönen Empfang zu bekommen, und ging grinsend weiter. Später hatten wir noch eine kurze Begegnung mit einem Waschbären, der von einem Baum herunterplumpste und mich und Rocko ziemlich erschreckte. Es klang, als wäre ein großer Sack Reis aus großer Höhe gefallen, doch es war nur ein pummeliger Kleinbär. Er schaute uns mit weit aufgerissenen Augen an und nahm dann seine Pfoten in die Hand.

Gegen neun Uhr stand ich vor der Haustür meiner Freundin und zögerte zu klopfen. Ich hatte ihr nicht Bescheid gegeben, sie erwartete meine Ankunft am nächsten Abend. Der Lichtschein aus ihrem Fenster verriet mir, dass sie da war. Irgendwie freute ich mich extrem darauf anzukommen, gleichzeitig machte mir der Gedanke Angst. Auf meiner Tour hatte ich jede Nacht woanders geschlafen, hatte das größte Schlafzimmer der Welt gehabt und jeden Tag erneut das unglaubliche Freiheitsgefühl eines Landstreichers verspürt. Wie würde es sich anfühlen, wieder jeden Tag in einem Betonklotz zu sitzen, älteren Menschen beim Erzählen zuzuhören und mittags in der Mensa Kontrastbrei zu löffeln? Dann musste ich lächeln, als ich mich bei diesem Gedankengang beobachtete. Schließlich hatte ich es ja selbst in der Hand. Ich konnte weiterhin draußen schlafen, wenn ich es wollte. Ich konnte mir zu jeder Zeit ein paar Tage freinehmen und einfach loslaufen, in der Natur kochen, mich in einem Bach waschen und Tiere beobachten. Es lag ja nur an mir selbst, es einfach zu tun. Mit diesem Gedanken fasste ich mir ein Herz und klopfte an der Tür.

Praxistipps

Körperpflege & Hygiene im Freien

Wer für längere Zeit in der Natur unterwegs ist, muss auf viel Gewohntes verzichten. Dazu gehören nicht nur das weiche Kuschelbett und der Fernseher, sondern auch der Luxus von fließend warmem Wasser, Wasserklosett und einer Dusche. Es kostet zu Beginn vielleicht ein wenig Überwindung, sich an einem kalten Bach zu waschen oder sich für die Notdurft in die Büsche zu hocken, doch gewöhnen sich die allermeisten erstaunlich schnell an die neuen Umstände. Diese Form der Hygiene hat – neben der Verbesserung des ökologischen Fußabdruckes – den Vorteil, dass man sich nach dem kalten Bachbad um ein Vielfaches erfrischter fühlt als nach der warmen Dusche; zum anderen hilft es, dauerhaft besser im Kampf gegen den inneren Schweinehund dazustehen.

Zähneputzen

Zahnprobleme können in einer Extremsituation das Aus bedeuten. Man stelle sich nur einmal vor, man ist mitten im Amazonas unterwegs, die nächste Stadt ist Hunderte Kilometer entfernt. Das leichte Pochen im Unterkiefer ließ sich die letzten Tage noch gut wegdenken, doch nun ist es zu einem unbarmherzigen Schmerz evolviert, der einem den Atem raubt. Zahnwurzelentzündung im Regenwald. Man kann nichts mehr essen, nicht mehr schlafen, wird immer entkräfteter, und die Motivation, seine Lebensumstände zu verbessern, sinkt auch immer weiter. Ratlosigkeit, Panik, Wut, Lethargie, Selbstaufgabe, Tod.

Was hier natürlich etwas überspitzt dargestellt wird, kann tatsächlich abseits der Zivilisation zu einem Problem werden. Umso wichtiger ist es, dass auch oder gerade »draußen« Zahnpflege zum Tagesablauf gehört. Das Gute ist, dass man für saubere Zähne sorgen kann, selbst wenn man seinen »Kulturbeutel« einmal verloren oder vergessen hat. Das Prinzip ist dabei dasselbe wie im heimischen Badezimmer: Man hat eine Bürste und eine Zahncreme. Die Zahnbürste wird aus einem Weichholzästchen hergestellt, dessen Ende man so lange aufkaut, bis sich die Fasern aufgefächert haben. Alternativ kann man das untere Drittel der »echten Nelkenwurz« verwenden, diese hat sogar eine antibiotische Wirkung.

Die Zahnpasta wird aus einem Gemisch aus zerstoßener Holzkohle, Asche und etwas Wasser (oder Spucke) zusammengerührt. Die Komponenten wirken ebenfalls antibiotisch und haben zudem eine leichte Schleifwirkung. Man putzt sich nach gewohnter Art die Zähne (die zwischenzeitlich durch die Kohle schwarz werden) und spült gründlich aus.

Körperhygiene

Es ist nicht nur unglaublich wohltuend, sich nach einem langen Wandertag nackt in einen kühlen See zu stürzen und sich von Schweiß und Dreck zu befreien, auch der Körper wird es einem danken. Selbst wenn du alleine unterwegs bist und dir denkst: Jawoll, jetzt kann ich mal so richtig »verwatzen«, solltest du dich täglich waschen. Du beugst somit vor, dir einen Wolf zu laufen, dir Ektoparasiten einzufangen, Hautirritationen zu bekommen und auf deinem Rückweg aus dem Bus geworfen zu werden. Ich werde immer wieder gefragt, welche Seife ich empfehle, da viele Angst haben, die Gewässer zu belasten. Tatsächlich reagieren viele Wasserorganismen sehr empfindlich auf zugesetzte Duftstoffe, Konservierungsstoffe und antibakterielle Wirkstoffe. Von daher sollte man unbedingt Naturseifen auf Pflanzenölbasis ohne diese schädlichen Stoffe verwenden. Im Reformhaus oder der Drogerie erhält man sie ebenso wie in den Outdoor-Läden, nur dass sie dort viel günstiger sind.

Outdoor-Hygiene für Frauen

Zeiten, in denen Abenteuer und Outdoor-Trips den Männern vorbehalten waren, sind zum Glück vorbei. Das ausgewogene Geschlechterverhältnis in meinen Kursen zeigt, dass Frauen ein genauso großes Interesse daran haben, eine Zeit lang autark in der Natur unterwegs zu sein. Die Informationen und Tipps in diesem Unterkapitel habe ich gemeinsam mit meinen Freundinnen Annabel und Vera sowie meiner Partnerin ausgearbeitet, die oft und gerne in der Natur unterwegs sind und ihren männlichen »Kollegen« an Expertise in nichts nachstehen.

Sauberes Wasser

Fehlende Hygiene kann während der Menstruation zu Infektionen führen, deshalb sollte auch draußen nicht auf das Waschen des Intimbereichs mit sauberem Wasser (es muss durchaus nicht steril sein) verzichtet werden; es kann unter Umständen direkt aus der Natur entnommen werden. Wie man sauberes von dreckigem Wasser unterscheidet, wird in dem Kapitel »Wasser: Lebenselixier & Gefahrenzone« erläutert. Im Topf über offenem Feuer oder dem Brenner lässt sich das Wasser auch vorher erhitzen.

Warme Steine

Wer schon einmal mit Steinen gekocht hat, weiß, wie lange diese die Wärme speichern können. Lege einen etwa drei Fäuste großen Stein in die Nähe des Feuers und lasse ihn etwa eine Stunde lang warm werden. Wenn er zu heiß ist, lass ihn etwas abkühlen. In etwas Stoff eingewickelt, kannst du ihn bei Unterleibsschmerzen an dich drücken oder auch mit in den Schlafsack nehmen.

Es gibt mittlerweile eine Reihe von Hygieneartikeln für die Menstruation, doch oft herrscht eine gewisse Unsicherheit, welche davon bei einem mehr oder weniger längeren Aufenthalt in der Natur sinnvoll sind. Ich werde hier ein paar davon samt Vor- und Nachteilen vorstellen.

Tampon und Binde

Die beiden Klassiker scheinen auf den ersten Blick das Mittel der Wahl zu sein. Der Vorteil ist offensichtlich: Sie sind steril verpackt, man benutzt sie nur ein Mal, was die Infektionsgefahr reduziert. Der Nachteil wird aber klar, wenn man nach ein paar Tagen mehrere benutzte Tampons mit sich herumträgt – sie beginnen recht schnell, unangenehm zu riechen, wenn man nicht die Möglichkeit hat, sie luftdicht einzupacken. Draußen liegen lassen ist auch keine schöne Lösung: Konventionelle Binden und Tampons bestehen meist zur Hälfte aus Kunststoffen, bei denen es ein halbes Jahrtausend lang dauert, bis sie zersetzt werden. Die Alternative: Tampons aus Biobaumwolle, die zu fast hundert Prozent kompostierbar sind. Binden enthalten leider nichtabbaubare Klebstoffe, selbst die Biovarianten. Es empfiehlt sich, die Binden und Tampons mindestens dreißig Zentimeter tief zu vergraben – stell dir nur mal vor, ein Fuchs findet diesen lecker riechenden Köder und frisst ihn. Einen im Magen aufquellenden Tampon wünscht man, glaube ich, niemandem …

Menstruationstasse

Diese kleine Tasse aus Silikon kann theoretisch mehrere Jahre verwendet werden; sie kann ein idealer Begleiter für längere Touren sein. Der Vorteil ist, dass man keinen Müll mit sich herumschleppen muss und die Tasse leicht zu reinigen ist. Am Ende der Menstruation im Topf abgekocht, kann man sie bis zum nächsten Mal einfach wieder verstauen. Der Nachteil ist laut Annabel ein mögliches Verrutschen bei körperlicher Aktivität. Laubhüttenbau, auf Bäume klettern, Äste spalten – diese Bewegungen können zum Verrutschen führen, und sie sind für Annabel der Grund, warum sie auf die Tasse bei größeren Touren verzichtet.

Naturschwämmchen

Diese aus den urzeitlichen Schwämmen (die übrigens zu den Tieren gehören) hergestellten Menstruationsprodukte kommen aus der Natur und können problemlos wieder in ihr entsorgt werden. Das große Problem liegt jedoch in der fehlenden Sterilität: Die vielen kleinen Kammern und Taschen sind ideale Brutstätten für Bakterien. Die Hersteller empfehlen, die Schwämme alle acht Stunden sehr gründlich auszuwaschen, somit scheiden sie als Outdoor-Lösung eigentlich schon aus.

Menstruationsunterwäsche

Diese Höschen, in die eine Stoffbinde »eingenäht« ist, sind recht beliebt bei Frauen, die sich längere Zeit in der Natur aufhalten. Genug davon eingepackt, kann man sie am abendlichen Lagerfeuer abkochen oder im Bach auswaschen und ein neues anziehen. Sie lassen sich viele Male wiederverwenden und sind – zumindest bei den Frauen, die ich für diesen Artikel interviewt habe – meistens die erste Wahl.

Moos

Ich bin bei meinen Recherchen im Internet auf einige Bauanleitungen für Moostampons gestoßen. Auch wenn Moos auf einigen Seiten gerne als »antiseptisch« bezeichnet wird, ist es alles andere als steril. Unzählige Bakterien, Insekten und Milben tummeln sich im Mikrokosmos Moos und können unter Umständen eine Infektion und im schlimmsten Fall das lebensgefährliche toxische Schocksyndrom auslösen. Vorheriges Trocknen hilft da nur bedingt, da viele Bakterien und Parasiten Überdauerungsformen bilden können. Auch das Argument, unsere Vorfahren hätten ja auch nichts anderes benutzt, würde ich nicht unbedingt gelten lassen. Zum einen gibt es kaum altertümliche Funde zu diesem Thema, vielleicht waren unsere weiblichen Vorfahren ja auch »Freebleederinnen«, oder sie hatten einen ganz anderen Umgang mit ihrer Monatsblutung. Zum anderen hat man auch früher Dinge getan, die nicht unbedingt klug waren, ebenso war die Lebenserwartung nicht besonders hoch.

Die Kleidung waschen

Während meiner Deutschlandwanderung gab es Momente, da konnte ich mich nicht mehr selbst riechen. Ich habe mich sogar bei Kälte in Bächen und Seen alle paar Tage gewaschen, und das funktionierte auch sehr gut. Da ich aber nur einen Satz Klamotten dabeihatte, war ich darauf angewiesen, sie an warmen Tagen zu reinigen, an denen die Kleidung schnell an der Luft trocknen und ich »oben ohne« weiterlaufen konnte.

Der anfängliche Aha-Effekt bei der Reinigung im Bach, wenn bräunliche Wolken herausgewaschen werden, verliert schnell an Wirkung, wenn man das Shirt wieder anzieht. Es riecht dann in der Regel immer noch nicht wie »frisch aus der Waschmaschine«. Um ein T-Shirt in der Natur halbwegs frisch zu machen, empfehle ich, es in einen klaren, fließenden Bach zu legen und mit Steinen zu beschweren. Am nächsten Morgen sind Schweiß und Dreck fast vollständig ausgespült. Hat man keine Seife zur Hand, kann man aus Rosskastanien ein ziemlich wirksames Waschmittel herstellen.

Die Rosskastanien werden in kleine Stücke geschnitten und in ein Gefäß mit Wasser gegeben. Am nächsten Tag hat sich das Wasser eingetrübt und ist voller Saponine. Diese Seifenstoffe sind auch im Seifenkraut enthalten, dessen Wurzeln geerntet werden. Schneidet man diese in kleine Stückchen, übergießt sie mit kochendem Wasser und lässt das Ganze eine Zeit lang stehen, erhält man eine ganz passable Waschlösung.

Das große Geschäft – oder die »Wie-mach-ich-richtig-in-den-Wald«-Anleitung

Was kann die Idylle eines sonnendurchfluteten und mit Moos und Steinen dekorierten Waldes stärker trüben als ein menschlicher Kothaufen, garniert mit einer halben Rolle Klopapier? Der Mensch gehört zu den wenigen Säugetieren, die sich nicht um ihre Hinterlassenschaften kümmern, sondern diese einfach so, blank, liegen lassen. Noch dazu verwittert Klopapier extrem langsam, sodass man als Wanderer auch Monate nach dem Geschäft den Anblick der menschlichen Losungsstelle genießen darf. Wer dann noch das riesige Pech hat hineinzutreten, darf beglückwünscht werden: Hundekot am Schuh ist nichts dagegen. Dabei wäre es so einfach, sein Unverdautes »fachgerecht« zu entsorgen: Man scharre mit einem Ast eine kleine Kuhle, hocke sich darüber, entspanne sich und lasse der Natur freien Lauf. Nach dem Geschäft kann man die Stelle rasch zuscharren und seiner Nachwelt damit einen Gefallen tun.

Doch was tut man, wenn kein Klopapier zur Hand ist? Toilettenpapier begleitet den Menschen historisch gesehen erst seit einem Wimpernschlag, vorher ging es auch ohne. Eine Möglichkeit – wenn auch für den Mitteleuropäer etwas gewöhnungsbedürftig – wäre es, sich eine Technik anzuschauen, die in Teilen dieser Erde praktiziert wird: sich den Hintern mit der linken Hand und etwas Wasser sauber wischen und nur mit der rechten Hand zu essen.

Ich persönlich bin ein Freund von natürlichen Klopapierersatzstoffen, davon hält die Natur allerlei für uns bereit. Prinzipiell lassen sich die Blätter vieler Pflanzen zum Hinternabwischen verwenden, am besten solche, die recht reißfest, leicht behaart und groß sind. Folgende Pflanzen gehören zu meinen Lieblingsklopapierpflanzen:

- Klette
- Königskerze
- Ampferarten

Moos ist theoretisch auch möglich, doch sammeln sich darin oft Nadeln von Bäumen und kleine Ästchen, was mitunter unangenehm sein kann. Ich habe noch nie von einem derartigen Fall gelesen, doch rein theoretisch sollte es möglich sein, sich an einer offenen Stelle am Anus mit einer Giftpflanze (Fingerhut hat tolle Klopapierblätter) beim Hinternabwischen zu vergiften.

Epilog

Wenn ich heute an meine Deutschlandwanderung zurückdenke, kann ich mir das absolute Gefühl von Freiheit ins Gedächtnis zurückrufen, das ich in dieser Zeit oft empfunden habe. Aufstehen, sich kurz im Bach waschen und einfach loslaufen, sich nicht über den Tagesverlauf den Kopf zerbrechen, nicht an morgen, übermorgen und an das Wochenende denken. Sondern hier sein, im Jetzt sein. Ganz auf sich selbst zurückgeworfen, sich selbst als Zentrum des eigenen Universums, als Schöpfer seiner Welt begreifen – das alles hat sich in dieser Zeit bei mir eingestellt, ohne dass ich es mir als konkretes Ziel gesetzt hätte. Wenn ich die Augen schließe und mir diese Zeit für einen Moment zurückhole, kann ich heute oft noch davon zehren. Es hilft mir, mich im Alltag darauf zu besinnen, was wirklich zählt. Das klappt natürlich nicht immer, und die Erinnerung verblasst von Jahr zu Jahr immer mehr. Das einzige Mittel dagegen ist, das Gefühl immer wieder aufzufrischen. Wenn ich heute ab und zu »ausbreche« und für ein paar Tage in der Natur unterwegs bin, regeneriere ich etwas in mir, dessen ich mir früher nie bewusst war, auch wenn es schon immer in mir steckte.

Ich kann die Leser dieses Buches nur ermuntern, von Zeit zu Zeit dem Alltag, der gewohnten Umgebung, dem gewohnten Luxus zu entfliehen, es muss nicht für lange sein. Am schwierigsten ist es, den Schweinehund zu überwinden, der uns von so vielen Dingen abhält, die uns eigentlich guttun würden. Einen kleinen Trick hätte ich noch parat, der zumindest mir ab und zu hilft, denn dieses Mischwesen aus Faulheit und fehlender Selbstdisziplin ist auch mir nicht fremd. Wenn ihr eine Tour plant, erzählt es jedem Menschen, den ihr kennt. Das baut Druck auf. Niemand steht gerne als »Schwätzer« da, und meistens ist man im Nachhinein sehr froh, seinen Hintern hochbekommen zu haben. Natürlich kann das Ganze auch nach hinten losgehen, nämlich dann, wenn man die Erwartungen an den Trip oder an sich selbst zu hochsteckt. Fangt am besten klein an und plant erst mal etwas weniger, wenn es am Ende doch länger geht oder ihr das mitgenommene Zelt gar nicht benutzt, dann ist es ja umso besser. Es gibt wunderschöne Flecken Natur in Deutschland, es muss nicht immer ein anderer Kontinent oder ein anderes Land sein. Denn das, wonach man oft sucht, findet man sowieso nur selten außerhalb von sich selbst.

Spannend und spektakulär – alles über die verborgene Welt der Pilze

Es gibt sie überall: im Tiefseeboden, in erstarrter Lava, auf der Raumstation ISS – und in uns. Pilze sind weder Tier noch Pflanze und dennoch Lebewesen, die miteinander kommunizieren, Freund und Feind zugleich sind. Meist bleiben sie im Verborgenen, doch ohne sie würde es unsere Wälder, unser Klima und vielleicht das Leben selbst nicht geben. Der Biologe Robert Hofrichter führt uns in eine Welt bizarrer, komplexer Lebewesen voll überraschender Partnerschaften, verblüffender Fakten und ungelöster Rätsel. Kenntnisreich, humorvoll und lebendig öffnet er uns die Augen für das unsichtbare Öko-Universum, das sich unter unseren Füßen – und nicht nur dort! – erstreckt.

PENGUIN VERLAG

Jetzt reinlesen auf www.penguin-verlag.de

Zeit zu handeln: Der bekannte Terra-X-Moderator Dirk Steffens und ZEIT-Reporter Fritz Habekuß über die Bewahrung der Artenvielfalt

»Wir befinden uns mitten im sechsten Massenartensterben und erleben den größten Artenschwund seit dem Aussterben der Dinosaurier. Der Mensch hat es ausgelöst und nur er kann es stoppen.« Der bekannte Naturfilmer und Terra-X-Moderator Dirk Steffens engagiert sich seit Jahren für den Artenschutz. Gemeinsam mit dem Wissenschaftsjournalisten Fritz Habekuß zeigt er, wie in der Natur alles mit allem zusammenhängt und warum der Erhalt der Artenvielfalt überlebensnotwendig für die Menschheit ist. Die beiden schlagen Maßnahmen vor, um das Artensterben zu stoppen: drastisch, aber nicht unmöglich – und mit der Chance, unser Verhältnis zur Natur zu revolutionieren.

Jetzt reinlesen auf www.penguin-verlag.de